長篠合戦図屏風　犬山城白帝文庫蔵

徳川家康の陣にいる武士の背中に「ダビデの星」が描かれている

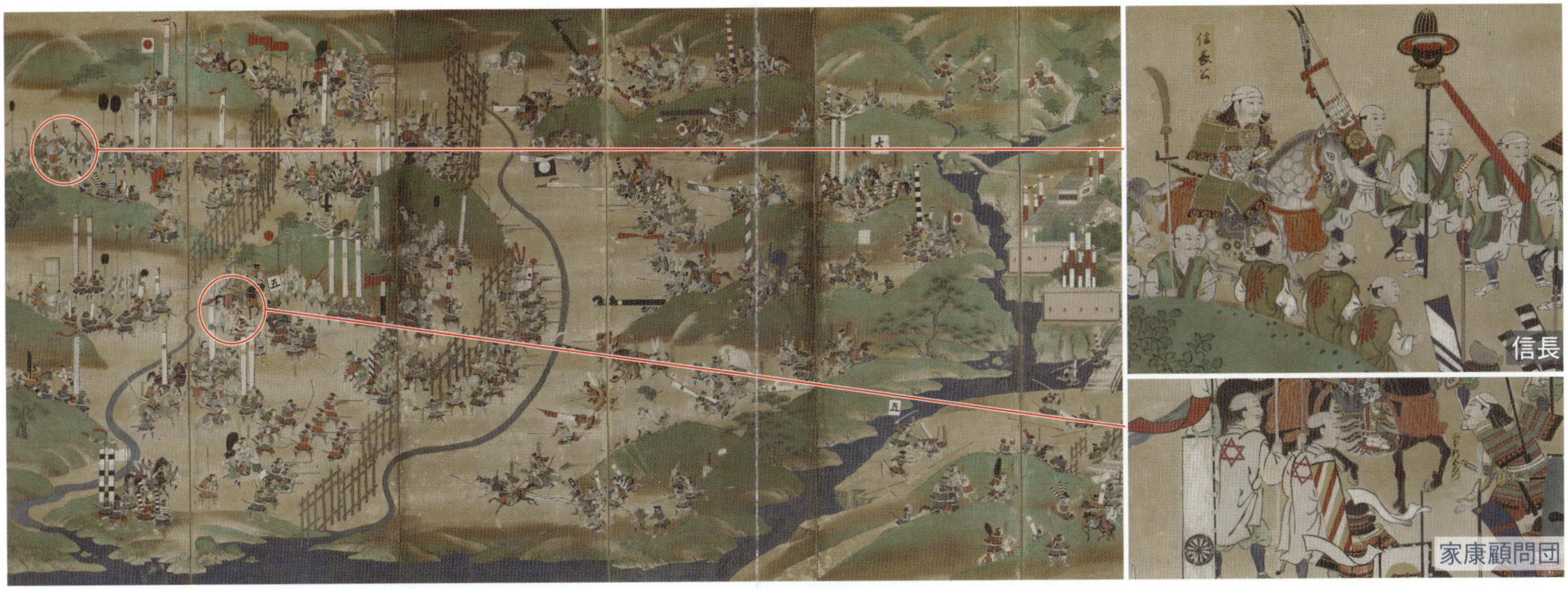

長篠合戦図屏風　大阪城天守閣蔵

信長の馬前を歩く男はポルトガルのヘルメットを掲げている。大阪城天守閣蔵では、「ダビデの星」が不思議なことに織田の陣営に移動している。いったい彼らは何者か? 答えは P241 にある

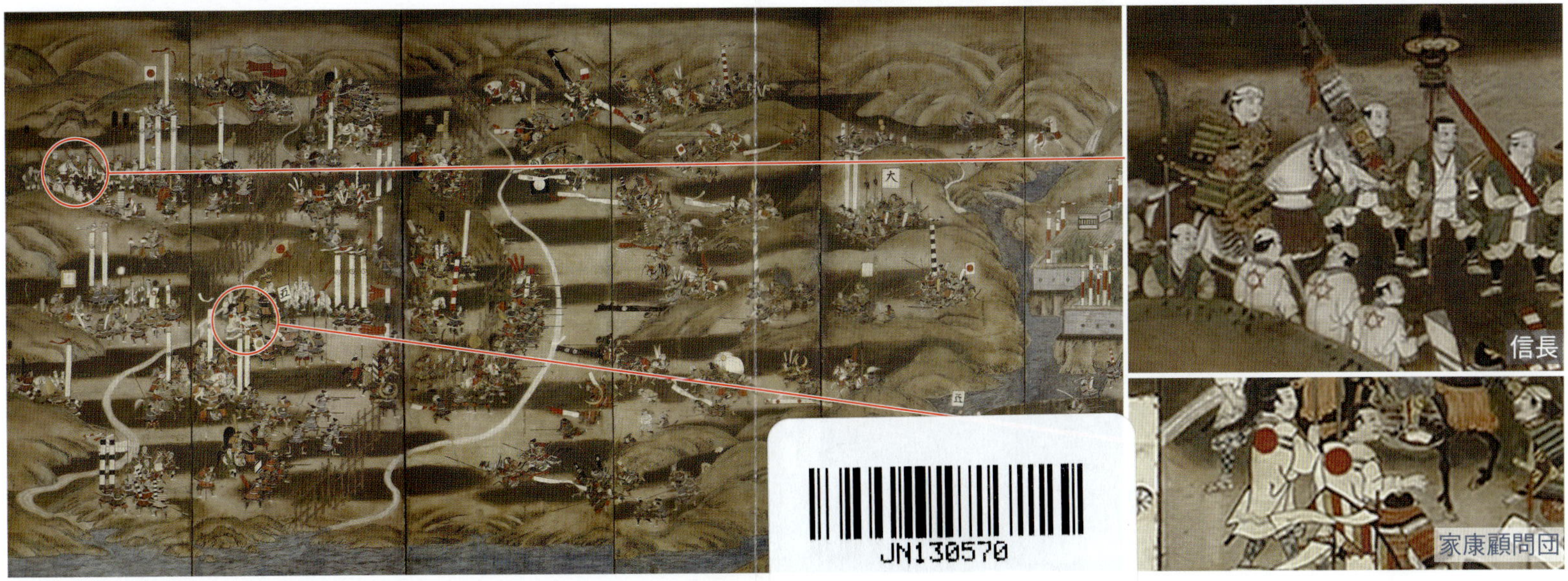

JN130570

はじめに
歴史の誤読

古代、中世、近代……歴史を調べてゆくうちに、私はこの国の政治のある原則を発見した。

偽造《ぎぞう》と隠蔽《いんぺい》だ。それはもう一つの原則と一体になっていた。誰も知らなければ傷つくことはないというウソの肯定だ。この国の形が常に歪《いびつ》なのは、この二つの原則にしがみついてきたからだ。

「第6天魔王」

織田信長が自称した異名だ。登場箇所はイエズス宣教師、フロイスが上司の日本支部長、カブラルへ送った1573年4月20日付けの書簡にある。(『耶蘇会士日本通信　下巻』訳　村上直次郎　編　柳谷武夫　雄松堂書店)

武田信玄が手紙で信長の比叡山延暦寺焼き打ちを批難、挑発した。

「自分は剃髪《ていはつ》して坊主となり、一日3回偶像を祈っている。自分が西に行くのは、比叡山延暦寺再建のためだ」と書き送り、焚《た》きつけるように「テンダイザスシャモンシンゲン」(天台座主沙門信玄)を名乗った。天台座主は比叡山延暦寺のトップだ。仏教嫌いの信長が、比叡山を徹底的に破壊したのは1年半前で、信玄はそれに歯向って延暦寺救援の軍を動かす、という挑戦状を叩きつけたのである。

それに対して信長が返書を出す。で、最後にこう署名した。

「ド(ダ)イロクテンマオウノブナガ」(第6天魔王信長)。

第6天魔王とは、仏教修行僧の前に現れては徹底的に邪魔をする霊界最大の仏敵である。延暦寺の守護神を気取った信玄に、俺は仏の破壊大魔王だと切り返すブラック・ジョーク。ウンチクや理屈を超えたとぼけた第6天魔王の一撃である。これが原因だったのかどうかは知らないが、延暦寺奪還の夢も虚しく、信玄はフロイス書簡の約20日後の5月13日に病死した。

あらゆる権威、旧体制、既存勢力に立ち向かった革命家信長の顔をちらりと垣間《かいま》見せたやりとりだが、あらゆる世界がネットでつながる現代、我々はそろそろ、これまでの歴史に対する「誤読」を正すべき時期にさしかかっている。

「歴史の誤読」は、次に記《しる》す、二つの文を比較するだけでうなずいていただけると思う。

一つは信長の家臣だった太田牛一《ぎゅういち》の日記『信長公記』。そしてもう一つはイエズス宣教師フロイスの『日本史』だ。二人は共に1581年8月14日という同年、同月、同日、同じ場所、安土城下、盆の夜を書いているのだが、まったく別の風景になっている。

もしあなたが『信長公記』しか知らなければ、あなたの脳には『信長公記』の信長と戦国時代が刻まれ、フロイスの『日本史』しか読んでいなければ、これまたまったく異次元の世界が移植されることになる。同じ日の夜なのに、太田は盆祭りを大切にした、どこにでもある仏教国日本の風景を書き、一方のフロイスはキリスト教一色の街として描いている。

二人が見誤ったわけではない。意図的に割愛しているのだ。どちらがリアルを述べてい

日本人の描いた信長

るのか？　恐ろしいことである。

『信長公記』

歴史上初の信長の伝記モノだ。一部誤認錯綜《さくそう》が認められるも年月日ごとに事跡《じせき》が記され、信頼性は低くないとされている。

〈七月十五日（和暦）、安土御殿主《てんしゅ》、并《なら》びに、惣《そう》見寺に挑灯余多《ちょうちんあまた》つらせられ、御馬廻《おうままわり》の人〻《ひとびと》、新道・江之中に舟をうかべ、手〻《てにてに》続松《タイマツ》とぼし申され、山下かゞやき、水に移りて、言語道断、面白き有様、見物群衆に候《そうろう》なり〉

現代ふうに書くと「安土城の天主閣、および惣見寺にたくさん提灯《ちょうちん》がぶら下っている。武将が手に松明《たいまつ》を持ち、山裾《やますそ》が輝いて、それが水に映り、たいへんに美しく、見物人が群がっている」となる。

盆の夜、なるほど仏教国だ。
ところがフロイスの方はまるで別の国だ。

『完訳フロイス「日本史」3』訳　松田毅一　川崎桃太

〈8月14日、すでに盆《ボン》と呼ばれ日本で異教徒が盛大に行なう祭――夜、各家の戸口や窓に多くの火をともし、提燈を掲げるのが習慣である――が近づき、巡察師（ヴァリニャーノ）が出発するための許可を信長の許《もと》へうかがいに行ったちょうどその際、彼（信長）は城に別の建物を造ったので、それを司祭（たち）に見せることにしており、家中を整理し、清掃させた後に司祭を呼ぶのでそれまで待って欲しい、とさりげなく司祭に告げた〉

信長死後にイエズスのセミナリヨ教師ジョバンニ・ニコラオによって描かれた信長肖像画

城以外にも新築したので、イエズス巡察師ヴァリニャーノに見せたいと要望している。

巡察師というのはアジア管区のトップ、全アジアを統括する全権大使とみていい。

〈このため、司祭は別な行動をとるわけにはいかず、待たせられることになった。司祭は、教会への使者の役目を務めた身分ある家臣に対して、すでに出発の用意は整っているので、信長の（出発許可をもらうための）使者を待っていると伝えて欲しい、と幾重にも依頼した。だがその家臣はさらに十日間、ある時は一つの、ある時は別の理由にかこつけて祭典の日が来るまで知らぬ顔で押し通した〉『日本史』

ヴァリニャーノは先の予定がつまっていた。出発したいのだが、信長がそれを引き留めているのだ。

そして、その日がやってくる。

〈例年ならば家臣たちはすべて各自の家の前で火を焚《た》き、信長の城では何も焚かない習わしであったが、同夜はまったく反対のことが行なわれた。

すなわち信長は、いかなる家臣も家の前で火を焚くことを禁じ、彼だけが、色とりどりの豪華な美しい提燈で上の天主閣を飾らせた。七階層を取り巻く縁側《えんがわ》は高く聳《そび》え立ち、無数の提燈の群は、まるで上（空）で燃えているように見え、鮮やかな景観を呈《てい》していた。彼（信長）は街路――それは修道院の一角から出発し、前を通り、城山の麓まで走っている――に、手に手に松明を持った大群衆を集め、長い通りの両側に整然と配列させたのである。

多くの位の高い若侍《わかざむらい》や兵士たちが街路を走ってゆく。松明は葦《カンナス》でできているので、燃え上ると火が尽きて多くの火花を散らした。これを手に持って、わざと火花を地上に撒き散らした。街路はこぼれ火でいっぱいとなり、その上を若侍たちが走っていた〉

『日本史』

信長は盛大な盆のイベントを企画しており、それをヴァリニャーノに見せたいがために、数十日も引き留めたのである。

〈相当な時間が経過し、司祭、修道士、神学校《セミナリオ》の子供たちが寛《くつろ》ぎながら窓から祭りの火を眺めていると、徒歩で信長が我らの修道院の入口を通過した。巡察師は、他の司祭たちとともに、彼が喜ぶと思ったので表に出て深々と頭を下げた。彼はかなりの間、司祭たちと歓談し、あなたがたは祭りを見物したかどうか、それについてどう思うかと訊ね、そのほか種々の質問をした上で別れた。

その翌日、信長は司祭らに城に赴《おもむ》くようにと命令し、今一度、すでに彼らが見たことがあるものだけでなく、その後につくられたきわめて豪華な、見物するに値する他の建物を案内した。

それが終り、初めて彼は愛情のこもった別れの挨拶を伝え、巡察師を出発させた〉

『日本史』

若干現代風にアレンジしたが、どうだろうか？

『信長公記』に宣教師の姿はない。修道院もセミナリヨ（初等教育校）もゼロだ。ところがフロイスの『日本史』を読むと、お盆のメインゲストはどう考えてもヴァリニャーノだ。出発したいと願いでているのに、だだっ子のようになんだかんだと引き留める信長。城の提燈イルミネーションとタイマツを準備し、あざやかな光の川を演出、披露した。その後、わざわざイエズスの安土本部（修道院）までやってきて、長い間語っているのだ。超破格待遇である。

一方は日本人と寺しかない安土。絵ならば侘《わ》び寂《さ》びの水墨画のようでいいのだが、『信長公記』は史実を伝える書物だ。ポルトガルの宣教師たち、修道院、セミナリヨで学ぶ生徒たち、そこをふらりと訪問し、親しく立ち話をする信長、絵画の中央に描くべき主人公がみな省《はぶ》かれている。これはいくらなんでもマズい。

だからと言ってフロイスの『日本史』を100％信じろということではない。誇張もあれば、身びいきもある。そのへんは割引きながらさまざまな資料を読み込み、見えない点をつなげてゆけば、もっとましな真実に近づけるはずだ。

本書は、長い間偏った資料に拉致されてきた読者にとっては、かなり違和感ある本に仕上がっているかもしれないが、私の信長をたっぷりと眺めていただければ幸いである。


本文中に、名前の後に分かりやすく「✝」「✞」を付けた。

✝＝キリスト教の洗礼を受けていると資料で確定できる人物。

✞＝隠れキリシタン、もしくはキリシタン・シンパと思われる人物。

また、その人物の置かれた状況、とった行動から潜在的キリシタンだと推測できる人物。あるいは処世術的にキリシタン・シンパを装っていたと思われる人物にも「✞」を付けた。信長✞にもついている。異論があるかもしれないが、ご了承願いたい。

【目次】

第3章 第6天魔王信長、登場

第4章 キリシタン王国の王
信長とイエズスの蜜月

第1章

クーデターの日本史

中心人物は内裏（天皇）である

世間の信長✝

日本人なら、だれでも共通した信長✝のイメージがある。

稀代の英雄。これは一致する。非情、冷血、殺戮《さつりく》を好む独裁者なども焼きついている。

反面、実行力に富み、好奇心旺盛で、未知へのムジャキな探求心は、チャーミングでさえある。

しかし慢心が仇《あだ》となって、味方であるはずの家臣、明智光秀（1528〜82）の謀反により、天下統一の一歩手前で命運は本能寺でド派手に尽きる。おおむねそんなところだ。

我々は「本能寺の変」ではじめて、生々しい国家転覆クーデターを目の当《ま》たり《あ》にするのだが、さて、日本のクーデターには一つの特長がある。必ず関係する人物、そう天皇だ。当人が望むと望まないとにかかわらず壬申《じんしん》の乱（672）、承平天慶《しょうへいてんぎょう》の乱（939）、保元《ほうげん》の乱（1156）、平治の乱（1160）……あらゆる動乱は天皇がらみだ。先の第一次、第二次大戦も天皇が意志を示し、はじめて軍が動いたのである。

したがって私の日本史発掘調査は、天皇を探ることからはじまる。その時代、どこでなにをしていたのか？

しかし真実へのアプローチは困難だ。天皇を完璧に囲った支配者が、安定を「天皇制」に求めるために、天皇は常に善であり、正しい主役でなければならない、という皇国史観を強調する関係上、日本史を都合良く塗り替えてしまっているからである。

今回もまた、ミルフィーユ状態の厚化粧をメイク落しできれいに流し、素顔に迫ることにする。

●激流の京都

日本史の主な舞台は白檀《びゃくだん》の香りと雅《みやび》さが漂う京都だ。いつ行っても「おいでやす」「いけずやわー」などとのんびり感の街だが、一皮むけば、戦乱につぐ戦乱、死体が山と積まれた血塗られた魔都以外のなにものでもない。

古墳時代

壬申の乱（672）

藤原仲麻呂の乱（764）

平安時代

藤原純友の乱　（940〜41）

保元の乱　（1156）

平治の乱　（1160）

以仁王《もちひとおう》挙兵　（1180）

鎌倉時代

承久の乱　（1221）

元弘の乱　（1331〜33）

室町時代

明徳の乱　（1391）

応仁の乱　（1467〜77）

戦国時代

天文法華の乱　（1536）

江戸時代

蛤御門の変　（1864）

鳥羽伏見の戦い(1868)

ぜんぶ京都。丸焼けの戦《いくさ》が12回。小さなものを入れると20や30……いやもっとある。

その点、江戸は平穏だ。明治維新の時でさえ、寛永寺で小規模戦があっただけで、街全体が戦場になったことはなく、あえてあげるならば東京大空襲くらいなものだ。それも被爆地であって、我々が描く斬り合いや撃ち合いの肉弾相い打つ修羅場とは異なる。

京都だけが頭抜けていた。

京都在住の天皇が戦争を呼び寄せてしまうのである。

ならば、天皇というものをしっかりととらえておかなければ、日本の歴史は理解できない。

天皇とはなにか?

日本の歴史は天皇と共にある。

どのようにして出現したのか? それにはどうしても原始時代に遡《さかのぼ》って、人間の本質を見つめることからはじめなければならない。そんなことは信長✞となんの関係があるのかと思うかもしれないが、あるどころの騒ぎではない。天皇が分からなければ、なぜ戦国武将は京都を目指したのか？　信長✝がなぜ天皇を手で払いのけたのかが理解できず、天皇の分析は不可欠なのだ。サッと読めるので少々お付き合いいただきたい。

20万年前、人類はアフリカの地で誕生した。6万年ほど前、部族間の争い、または冒険心にあふれる種族が旅に出る……で、さまざまな理由で拡散した。

日本列島への侵入は4万年ほど前らしい。ルートは北、南、そして本州のドテっ腹の真西からの渡来もあった。

最新の大規模DNA検査では、日本人はバイカル湖周辺のDNAが多く、それに北方、南方の人種も混じっているという。

食、セックス、睡眠。採集と狩りによる和《なご》やかな原始共産制の時代は長かった。しかしなぜか、ざっと一万年前、穀物が登場した。どうやって地上に現れたのかは不明だが、他の食物と違って穀物は保存がきいた。穀物保存が私有財産の芽生えだ。貯《た》め込む者が登場し、平等という感覚が崩れる。食欲の、欲の部分が分離発達して所有欲に変化。富という概念が生まれた。

私有財産は奪える。そこで集団攻撃による略奪が始まった。

集団は大きいほど強い。それが国だ。集団には王と呼ばれるボスがいる。読んで字のごとし、ボスである「玉」を柵＝「□」で囲んだのが「国」である。

九州に「倭人」と呼ばれる人々が支配する「倭」というエリアがあった。できたての倭はシナの資料、『魏志倭人伝』であるていどわかる。

渡来人が作った倭国

それによれば250年ころ、「倭」エリアの国は100以上を数え、その中の30国がシナ王朝へ使者を出している。

注目すべきはこの「使者」を送った30国の王たちだ。何者だろうか？

シナ王朝にぶら下がっていた方が得だ、という政治力学を知っていたことになる。日がな一日、食料を集め、食い、クソをして寝る縄文人に、海を渡った大陸深くに存在する王朝や外交など分かるはずがない。すなわち倭エリアには、外交政策を選ぶほどのプチ文明国が、30国もあったということである。

お分かりだろうか？

使者を出すには、数日かけて海を渡らなければならない。丸木舟ではムリだ。貢物《みつぎもの》が積み込める20～30人乗りの外洋船が必要で、護衛も入れると数隻の船団だったはずである。それから数十日もかけて陸を歩いた先にシナ王朝があって、シナ王朝は小国のフランチャイジーを広く募っているので、契約を結ぶと経済的、軍事的に得だという力学を理解しうる人間がいなければならない。

どんな人物だろうか？　とうぜん漢字の読み書きができ、シナの制度や言葉に精通し、朝貢というシステムを理解しているということになる。

だれか？

シナ王朝に接していた人物。それ以外にない。

それも教養ある渡来人だ。単独では国は動かせないから、30国は渡来系エリート集団の手中にあったと考えていい。

日本列島の黎明期《れいめいき》を想像していただきたい。

石器暮らしの先住縄文人の集落。そこに突然、鉄製の鎧《よろい》を着け、金属の鋭利な刀を持った武装集団が現れる。戦闘能力は異次元だ。１００人の棒切れ投石集団は、鉄を磨いた弓と刀の20人の完全防備に、ぜったいにかなわない。30倍の人数でもムリだ。仮に一人、二人勇敢な男がいて反抗したとしても、あっという間に首を斬《き》られ、さらされる。これまで見たこともない衝撃的な扱いである。彼らはショック状態におちいり、原爆を見せつけられた日本人のように呆然《ぼうぜん》となって異次元軍団による支配を認め、受け入れる。

古代、中世のルールは一つ。捕虜は奴隷にする。猫は去勢《きょせい》されると野生のハンターから、腑抜け猫になる。これが現実だ。

アメリカ大陸でも同じことは起こっている。土着のインディアンは渡米した西洋人との約束を信用する、しないにかかわらず、今ここにある危機をあたかも遠い出来事のように感じ、ほぼ無反応に受け入れてしまうのであって、スー族、シャイアン族、アラパホー族の三部族同盟で反抗した勇ましいストーリーはそうとう誇張されたものだということが分かっている。しかもバックで糸を引いていたのは、戦いをそそのかす白人の武器商人で、彼らがいなければ、話はもっとかんたんに終っていた。

だいたい先住民族に「酋長」とか「指導者」がいたというのは白人の幻想で、いるのは「調停者」「世話役」「奉仕者」であって上意下達のシステムがあいまいなため、部族の総意もなければ軍事行動もありえなかった、というのが最近の研究で分かっている。

完全武装の渡来人は重層的に日本列島に侵入し、縄文系先住民族を次々に呑み込みながら各地にコミューン＝国を造るのだが、紀元前1000年あたりから渡来が加速する。

原因はシナの動乱だ。春秋戦国、秦、漢、魏、越、唐……頻発する政変。そのたびに圧力がかかって、周辺部族が安全を求めて海を渡った。

若干異なる形態もあった。北九州に設置していたシナ駐留軍が造った国である。本国政府が転覆すれば、新政府の駐留軍が送られてくる。こうなれば負け組の旧国家駐留軍はヤバい。これがまた、列島深く潜伏し、安住の地で亡命国を造った。

我々は、ここで大きな勘違いを正す必要がある。シナに対する見方だ。

シナを「漢民族」の大陸だと思い込んでいる人が多いが、インチキだ。

そもそも「漢民族」などというのは古文書に登場しない幻で、DNA的にも根拠がない。戦後、中華人民共和国が、束ねやすいようにあたかも古来から「漢」という民族が存在してたように宣伝しただけの話だ。このへんは、国威発揚キャンペーンで我が国が戦前、大和民族という言葉をさかんに使った手法がヒントになっている。

シナ大陸には、無数の部族がいた。ヨーロッパを想像していただければピンとくるはずである。顔も言語も体つきも違う民族だ。シナ大陸には戦後でさえ400〜500の言語、現在でも100以上の異なる言語が存在するほどで、したがって古代、シナから列島に侵入した渡来人も雑多、言語もそれだけあった。

学者がいくら調べても日本語のルーツにたどりつけないのは30～40種類のクダモノから作るスムージーみたいなものであって、とてもではないが特定できるものではない。時間のムダである。

私の幼いころ、日本人は単一民族だと習った。しかし、古代から平安末期までの1000～2000年間がこの調子なので、なにをもって単一なのか認識を改めなければならない。

時代を重ねて渡来した部族が、日本のあちこちに入り込み、各地で国を造る。

サンプルを新大陸アメリカに求めるとイメージが湧く。アイルランド系、スコットランド系、フランス系、ユダヤ系、イタリア系、ドイツ系……各地にコミューン＝小国家を造っているが、その中にインディアンの国はない。短期間のうちに奴隷、それも兵奴《へいど》（奴隷兵）とし、富の争奪、コミューン戦争の一番危険な最前線に立たせた。それ以外に彼らの役割はない。先住民族は国家の構成員としてカウントされていないのである。

日本列島も同じだ。先住縄文人などカヤの外だ。もっぱら渡来人対渡来人のいがみ合いで、戦《いくさ》と和睦《わぼく》、大が小を呑み込んでゆく。『魏志倭人伝』の100余国が離散融合を繰り返しながら、次第にその塊が大きくなって、やがて九州、近畿、出雲、福井、岡山、四国……地方の小国に収斂《しゅうれん》されてゆく。

武器は「漢字」と「鉄の武器と防具」。そして原住民を奴隷として使いこなすシナ仕込みの統治ノウハウである。

王を囲ったエリート集団は、下級官僚の人事を決定する。

地方への左遷だ。たとえ下級官僚でも地方の村では神のように扱われるので、気にすることはない。中央の王宮とつながってさえいれば自分も王侯貴族だから、やりたい放題である。

頭一つ抜け出たのは、大陸との関係を太くした王だ。他の小国もシナ王朝の巨大さが分かっているので、認めざるを得ないのである。だからこそ、こぞって朝貢に走るわけだが、シナの「皇帝」が行う儀式などを導入して、本場の朝廷を模倣、より、らしくプチ朝廷を演出した。

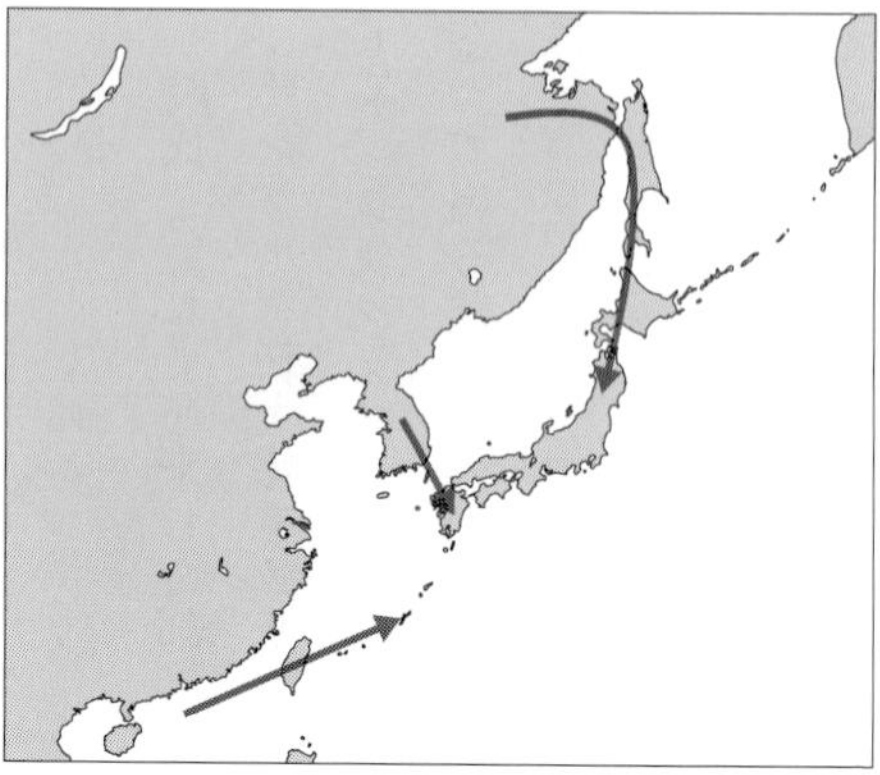

異なる時期に、北方や朝鮮半島、南方の島伝いに次々といろんな部族が渡来してできたのが日本人だ

信仰こそ力の時代、秘儀と称するマンボー・ジャンボーで神話と現実を交配させ、神と王の一体化儀式、これが今につながる新嘗祭《にいなめさい》で、秦の始皇帝が行った儀式だとされている。

シナという最強国家の子分になって、周辺国に睨みをきかせる。

現代もその戦略にたいした変わりはなく、日米軍事演習をおねだりしたり、拉致問題解決を頼んだりとあわよくばアメリカの傘の下に潜り込んで、他国を牽制《けんせい》。対米関係さえよければ万事がうまくいくという考えが我国の基本戦略である。

仰ぎ見る巨大国家の「皇帝」から一字を拝借、「天皇」をこっそり使用。シナ王国との関連を誇示するブランド化だが、「天皇」の二文字は608年、女帝推古の時、聖徳太子が隋《ずい》に送った国書の記述が最初とされている。しかし、根拠薄弱だ。たしかに隋への国書に、聖徳太子がシナの皇帝を「西皇帝」とし、対してこっちは「東天皇」と書いたなどと、『日本書紀』に記されているものの、シナの記録にはないし、肝心の『日本書紀』自体、証拠能力が薄いのだ。

こうした『国書』の目的は、事実を未来に残すことではない。支配力を強めるためのツールなので、鵜呑《うの》みにはできない。

『日本書紀』改ざんの形跡は、多くの研究者が指摘しているとおりである。

シナの「皇帝」と日本の「天皇」。字面《じづら》が似ている。まさに皇帝直系を思わせる名前だから、そのご威力で周辺の王たちにプレッシャーをかけ、黙らせようという思惑である。

「天皇」と「万世一系」を商標登録。特許庁は『日本書紀』。畏《おそ》れ多くもカシコクも、血脈によって一族以外はどんな優秀な人間、どんな武力をもってしても奪えない永久ポジションを確立した。すごいビジネス・モデルだが、後々この足カセがアダとなって、赤の他人が天皇になっても公表できず、偽装、改ざん工作に走ることになる。

むろん、「天皇」の名称は本場のシナには内緒だ。

「天皇」はなかった

あちらでは皇帝以外、「皇」の文字の使用は不許可だ。勝手にやれば首と胴が離れる。

したがってシナの文献に「天皇」の文字はない。４１３年～５０２年の90年間、「宋書倭国伝」などに見られる日本の王は「讃、珍、済、興、武」となっていて、「天皇」は、どこを探してもない。

刺激的なのは、この五王だ。5人が5人とも、漢字一文字である。王の名は、一文字でなければならない。これは正式なシナ様式で、ちゃんと制度を熟知し、機嫌をそこねることなくあちらのルールに従っているのだ。

闇雲に朝貢したわけではない。見返りを求めている。朝鮮半島の支配権、ねだった肩書きは「使持節都督倭・百済・新羅・任那・加羅・秦韓、纂韓(慕韓)六国諸軍事安東大将軍倭王」や「征東代将軍」などという欲張りな称号である。

こうした関係を眺めれば、倭国がシナの官僚機構に組み込まれているように見えるのは私だけではあるまい。シナを代弁すれば、倭はシナの「属国」だったということになる。プライドに傷が付くが、胸を張って反論もできない、というのが私の偽りのない心境だ。

なんども言うが、五王はシナ人だ。シナ人といってもアラブ系もいるし、トルコ系もいるし、白人系もいたということを一応断っておく。もしくはシナ人エリート集団が倭国政庁の上層部を牛耳っているかのどちらかだ。

「天皇」の文字が、日本の文献に見えるのは7世紀以降だ。しかもほんの数回なのだが、そのころ唐の3代皇帝高宗が「天皇」という漢字をはじめて使ったのを知って、秘密裏に真似た、という説は有力だ。それでも本家が怖くて、明治時代になるまでおおっぴらに名乗ることはなかった。

中世から近代にかけ、我々が天皇と呼んでいる人物の古書の表記はおどろくほど多彩だ。八世紀でさえ、「王」「ワケ」「大王」「現人神《あらひとがみ》」「現御神《あきつみかみ》」「日の御子《みこ》」にはじまり、「大君《おおきみ》」「上《うえ》」「上《かみ》」「主上《しゅじょう》」「今上《きんじょう》」「聖《ひじり》」「聖上」「当代」「当今《とうぎん》」「至尊」「一人《いちじん》」「上御一人《かみごいちにん》」「天子《てんし》」「天朝」「御《ぎょ》」「万乗《ばんじょう》」「万乗の君」「十善の主」「十善の王」「金輪《こんりん》」「金輪聖王《じょうおう》」「御門《みかど》」「内裏《ないり》」「内《うち》」「オオヤケ」「禁裏《きんり》」「禁裡《きんり》」……こうなればなんとでも言ってくれだが、分かっているだけで40ほどある。それがバランバランに使われており、「天皇」を使用した形跡がどこにあるのか、見つける方が大変だ。使っていなかったと思う。すべては明治政府だ。国書はぜんぶ天皇、もしくは皇帝を用いなければならないと決めたのは、岩倉具視が王政復古の大号令を発した1868年であって、ずばり明治すり替え天皇の完了後、権威を増加させるための名称統一である。(明治天皇すり替えは私の『禁断の幕末維新史』(水王舎)、『幕末維新の暗号』(祥伝社)に詳しい)

で、1936年(昭和11)、外国に対しても「天皇」以外使ってはならないと決定した。

さて話を元に戻す。人間だれでも危険なことはいやだから、渡来系は安全ネットで守ら

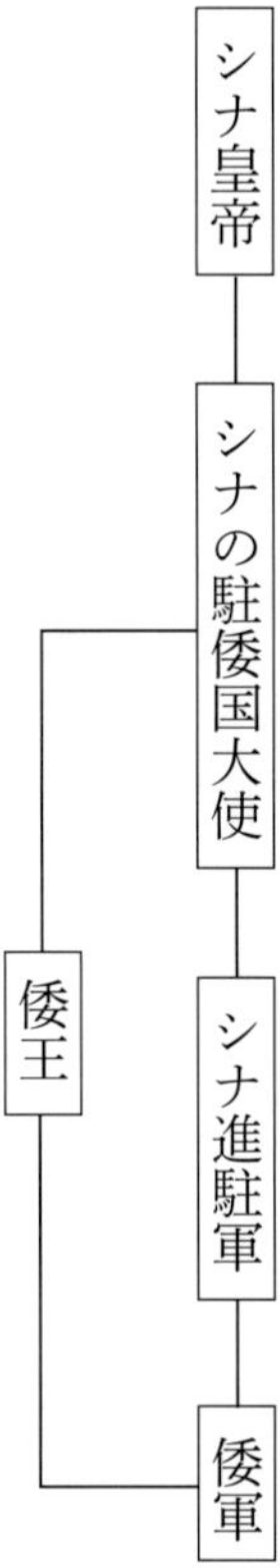

れた貴族になる。貴族になりそこねた親族は商人、もしくは軍人でも位の高い名目的指揮官になる。戦《いくさ》はもっぱら原住民、兵奴の仕事だ。

どこの国でも同じである。

キリストの時代、イスラエルはローマ帝国の植民地になっていた。現場のトップは征服者のローマ人、ピラト総督である。ピラトの下にはローマ派遣のエリート官僚がおり、若

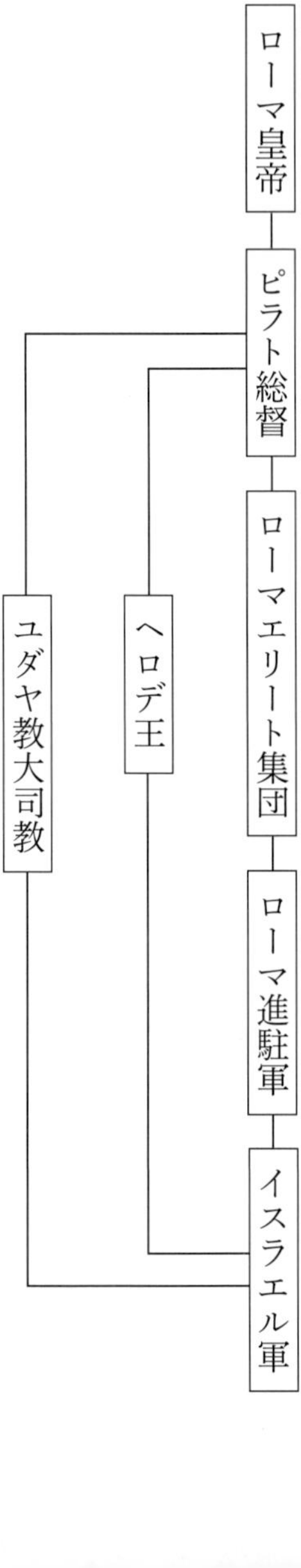

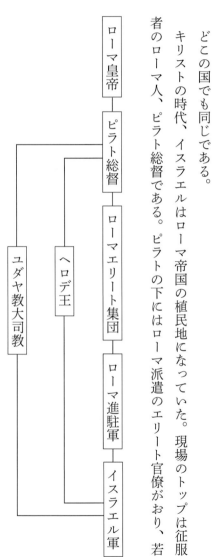

干のローマ進駐軍もいた。

過酷な治安維持はもっぱら被征服民族ユダヤ人軍隊の仕事である。ユダヤ軍の方が数は多い。ならばクーデターを起こせばいいのにと考えるかもしれない。しかしムリだ。ちゃんと手は打ってある。ユダヤ軍に支給する盾、防具、武器はローマ軍より数段劣ったものなのだ。15日ほど持ちこたえれば、その間にローマ本国からの援軍が到着する仕掛けだ。

ローマ軍はふだん姿を現さない。刺激しないようにユダヤ人による、ユダヤ人のための国家を装う。そこに救世主イエスが現れ、神の前の平等を説き、ごたごたになってゆくのだが、お分かりだろうか?

世界中、古代から現代まで大国による属国の支配システムはほぼ変わることはない。

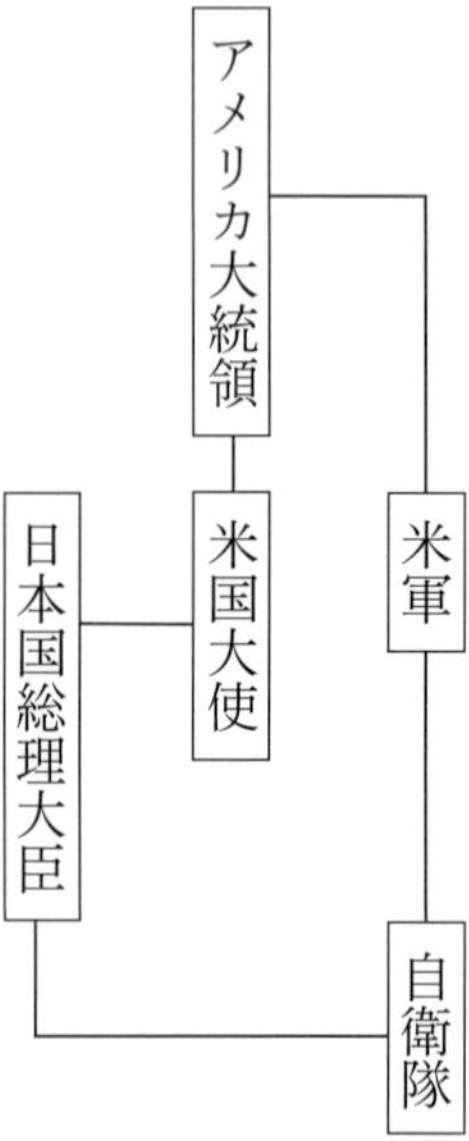

●――のし上がる武士

シナ王朝のコピー、プチ王朝倭国。財源はなにか？　ミカジメ料だ。

分散している現住民をかき集めて作物工場の奴隷とし、生産物を吸い上げる。海産物を集めさせる。関所をもうけて、通行料をとる。ミカジメ料の取り立て屋として下級貴族を国司（知事）として地方に送った。

下級貴族はたいがい妾《めかけ》の子だ。

妾というと眉をひそめるかもしれない。しかし昔はセックスこそ娯楽の王者であり、子供という労働力の生産工場だった。複数の妾に10人、20人と子供ができる。そうなればご多分にもれずの跡継《あとつぎ》争い、派閥争いに発展する。勝者は敗者を中央から追い出し、未開の原野、主に関東に送った。これが国司だ。いやしくも中央から来た貴族だ。軍事力で勝っているので、地方のボスを組み込んで配下とする。

これが武士団だ。有名なのが中央エリート集団の縁者、平氏である。そしてもう一つの集団が、源氏。清和（天皇）系を名乗っている。

源氏が清和なら、平氏は百済系渡来人の桓武（天皇）（737〜806）の血を自称した。

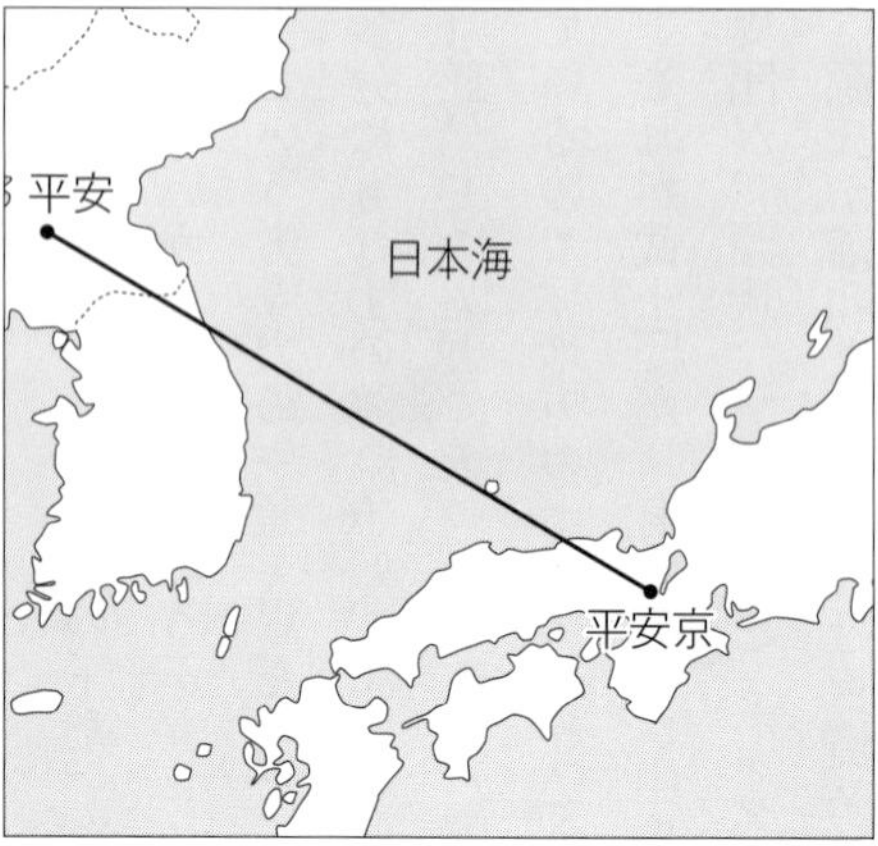

北朝鮮の首都あたりが、平安だ。偶然の一致ではない。

桓武の都、平安京。今の京都である。その「平」をもらって平氏を名乗り、ハバをきかせた。

気付いたかもしれないが、北朝鮮にある古い地名も平安《ピョンアン》だ。平安《ピョンアン》と平安《へいあん》京。まったく同じである。偶然の一致は考えられない。

古代は日本でも平安《ぴょんあん》京と呼んでいた可能性は高く、朝鮮半島にいた桓武に、なんらかの圧力が生じて一族ともども亡命し、本家の平安に対抗心を燃やして、近畿に平安京を造った。この仮説は無視できない。私が作った仮説だから無視しないのはあたりまえだが、その血を引くのが平氏だ。

朝鮮平安→近畿平安→平氏

関東に送られた方の平氏は、都の一族と区別するために頭に「坂東《ばんどう》」を付け、見下される。いわゆる坂東平氏だ。「坂東」は「関東」のことで、箱根の深い渓谷を「坂」といい、その東むこうが坂東である。

「坂東武士＝田舎侍」というバカにした意味あいを持っている。似たような名が坂上田《さかのうえのた》村麻呂《むらまろ》（758〜811）だ。坂の東だろうが、坂の上だろうが「坂」がつけば下級なのだが、坂上本人は、後漢の12代皇帝、霊帝（在位168〜89）の子孫、東漢《やまとのあや》を名乗っている。東の漢人、別名「倭漢氏《やまとのあやうじ》」だ。どうどうと漢人、渡来人を名乗っている。東もいれば西もいる。「西漢氏《かわちのあやうじ》」だ。こちらは河内の豪族。おわかりだろうか？　念を押すが、朝廷、武士、豪族……セレブのルーツはみな渡来人ということだ。

軍事貴族の渡来系は関東エリアで先住民集落、ゴロツキ盗賊などを吸収しながら大勢力となってゆくのだが、縄文系とのハーフが大量に生まれた。30人の妾がいれば、年に20人の出産は可能だ。15年もすれば、200〜300の立派な兵奴に成長する。

エキゾチックな風貌の「坂東武士」である。その様子は、夕日に照らされた荒野を、馬に乗った坂東武者が去ってゆく、などという万葉集の歌に見られるように近畿のノッペリ顔の貴族女がシビレたりもした。

本能の時代である。ボスはたらふく食い、力にまかせて女をさらった。原住民が狩られ、子供がボコボコ生まれるので関東はさしずめ兵奴の製造工場となる。

坂東八平氏以外にも、軍事集団がいた。海賊、藤原氏である。根城《ねじろ》は瀬戸内海。こちらは天智（天皇）（626〜72）の末裔を自称している。

こうして国司の軍事力は増大し、近畿朝廷に逆らいはじめる。ミカジメ料を上納せず、他の国司を襲っての領土の分捕り合戦が頻発した。

最強の猛者《もさ》、平将門《たいらのまさかど》（?〜940）が、940年1月、関東一円の国司を襲撃、独立国家を宣言、「新皇《しんのう》」を名乗った。「平将門の乱」、または「承平の乱」である。

政庁を今の茨城県坂東市に置き、行政区を八つに分けて、わずか二ヶ月だけだが君臨、「坂東政府」ともいうべき独立国の生誕である。

同じ時期に海賊の反乱もあった。さっきの海賊、藤原純友の蜂起だ。

朝廷には軍事力がない。たよりはもっぱら武士団である。武士といえば関東だから関東武士連合をこしらえ、平将門討伐包囲を結成。これであっさりと平将門が戦死、武士の鑑《かがみ》として後に江戸の神田明神に祀られた。つづいて海賊、藤原純友も鎮圧したのだが、ますます坂東武士が戦闘能力を蓄えてゆく。つまり、関東武士団を頼った近畿中央政府は、自分で自分の首を絞めちまったのである。

頭角を現したのが伊勢平氏と坂東八平氏という二つの軍事貴族だが、このころの朝廷は、どうなっていたか？

名ばかりの内裏《ないり》(天皇)はこれまでの成功体験でフヌケと化し、女と歌にうつつを抜かしっ放しだ。代わりに実務をこなす摂政《せっしょう》、関白《かんぱく》という側近官僚が台頭《たいとう》した。藤原道長《ふじわらのみちなが》(966?〜1028)が左大臣に就任、「摂関政治」で朝廷をかんぺきに牛耳って、こんな有名な句を残している。

〈この世をば　我が世とぞ思ふ望月の　欠けたることもなしと思へば〉

現代風に書けばこうなる。

「この世は俺のものだぜ。おいらは、欠けたことのない完全無欠の満月さ」

正直な人間なのだろう、えらい増長ぶりだ。そりゃそうだろう。三人の娘を一条(980〜1011)、三条(976〜1017)、後一条(1008〜36)と三代続けて内裏の正妻に押し込み、妾のほとんども自分の親族で占めているのだから、朝廷がぜんぶ藤原一家。そういう感覚におちいるのもムリはない。

ハニートラップで内裏を夢の中に閉じ込め、過去、現在、未来ぜんぶ自分のモノ状態なのだが、そんなおり、またまた関東が切り離される。坂東武士が逆らっての鎌倉政府の出現である。

その原因と過程は？　大学入試の解答なら、こんなふうになる。

〈平清盛が、京都で軍事クーデターを起こし、後白河法皇を幽閉。それに朝廷が反発、頭にきた後白河の息子、以仁王《もちひとおう》（1151～80）が平家討伐を源氏へ命じる。源氏はそれに呼応して武装蜂起。その結果、平家を打倒。しかしこれによって源氏が、目覚める。朝廷など目じゃないことに気づき、戦《いくさ》のド素人集団、朝廷を見下ろして、こんどは源氏の政権を作った。これが鎌倉幕府である〉

模範解答だ。しかし私なら×だ。根本的におかしい。

まず正してもらいたいのはイメージだ。あたかも武士階級の整然とした軍団組織が存在していたように描いているがリアルではない。

二本差しの立派な武士は江戸時代中期以降の姿だ。それまでの地域の争いの主役はゴロツキが手下のホームレスや季節労務者に、なまくら刀を渡して、それを振り回しての小競り合いていどで、だいたいが損得によるカケヒキ、調略《ちょうりゃく》で決着がついている。これが当時の戦のイメージだ。そこをまず改めていただきたい。

我々は映画やTVの影響で、昔は武士道というものがあり、義理人情に厚く……などと思ってしまいがちだが、そんなものは城壁をスルスルと登るニンジャと同じでファンタジーにすぎない。このさい、美しき先入観のいっさいを捨てていただきたい。例を述べると室町末期でさえ、『人国記』には中国地方人の気質をこう記している。

「親は子をダマし、子は親を出し抜き、主《あるじ》は家来に領地を少し与える……仕官も務めを二の次に回して策略をもって、ことごとくみな盗賊と同じだ」

ダマしはあたりまえ、利がよければかんたんに寝返る。これがさまざまな資料を読むかぎり浮んでくる当時の人間模様だ。

知性もモラルもどん底だ。

別にそれは日本だけに限ったことではなく、世は中世的暗黒の中にあった。今さら言うまでもなく、貴族と奴隷という中世的形態が実力闘争、下剋上《げこくじょう》の争いで崩れてゆくカオスだ。むき出しの本能的、物質的欲望の追求が恥でもなんでもない時代である。極端な利己主義、我欲の時代で、けっきょく彼らの自己主張は、さらに巨大な絶対的封建権力者が要求する隷属の中に埋没しているのだが、農奴の逃亡、子女の売買、堕胎、盗み、殺人……人類進化の過程での本能ムキ出しのイカレたふるまいは、大なり小なり地球規模である。

強欲で危険なヤクザ集団を、もっと強欲で危険な腕力で束ねたのが平氏であり源氏だ。それをあとで武士団などといって美化したにすぎない。

話を本筋に戻すと、模範解答とリアル史の決定的な間違いは、対立軸である。

「朝廷VS武士」。

これは×だ。正解は？

「自称内裏（天皇）VS自称内裏（天皇）」だ。

鎌倉軍事政権は、自称内裏同士の内ゲバから誕生している。

ここを理解すると日本史の見通しが、スキッとするので、鎌倉時代への流れを整理すると次のようになる。

発端は兄弟による内裏（天皇）の跡目争いだ。兄の崇徳《すとく》（1119～64）と弟、後白河（1127～92）のバトルである。口喧嘩から腕力へ。互いに用心棒を頼み、軍事行動に出る。俗にいう保元の乱（1156年）だ。

後白河――藤原忠通、源義朝《よしとも》、平清盛

VS

崇　徳――藤原頼長、源為義、平忠正

ご覧のとおり、朝廷VS武士などではない。双方に内裏もいれば、藤原家も源氏も平家もいる。

しかし内裏の身内バトルなど、天皇は神聖な現人神であるという皇国史観を採用した明治政府にとってはマズい。「権威」と「ご威光」が地に落ちるので、「朝廷」VS「武士」、「朝敵」という構図にしてしまったのだが、その結果、生徒ばかりではなく教師も客観性、科学性を失って、下々の武士が朝敵となって朝廷の官軍と戦い、官軍が勝利するという筋書きを頭に叩き込んでしまったのである。

このさい、内裏の後継者バトルだということをしっかりと認識していただきたい。面白いのは未来の宿敵、源平が互いに同じ組で肩を組んでいることだ。尊皇だ、なんだとご託宣《たくせん》はいろいろあれど、けっきょくは私利私欲による分裂にほかならない。

きわどい山を踏んで、勝ったのは後白河。しかし、これで墓穴を掘る。

武士にとって、朝廷は武力を伴わないお飾り神輿《みこし》。勝ったからといって神輿が、武士をたんなる担ぎ手扱いにし、もぎとった果実は「俺のモノ」にするのはジョークだ。ネコがライオンのまねをすれば噛まれる。

高慢ちきな後白河をあっというまにほんものの神棚に上げてしまう。で、これでおさまったかと思いきや、世の定め、勝者内部の対立が激化。源氏と平家、同じ釜の飯を食って、せっかく勝ち組になったのに、互いに実力でノシ上ってきた過激分子だからしかたがない。源頼朝は、平家清盛が囲った後白河を奪って幽閉したのである。

と、平氏がまき返す。後白河を奪還、源氏を京都から叩き出すというシーソーゲーム。

後白河を囲って京都を占拠、平家の天下となる。

シナ貿易で潤《うるお》う平氏。自分の娘徳子を内裏高倉の正妻とし、生まれた孫を世継ぎの内裏に押し込む。安徳である。で、日本列島の半分近くを配下に収めた。

仕上げは、囲っていたはずの後白河法皇、もはやお荷物となり幽閉する。

源氏の人質から解放されたと思ったら、こんどは平氏の囚人だ。両方から嫌われている。よほど身の程知らずなのか、朝廷が上だという持論を変えられないプライド人間なのか、手を焼かせてばかりのかわい気ゼロ、幽閉人生である。


「平家にあらずんば、人にあらず」


「自民党であらずんば、人にあらず」などとほざけば政権は瞬時にふき飛ぶが、成金は平氏ばかりだ。しかし、これまた成功体験は人間の目を曇らせる。増長は敵を増し、急転直下のまっ逆さま、結果、「驕《おご》る平家、久しからず」となる。

人間など驕らなくとも久しからずなのだが、きっかけは、怨念の塊と化した後白河の息子、以仁王だ。

憎しみは強力なエネルギーである。ド素人が辞めておけばいいものを、人にあらずとバ力にされた面々をかき集めて反平清盛同盟を結成し、兵を挙げた。

延暦寺が損得計算の結果、期待に応えず不参加。やっぱり失敗し、以仁王が平氏の手に
よって処刑される。

が、後白河をいつのまにか源義朝の子、頼朝《よりとも》（1147〜99）と義経《よしつね》（1159〜89）兄弟が助け出していた。敗者復活、再度挑戦。予測不能の戦況である。じりじりと膨れ上がる極限の不安、各地であいまいになる勝負。4年の戦争を経て、ついに1185年、山口は壇ノ浦で平氏が大負けを喫し、歴史から消えてゆくという、大河ドラマが展開されたのである。

祇園精舎《ぎおんしょうじゃ》の鐘の音
　諸行無常《しょぎょうむじょう》の響きあり
沙羅双樹《しゃらそうじゅ》の花の色
　盛者必衰《しょうじゃひっすい》の理《ことわり》をあらわす
おごれるものも久しからず
　唯《ただ》春の夜の夢のごとし

たけき者もついには滅びぬ
　ひとえに風の前の塵《ちり》におなじ
（平家物語）

それにしてもこの後白河、4連続クーデターをかいくぐり、それでもしぶとく復活して平均寿命より15年も長い65歳まで生きている。もっと驚くのは幽閉の合間に分かっているだけでなんと17名以上の子供を産ませていることだ。強者《つわもの》である。少子化が問題視されている現代、見習っていただきたいのだが、私は幽閉というのは創作だと思っている。この男、時の勝者と組んだだけで、それじゃ無節操でカッコがつかないからそのつど幽閉されていたなどという話を作ったのではないだろうか？

勝者源頼朝、「鎌倉殿」が天下人となる。

敵にも味方にもなる後白河と最終的に和解し、内裏の後鳥羽《ごとば》から初代征夷大将軍の官位を授かる。

これが武家政治の始まりだと、一般的にはいわれている。しかし、じっさいの軍事政権のスタートは、その半世紀前の940年、平将門が茨城坂東で「新皇」を名乗った「坂東政府」だ。武家政治の始まりは源氏ではなく、あきらかに平氏だ。源氏の子孫を自称した徳川家の都合上、武家政治の開祖は源氏でなければカッコがつかないのでそうしたまでである。


征夷大将軍、官位は内裏からもらったものだ。ならば朝廷が上で将軍が下のように思いがちだが、じっさいは違う。日本はあなたのモノ、どんどん征服し、生活費をたくさん回してね、日本一のパトロンになって欲しいというほどのことで、将軍の方が偉い。

日本列島があたかも源平の白赤二色だけのような雰囲気だが、そんなことはない。道路、通信、徴税能力……支配システムが確立されていないから全国統一など物理的に不可能である。列島各地には、源平とは無縁な独立国は腐るほどあった。

私たちが古代から、あたかも日本列島丸ごと近畿の朝廷に支配されていたようなイメージを頭に描いてしまっているのは、古文献の量が朝廷に圧倒的に多く残っているのをいいことに、明治政府が教科書を京都中心の皇国史観に作り変えてしまったせいである。

もう少しで信長✝にたどりつくので頑張っていただきたい。

さて、源氏の天下も、長くは続かなかった。

●――北条氏の連続殺人作戦

次の天下人は、北条時政（1138～1215）である。将軍源頼朝の妻、北条政子の父親だ。尼将軍と呼ばれた北条政子もすごいが、伊豆の豪族である父親は怪物だった。伊豆に流された鎌倉殿（源頼朝）の監視役だったのに娘政子と結婚させ、その後見人におさまるやいなやクーデターを起こさせて、政権を握ってしまったのだから並みの頭脳ではない。政務を統轄してゆくうちに青白き野心がボーボーと燃え、手がつけられなくなる。

源氏の跡目相続人を次々と連続殺人で葬って、実権を握ってゆくというなんともホラーな男だ。このあたりの歴史は『吾妻鏡』『玉葉』『愚管抄』『六代勝事記《ろくだいしょうじき》』など当時の物語りや日記から組み立てただけなので、事実のほどは分からない。なんとなくそうだろうなあ的感覚で読み流していただきたい。

政子が死に、京都、朝廷内主導権争いが再び激化する。争いは単独ではない。必ずネットワークなので遠く離れた鎌倉の北条一族と連動、京都と鎌倉、派閥争いが複雑に絡みあう中、天地を揺るがす衝撃波が襲った。

1274年、1281年と二度にわたる、モンゴル帝国、「元」の侵略だ。

「元寇《げんこう》」である。

度肝を抜く大軍が海を渡って我が四列島に攻め込んだのは、後にも先にもこの時だけで、第一波が4万、二波が14万というからすさまじい。海を埋めつくす大、中、小の軍船4千数百艘など空前絶後すぎて想像が追いつかない。

そしてなぜか二度とも運よく台風シーズン。ゴォーゴォーと強風が吹き荒れて、またたくまに船が沈没、全滅した。伝説の神風である。

実は、台風の勢いはそうでもなかったという意見が、最近有力になっている。

鎌倉武士は強かった。なにせ連続クーデターの下剋上世代だ。クソの川を泳がされ、雨のように降ってくる弓矢が10本くらい刺さっても、逃げたら上官に首をはねられるので草の根を食ってでも敵に向ってゆくという地獄の実戦、場数で鍛えられている。対するモンゴルは遊牧の民であるからして慣れない海の船酔いでフラフラだった。食欲ゼロのほぼ断食状態。戦う前からすっかり衰弱しているうえに、馬がないので、お得意の騎馬戦ナシ。いくら、寝っ転がって股をおっぴろげて両足で弦《つる》を絞る品のない「弩《ど》」の射程距離が和弓の2倍あってもしょせんは歩兵、押し寄せる怒濤《どとう》の鎌倉騎馬隊に太刀打ちできなかったらしい。

しかし、これだけははっきりしている。

蒙古襲来で、鎌倉政府の金庫が空《から》っけつになったことだ。戦費と報奨金のカネ、コメが尽き、配る領地も細って、武士の間に不満がウッ積。カネの切れ目はクーデターの大きな要因だ。起きない方がおかしい。

鎌倉弱体化に付け込んだのが例の内裏の後醍醐だ。

武士の我欲を追い風に「正中の変」(1324年)、「元弘の乱」(1331年)と二度にわたって兵を挙げる。慣れないことはしないほうがいい。せっかくのフォローの風も生かせずヘタを打つ。で、なんとか足利尊氏と新田義貞とを動かし、三度目の正直を目指した。執念が実って鎌倉に勝利。北条一族はおおむね自害。1333年、鎌倉政府が滅亡した。

私が「鎌倉幕府」と書かないのは、「幕府」という言葉は当時は存在しなかったからだ。「幕府」も「藩」も明治になっての造語だ。「幕」は、戦場で作戦本部を布で囲った、つまり「天幕(てんまく)」のことで、司令官の居場所だ。もちろん「政府」という単語もないのだが、ちゃんとした組織などなかったことを伝えたいためにあえて、幕府とは書かず、現代風にアイロニーをきかせて「政府」とした。

武士によって武士を倒す。武士勢力を消耗させ、朝廷が掠《かす》め取る。このビジネス・モデルに自信をつけた後醍醐は、自分中心の政治をぶち上げる。

しかし、北条氏の遺児、時行《ときゆき》（1325～53）の怨念《おんねん》クーデターが1335年に勃発した。親の仇《かたき》、後醍醐を討つべく立ち上がる。すると冷や飯食いの武士団が呼応し、あれよあれよと大軍団に変貌《へんぼう》。

あわてて、後醍醐が北条鎮圧に送り込んだのがエース、足利尊氏だ。源氏の血を引く武闘派、この男も北条には恨みがある。自分の先祖、源氏の後継者を連続殺人で消し、鎌倉政府を、あっという間に乗っ取ったクソ野郎だ。敵も恨みならこっちも恨み、怨恨《えんこん》と怨恨の激突である。

利益供与と報復同盟で、より多くの軍事勢力の支持を受けた方が勝つ。決着は早かった。足利尊氏の勝利となる。

平氏時代→源氏時代→北条時代→足利時代

一番強い武士団との関係がよければ、すべてはうまくいくのが朝廷だ。と思いきや、なぜか関東に居座る足利。額にシワを寄せ、京都の後醍醐を睨みつけたのである。ガンを飛ばし返す強気の後醍醐。足利尊氏は叩き上げだから人間の欲を知っている。気前よく領地をバラまき、多くの支持を集めはじめる。

三種の神器にしがみついた段階で勝負は見えていた。現実が見えない内裏。それならばと、足利尊氏は実力行使に打って出る。京都に移動、光明(1322〜80)を擁立した。

現実が見えないのは後醍醐だけではなく、ここまでくると読者もなにがなんだか分からなくなっているかもしれない。ようするになにを言いたいかというと、私の双眼鏡を覗いてみれば、歴史などなんのことはない。失敗した二段ロケットだ。

まず頭一つ出た国王が欲望実現のため、つまりシナ王朝の配下に納まり、マネてプチ朝廷を創った。

目を転じると地方にもゴロツキ集団がいた。彼らはシナ王朝のことなど分からないから強奪の方法はただ一つ、腕力である。そこでワンランク下の身内を送って軍隊を結成、ミカジメ料を横取りした。が、これが二段目のロケット。二段目のロケットは強力だ。ならば二段目を切り離す。が、失敗。ノシ上った軍閥は逆に一段目の朝廷を支配、軍事政権を樹立したのである。

一段目と二段目の主導権闘争が複雑に絡んだ不安定な二段ロケットで戦前まで飛んでき

たのが日本だということを理解していただきたかっただけである。

信長✝にいたる、それから２００年の流れも重要なのでざっと整理しておく。

後醍醐が立ち上がったのは、朝廷のためではない。足利軍事政権が自分を外し、ライバルの内裏、光明を囲ったから兵を挙げたのであって、言うまでもなく、自分を擁立してくれたならば、絶対に歯向かわない。

鎌倉軍事政権はどうであれ、京都の朝廷では皇位継承争い、派閥争いは間断なく続いている。

くどいようだが歴史上の戦いは、内裏の跡目争いと武士の領土拡張争いがからんでいるので、内裏が京都から動かない以上、京都が主戦場となる。

南北朝時代の表記はイタい

二人の内裏が対立。ことの発端は後深草（在位　１２４６〜６０）と弟、亀山（１２４９〜１３０５）の後継争いだった。陰に陽に激しく、鎌倉政府もほとほと手を焼くほどで、資料をあさっていると、いい加減にしろ！　という足利尊氏の気持ちが伝わってくる。

後深草の子孫「持明院統」—足利尊氏—京都(北朝)
VS
亀山の子孫「大覚寺統」—楠木正成—奈良(南朝を自称)

で、足利尊氏は実力で、持明院統の光明を擁立。これが1336年に成立した足利政権である。京都室町を本拠地とした室町政府だ。

対して、後醍醐は南朝を宣言して、奈良に隠遁した。ここを間違えないでいただきたい。対抗して立てこもったのではなく、歯が立たないからたんに引きこもっただけである。

日本史では北の京都、南の奈良、二人の天皇が並立したこの56年間(1336~92)を「南北朝時代」といっているが、このネーミングはイタい。引きこもり後醍醐の持ち上げ過ぎだ。

どういう角度から見ても権力は、足利の室町にある。時代名を付けるなら南北朝時代ではなく、武家政権「足利時代」だ。日本史は皇国史観だからどうしても朝廷、それも南朝を主役にし、南北朝時代と名付けちゃうのである。

これから、戦国ワールドカップ、弱肉強食の時代に入ってゆく。

カヤの外に置かれた朝廷が極度に薄まって衰弱。新嘗祭、大嘗祭《だいじょうさい》も、15世紀半ばから江戸の半ばまでの200年以上の間、途絶えている。これらは内裏が内裏であるための重要な儀式で、それを200年間も放棄するなど、アイデンティティの崩壊だ。

とはいえ、死に体でも、鼓動は止まっていなかった。

生命線は「威光」である。「威光」という得体の知れないパワーが細々と生き続けていたのである。

「威光財」とはなにか?

人間という動物は一度ひれ伏した相手には生涯、心を呪縛されるものだ。獰猛《どうもう》なピットブルが、力の弱いご主人様の前では跪《ひざまず》くように、文明人といえども、この心理を宿している。主従関係のずっとてっぺん、つま先立ちでノケゾっても見えるか見えないかに存在する雲上人の不思議なパワーが「威光」だ。「威光」は脳に深く刷り込まれ、次の世も、また次の世も……世代を超え、自由に漂う得体のしれないバクテリアのようなもので、断ち切る免疫ワクチンはただ一つ、「思考力」しかない。思考がしっかりしていないと人間は、まか不思議な「威光」にひれ伏す。

すなわち既存の「威光」を確保し、身にまとってしまえば万人が客観性と科学的思考を失って盲目的に従ってしまうのである。

ここに「天皇擁立」、「玉を囲う」という策が成立する。

この「威光」、「権威」を理解しなければ、放蕩に浸っていただけの内裏が、なぜ軍事政権下を泳ぎ切れたのかが分からないと思う。

この世にはさまざまな「権威」が存在する。社長も「権威」だ。議員、大臣……だが平安の古《いにしえ》より、「権威」の頂点は内裏である。

私がここで、「天皇」ではなく、「内裏」と記しているのは前述したとおり明治時代まで、だれも天皇と呼んでいないからだ。信長時代に渡来したポルトガル宣教師フロイスの12巻にもおよぶ大作、『日本史』でも、「ナイリ」「オウ」「コクオウ」である。

少しでも当時の感覚で読んで欲しいので、内裏にした。


さて民衆が呪縛される「権威」とはなにか?

「権威」とは、他人を服従させる力だ。神話、呪術、儀式、資産、豪華な建物、重々しい歴史……多くの要素がミルフィーユのように重なってかもし出されるもので、マックス・ヴェーバーによれば、「権威」の源は一つではない。

（1）人格的カリスマ
（2）儀式に乗っ取った伝統や制度に対する神格視、それらの複合的なもの

血脈重視の内裏の場合、（1）のカリスマ性はどうでもいい。ボンクラでも二代目、三代目ということの方が大切だ。

重要なのは儀式である。

できるだけおごそかな儀式を創り上げて、各界の実力者をどっさり集める。華麗なる儀式終了で、その人物に超人的なカリスマが宿ってしまうのであってこの時、本人に能力のあるなしは、あまり関係がない。

そんなことより実力者たちが、一人の人物にこぞって頭を下げることの方が大切だ。意味ありげな通過儀礼が進んでゆく。ここのセレモニーが肝心で、頭を下げた方も、まるで

神に選ばれし者の前に立っているかのように錯覚し、酔いしれてしまうものだ。出演者が共通の宗教を持っていれば、神秘力はより強まる。

こう言ってしまえば身も蓋もないが、選ばれし者の条件らしきものをあげるとすれば二つ。無口であること。もう一つはゆっくりした振る舞いだけだ。黒柳徹子みたいに早口でしゃべったり、チャップリンのように早歩きをしなければOK。荘厳華麗《そうごんかれい》な儀式でだれにでも権威が身に付く。あなたにでもだ。

こうして「権威」が宿れば、人々は理屈抜きにひれ伏すから実に扱いやすい。

「余のために戦ってくれるか?」といわれただけで舞い上がり、「もったいないお言葉。万歳!」と死んでしまうくらいの集団催眠にもおちいる。

一度宿った「権威」は継承できるし、いくらでも配れる。

皇室御用達なら、不味《まず》い饅頭や酒だって「権威」が移るからランクが二つ、三つ上がってしまうのである。これは万国共通だ。ルイ・ヴィトン、カルティエ、ゲラン……フランスの数ある老舗ブランドは、皇帝ナポレオン三世の皇后、ウジェニーのお気に入り、出入りのロイヤル・ブランドとして、「権威」を身にまとい一流品に格上げされたのであって、すべては皇帝が持つ力だ。ブランド品の輝きは絢爛《けんらん》たる世界、ラグジュアリーな「神話の化身」、皇帝の「威光」が移っただけである。

むろん大名が武力で天下を取り、巨大な城の中で、紫色の着物をまとえば、あるていどの「権威」は生まれる。しかし武人の根本は戦に強いか弱いかだから、負ければ「威光」は消滅する。

だれが一番強いのか？　が「威光」のバロメーターだ。これればかりは実際にやってみなけりゃ分からない。だからといって総当たりのリーグ戦で試してみるわけにもいかない。他の方法で、頭一つ出るにはどうしたらいいのか？　人にできないことをして、天下に示す。てっとり早いのは古《いにしえ》よりの「威光」を身につけることだ。そう、内裏から、あなたは日本一ですよという皇室御用達の「官位」をもらうことで、リーグ争いよりだんぜん低コストだ。「内裏を囲う」「官位を得る」「勲章をもらう」とはこういうことをいうのである。

分かるだろうか？

たとえて言うならば、ナンバー・ワン芸者を囲った若旦那が、ハバを利かすようものだ。この場合、向島の芸者ではたいしたハバにはならない。歴史の化身、京都の「威光」が圧倒的で、他を寄せつけない。京都の超売れっ子芸子を囲っちゃえば、その羽振りのよさに

信長が生まれた当時の勢力図。☆のあたりで生まれた

他の旦那衆が、「かないませんなあ」とおおむね尻尾を巻く。

だれもかなわない「威光財」を買って、差別化をはかる。これが平安から続く武将たちのビジネス・モデルで、一方の内裏の方も荘園という集金マシーンを武士に奪われ、すっかりヘタっていたので「威光財」の販売、「官位商売」を収入のカテとしたのである。持ちつ持たれつの関係だ。

内裏ブランド、京都ブランドを獲得した武将こそナンバー・ワンの証しであるからして、多くの支持が集まり、天下人になれるのだ。古代、シナ皇帝のブランドを欲したようにだ。

その作戦を胸に、戦国絵巻から、飛び出したのが信長✞だ。ここに安土時代が、幕を切って落とされるのである。

第2章

信長とイエズスの野望

信長✞はどこから来たのか？

意外にも先祖は越前（福井県）、古くからあった織田劔《つるぎ》神社の神主《かんぬし》だ。

14世紀末、北朝武将、足利の有力一門、斯波《しば》氏に従った先祖が、尾張国（愛知）に入国。

それからが強烈だ。

斯波義重《しばよししげ》が守護職の時に、尾張八郡の守護代になる。

いつのまにか神主から、武士へのスライドである。やり手なのだろう斯波氏のパワーが衰えると外敵、内敵、さらには身内、織田一族のくんずほぐれつの争いを勝ち抜いたのが信長✞の父、信秀《のぶひで》（1511〜52）だ。

今川与左馬之助氏豊《うじとよ》を策略で騙《だま》し、那古野（名古屋）城を乗っ取る。田舎の神主が、あっという間に一国一城の主《あるじ》となってしまうのだから、下剋上の勝ち組である。

肥沃な濃尾《のうび》平野に点在する敵城の数々。それらをどう攻略するのか？

嘘は身の破滅を招くが、野心男にそんなルールはない。イデオロギーはただ一つ、領土拡張だ。

それにはまずカネ。富をもたらす港町の津島《つしま》。にぎわっている門前町の熱田《あつた》。この二か所をおさえる。二つの繁盛街《はんじょうがい》が経済的基盤となって、猛チャージがかかった。

信秀がそんじょそこらの盗賊の親玉と違うところは、政治力学を知っていたことだ。さすがは元神主、長年のスキルを発揮し、目を向けたのは古巣神社の大元締め、朝廷である。手づるをたぐって朝廷にカネをぶち込む。で、いただいたのが「従五位下」の位だ。

内裏がくすぶっていた時期だから格安だった。むろん、ないがしろにしたのは先の鎌倉政府。軍事政権が長く続き、朝廷は虫の息である。雨漏りのする古色蒼然《こしょくそうぜん》たる御所に引きこもり、ウツウツと昔の看板でシノいでいたのだが、それでも田舎《いなか》ッペ方面にかぎり、時空を超越した聖なるものとして「威光」はタイムレスに不滅の命を持っていた。

もらった肩書には、おまけが付いていた。「備後守《びんごのかみ》」だ。

肩書は、与えてくれた人間が偉ければ偉いほど価値が増す。今でいうと、地方議員より国会議員、国会議員より大臣、大臣より総理大臣、総理大臣より天皇だ。

これが一般的な感覚である。

信秀は、「内裏」を、過大に盛って周囲に自慢した。

「都にいってみな。内裏は、将軍より偉い。ワシはその雲上人の偉いお方から、位をいただいたのだ。君たち頭《ず》が高い！」

こう吹きまくって、「従五位下」と「備後守」という肩書きで自分にハクを付ける。朝廷にとっても、願ってもないことだ。こういうカッペの大ボラ宣伝が朝廷の地位をグンと押し上げてくれるのである。雲上人度が根拠なくどんどん上がれば上がるほど収入源である「威光財」の値もつり上がる。官位をバラまけば、自動的に朝廷の地位が上がって台所が潤う。一石二鳥だ。紙に書いただけだから、元手はゼロ。大繁盛である。

さて、日本には忘れてはいけないもう一人の「王」がいた。将軍だ。こちらも落ち目だったので「肩書き商売」に目をつけていた。

そうなると、朝廷と軍事政権、内裏と将軍の間で、こっちが「元祖」だ、いやこっちこそ「本家」だと火花を散らすのは時間の問題である。

両者は、時にはガチ勝負に出、時には握手しながら、テーブルの下では蹴り合うという時代をずっと過ごしてきているのだが、しかしなにせ戦国時代であるからして、合理的な連中が多く、足利政府の方が朝廷より格上だ、とみる武将は多かった。

織田信秀としても、将軍足利義輝《よしてる》✝(1536~65)に拝謁《はいえつ》しなければカッコがつかない。

むろん戦国ワールドカップ開催時だから、一世を風靡《ふうび》した将軍もガックリと力を失っている。強力な武将の支えがないと自立できないほどヨレヨレなのだが、これまた腐っても鯛、腐っても将軍、暗闇では「威光財」は光って見えた。

信秀は義輝✝と面会。「内裏」につぐ「将軍」と、二重のハク付けに成功した。で、さらに完璧を目指す。

伊勢神宮である。「威光財」なら手当りしだい、莫大なカネを寄付し、伊勢神宮から「三河守《みかわのかみ》」をゲット。

さきほどから出てくる「守」というのは領主、いいかえれば地方の王だ。織田信秀は三つの伝説の化身、「内裏」「将軍」「神社」の「威光財」を買ってノシ上り、周囲に存在感を示した。

内裏と将軍が「威光財」で張り合っている中、雨後の筍《たけのこ》のように育ったのが物騒な大名だが、寺社勢力も領地を広げてすっかり裕福になり、地侍《じざむらい》を吸収し、完全武装に走っている。もはや混沌たるカオスだ。

戦国時代、日本の権力グループは4つ。

武力勢力

大名

寺社勢力

威光財勢力

朝廷

将軍

それぞれの関係は微妙だ。互いにシコリを抱えながら時にはツルみ、時には水と油、そして時には硝酸《しょうさん》とグリセリンとなって大爆発を起こした。

「官位」には「威光」以外にもう一つ、忘れてはならないとんでもないパワーがあった。

それさえあれば、略奪した領地が超法規的に正当化され、侵略が侵略でなくなり、略奪が略奪でなくなるというマジック・パワーだ。

お分かりだろうか？

盗賊であっても、海賊であっても、「内裏」から官職を買えば、侵略した領地領民の由緒正しき支配者となるのである。

明治維新も同じ原理だ。薩長の反乱クーデターが、天皇を囲うことで正義の「官軍」となり、それに抵抗した勢力が悪党の「賊軍」となって正統性を失ったのである。

「官位商売」を言い変えれば、盗賊への「正統権」販売業である。


この場合、他の実効支配者がいるかどうかは問わない。内裏がお気に召し、支持に回ったことの証しとして「官位」を与えただけで心理的に優《まさ》る。これは大きい。

たとえばシナが、「沖縄はシナの領土だ」と主張したらどうか?

これだけで空が落ちるほどの大ショックだ。そのうえ、シナが、沖縄県知事という「官位」をトランプから買い、国連で発表したとしたらどうだろう。実効支配されなくたって内閣の一つや二つは吹っ飛び、みんなの頭の中には、シナが直接乗り込んできて、沖縄を占拠する悪夢がよぎりっ放しで、しかしなぜか国際的に認められてしまうという未来予想がバッチリと描かれるので混乱はおさまらない。

「俺の官位を見ろ！　備後守と三河守だ。つまりあんたはモグリってえことだが、まあ、今のところは大目にみてやる」

信秀は、官位を振りかざし、相手にプレッシャーをかけて策略と武力を駆使しながら領土を増やしていったのだが、オヤジの横で、じっくり学んでいたのが息子の信長✝である。

信長✝が故郷、「尾張守」の位を将軍足利義昭《よしあき》✝から得たのは、１５６６年８月、32歳の時で、いきなり『天下布武』をぶちあげ、天下取りを見据えたのは、翌年１５６７年11月である。

●——信長✝が野望を持てた理由

群雄地図を俯瞰していただきたい。一つの疑問が湧き起こってくるはずだ。

信長の尾張。見渡せば山また山、周囲を山に囲まれている。そんな田園の在所《ざいしょ》で、なぜ天下をなどという野望を持てたのか？　どこから発想が生まれたか？　ということである。

目下の状況は天下どころではない。山を越えた北には、大地にしっかりと根を張る朝倉義景と浅井長政。西南の徳川家康、西には一泡吹かせようと狙っている武田信玄、東は負けん気の強い斎藤龍興《たつおき》、そしてそのむこうに比叡山延暦寺という大勢力が根を張っている。

ぶ厚い四面楚歌。いつ攻め込まれるか分かったものではない。身内だって、見えない敵の手が伸びており、明日寝返るとも限らないのだ。常人ならストレスで不眠症になる。

生き延びる基本は三つ。

1　強力な軍隊を持つ
2　強力な親分の配下に収まる
3　周囲と同盟を結ぶ

緊迫した状況下でやることは山積みだ。戦闘訓練はむろんのこと、自軍の地固めと防衛。情報の収集、領地領民の管理、食料の確保、内輪モメの仲裁と家臣へのボーナス、ご機嫌取りなどなど反乱、造反防止……目の前に現れる細かなあれこれに追われている日常だ。

普通なら、ささっと強力な親分の下にもぐり込んで安眠したいと願うはずだ。

しかし信長✞はそうではない。目指すは天下。「内向き」から「外向き」である。内と外は紙一重に思えるかもしれないが、まったく別物だ。今でいうと、北海道の町長が突如、アメリカ大統領をめざしちゃうようなもので、自己啓発セミナーで叩き込まれない限りムリだ。

飛躍の大きなきっかけはなんだったのか？　いったい何がどうなってコペルニクス的転回が起きたのか？

引き金は、第13代将軍足利義輝✝との接触である。

1559年3月、信長✝、25歳の時だ。

はじめての京都入り。将軍との初会見である。この時はまだ美濃はおろか、尾張統一の前だ。いったいぜんたいなにを考え、敵陣内を通過、危険をおかしてまではるばる京

1568年、信長が足利義昭を奉じて上洛した頃の勢力図。この時点でも周りは敵だらけであ

都までやって来たのか？

それほど重要だったに違いない。調べるとすぐに判明する。

目的は義輝✝との面会だが、この時の義輝✝はどんな状況下にあったのか？

九州のキリシタン大名、正確にはイエズス大名だが大友・ドン・フランシスコ・宗麟✝からポルトガルの武器、火薬などを入手したのが5年前、この年はさらに金品を受けとっている。で、11月と12月にはイエズス宣教師ヴィレラと面会。すなわち将軍義輝✝にイエズスがくっついている時である。これについては後ほどたっぷり述べるが、義輝✝を介して、信長✝とキリスト教がぐっと近づいた瞬間なのだ。

結論から言えば若き信長✝に新しい考えを吹き込んだのはイエズスとなる。私はそう確信している。

ようやく話の本筋にたどり着いたが、その前に、外国に目を向けていただきたい。日本にやってきたイエズス＝キリスト教とはなにか？　いかにして地球を席巻したのか？　これが分からなければリアルな戦国時代が浮上しない。

●──ヨーロッパ

目を転じると、ヨーロッパ全土がキリスト教に征服され、巨大な「神聖ローマ帝国」が出現した少し後だ。皇帝カルロス一世がフランスの一部、ドイツ、オーストリア……など今のユーロとまではいかないが、半分くらいの広大な面積と約６０００万人ほどを束ねたのが１５１６年。神聖ローマ帝国の統治は緩やかで、統合前の国々を、国家の中の準国家と認め、かなりの自治を保障していた。

ヨーロッパの推定人口をざっくりと並べると次のようになる。

ポルトガル　120万人
スペイン　800万人
神聖ローマ帝国　6000万人
（オーストリア）　1000万人
（フランス）　1600万人（パリ　28万人）
（イタリア）　1250万人（イタリアエリアの独立国合計）
（ドイツ）　1000万人
その他
イギリス　300万人

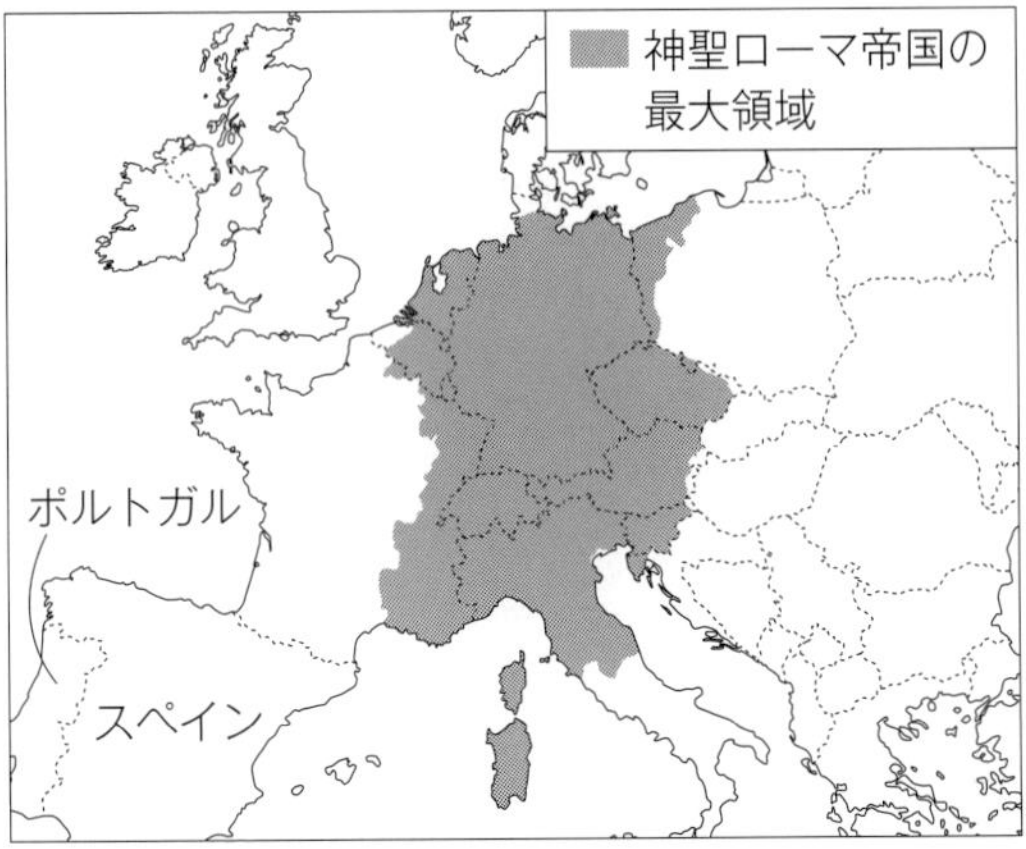

スペイン・ポルトガル、神聖ローマ帝国などキリスト教がヨーロッパの要となっていた

（ロンドン　15万人）

日本　　　１４００万〜１６００万人（大坂エリア　28万人）

中世のキリスト教

だれでも持っている恐怖心こそ、人類進化発展の原動力だ。恐怖の内訳は４つ。外敵、病気、事故、自然の脅威だ。古代、これらを排除する方法は二つしかなかった。「腕力」、そして「呪術力」だ。

人々が「宗教」を畏敬し、崇拝する根拠は恐怖心にあって、もし人間が不老不死ならば宗教は生まれなかったという学者の話は傾聴にあたいする。

キリスト教の信者数は現在30億人、世界最大の宗教だ。ちなみに二番目はイスラム教の16億人、ヒンズー教は9億人で、仏教徒は3億人といわれている。仏教徒の場合、葬儀だけを仏教スタイルで行うというナンチャってでも数に入れているので3億人というのはかなり多めの見積りだ。

信仰は、インフルエンザのように放っておけば伝染して広がるかといえば、なかなか難しい。既存宗教と大小の競り合いがあり、昔はたいがい武力をともなっている。というのも宗教は支配者階級の権益と密着しているからだ。宗教家を封建政治の顧問として抱え、宗教で支配力を強め、カネと特権を享受する。支配者にとって宗教は欠せないのだが、そこに新しい別の神が現れると、古株が追い出され、すべてを失う。特に神の前の平等と、道徳、倫理が書かれた聖書が投げ込まれた場合、戦乱の無情に喘《あえ》ぐ下々が目覚めて、権力構造が一気に変わってしまう可能性が高い。そこで命懸けの戦いとなる。

キリスト教はヨーロッパの勝者となるべく十字軍を結成した。

十字軍の騎士

土着宗教の上に成り立つ異民族を次々とキリスト教に染め、全ヨーロッパを呑み込み、神聖ローマ帝国が出現する。

言い換えれば、キリスト教が異民族間の接着剤となって集団と集団、国と国をくっつけたわけで、この稀代の宗教こそ大帝国の要であり、キリスト教がなければ神聖ローマ帝国はなかった。

それだけに権限は絶大にして厳格、派閥を許さなかった。

ローマ本部の意図と違う修正の兆候があれば、宗教裁判、魔女狩り、異端審問でその芽を摘んでゆく。

イエスは「善」である。5世紀くらいからこの定義が、西洋人の絶対的な共通認識として定着していたのでイエスの代理人を名乗る審問官の「正義」もまた不動だった。だれも逆らえない。

「正義」が街から街を巡り、反体制的危険分子を見つけては、摘発してゆく。権力が増し、増長の度合いがふくれ上がり、気に食わない相手なら異端、魔女として害虫のように投獄、火炙りにする愚か者もいた。

世界中が「悪」の時代、彼らだけに正義を求めるのは不公平だが、イエスの教えたモラルとはあまりにもかけ離れたものだ。

逃れる道は沈黙あるのみ。こうしてますますキリスト教が尊大になってゆく。

善人でも悪を行い、悪人も善を行う。人間など、かってな理由でどうにでもなるのだが、確実に言えることは、権力は腐敗を招くということだ。

金銭欲、権力欲、性欲。既得権者は定番のこの三欲にまみれながら安直な手法、すなわち恐怖政治に突入する。暗黒時代の到来だ。

しかし彼らには思考し、行動する要素があった。

紀元前508年、ギリシャでは成文法により平民の地位が守られた民主政治を確立しているし、民衆裁判での多数決による決定など古代ローマの共和政にも「思考」が見られた。討論と多数決が政治の場に登場している。ポンペイは79年の大噴火で一瞬にして埋もれた古代の街だが、発掘調査で18000もの落書が確認されており、この数はポンペイの人口より多い。

内容は政治に関するものが大半で、民衆が政治的な問題意識を持っていたことが分かる。落書は古代の新聞であり、投票であって、影響力があった。その結果、芽ぶいたのが13世紀のルネッサンス運動である。あらゆるものを疑問視する科学、哲学、思想が根強く受け継がれ、1450年には活版印刷技術が登場する。

印刷機は「知」の起爆剤だ。1500年にはヨーロッパ全土で1000万点ほどの本が印刷され、110の都市で出版物が出回った。

で、どういうことが起こったのか？

政治の基盤である聖書が多数の手に渡ったのである。神の言葉をむさぼり読む庶民。その結果、神父の語っていることはかなりデタラメで、聖書の中身とはけっこうな隔たりがあることが世間に広まり、神父、教会への信頼がゆらぎはじめたのだ。

さまざまな国で、さまざまな言語で、さまざまな分野の本が出版され、ついにルター、カルヴァンが声を上げる。切り札は科学。

地動説と進化論を否定するのはナンセンスだとキリスト教に嚙みついたのだ。

「プロテスタント」運動である。プロテスタティオ（抗議）から生まれた、抗議する者という意味で、「改革派」だ。

キリスト教が分裂した。ギリシャ語で普遍的を意味するカソリックとプロテスタントである。「普遍」対「抗議」。

対立が先鋭化、悪を倒すのは無頼《ぶらい》しかないとばかりに、血を流さない戦争から、ついには武器を持っての血みどろの戦《いくさ》に発展する。

イギリスとオランダがプロテスタントに改宗、あおりを受けた神聖ローマ帝国内部がガタガタになる。

ユダヤ系の大銀行家がオランダ、アントワープに居を構えていた関係上、貿易がさかんになり、アントワープがヨーロッパの中心都市となった時点で、プロテスタントが勢いづく。

じっと見つめていたのは南欧の二つの大国、スペイン、ポルトガルのカソリック王国だ。プロテスタントの波及を拒みつつ国内を平定。いち早く混乱から抜け出し、死臭漂う内陸を避け、大海原に乗り出してゆく。手付かずの別天地に富を求めたのだが、面々は船員であり、カソリック修道士であり、冒険家であり、戦士であり、商人の1人5役。携えているものは聖書、資金、武器、そして野望だった。

ポルトガルとスペイン

戦国ワールドカップの開催国日本に、ポルトガルが入り込んでくる。なぜ来たのか？　ポルトガルとはどんな国なのか？　馴染が薄いと思うので、この国について少々述べることにする。

建国は1143年、日本の平安末期だ。人口はわずか100万人たらず。ヨーロッパ全域が宗教戦争、民族紛争に明け暮れしている間、いち早くレコンキスタ（再征服）をやり遂げて国が安定、15世紀には海外に進出している。この時点でも人口わ

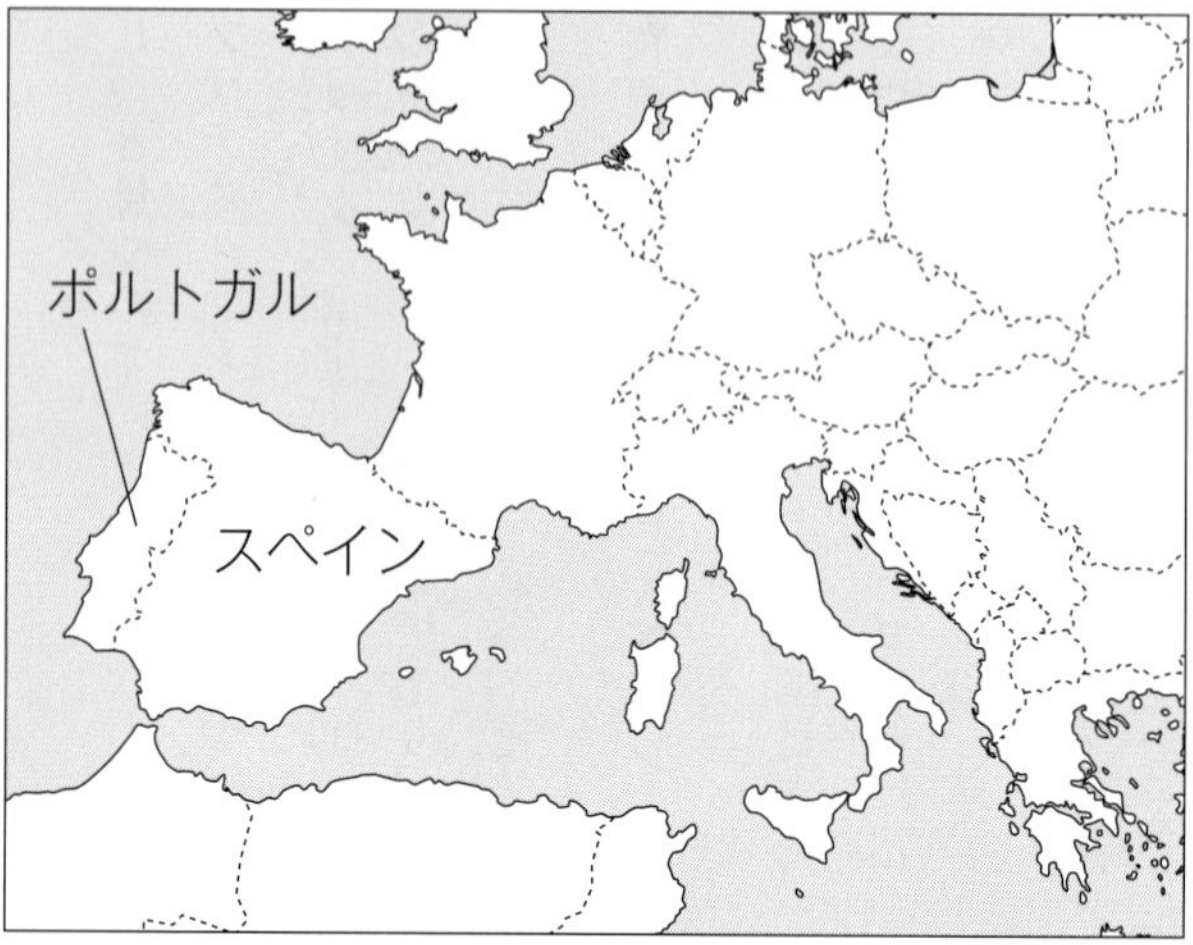

ポルトガルとスペインはヨーロッパの西の果てから、大航海時代をリードした

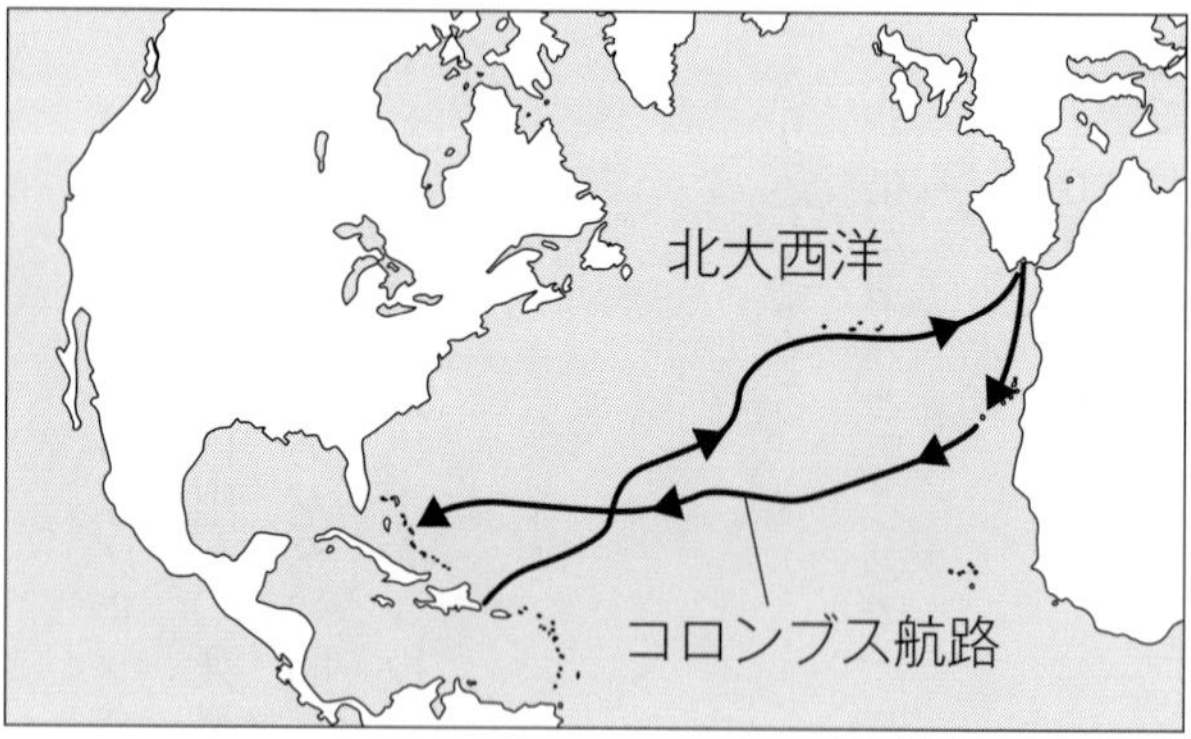

コロンブスの艦隊は、インドを探しに行ったが、アメリカ大陸を発見してしまった

ずか120万人で、当時の日本が1400万人ほどだから、10分の1以下だ。

「最初に足を踏み入れた者は、国に恩恵を運んでくる」

彼らの格言だ。新世界を発見した者には、恩賞を与える。高らかなマーチング・バンドと共に開拓者を送り出すポルトガル。スペインも負けてはいない。コロンブスは黄金の国ジパング発見を夢見て、自分はイタリア人のくせに、スペイン王をたらしこんで予算を獲得、インドを目指した。

1493年、アメリカをインドだと思い込んで上陸。先住民族を無礼にもインド人、すなわちインディアンと間違って呼んだくらいならまだしも、「ゴールドを持ってこい！」と命じて、3万から5万人を虐殺したという。キツネ狩り感覚だったというのだが、それがほんとうならばひどい話だ！　と怒るかもしれない。

しかしそれは今の感覚だ。歴史に悪はない。善悪で見ると世界に進出した文明国がぜったいに悪者となり、現地人が善人となりやすい。すると西洋人＝悪のイメージが強調され、バイアスがかかる。非文明人だって人食い人種もいたし、女、子供を生贄《いけにえ》にする部族もいたわけで、進化の過程で、人類は狂気じみたおぞましいことを平気でやらかしてきている。人種的色メガネを外し、もう二度と非倫理的な世に戻らないために、人間の行ってきたことをクールになって調べるのが歴史という学問である。

さて、そのクールな目線で見ても「アメリカ大陸を発見したのは、コロンブスだ」と、今でも言い張るのはイカレた話だ。

あたりまえの話だが、第一発見者は、ざっと一万年前にアメリカ大陸に移住したモンゴロイドだ。

第二発見者は北欧のヴァイキング。これは動かしがたい真実で、最近の調査ではヴァイキングはコロンブスより200年も早く到達し、カナダの東海岸で暮らしていたのが分かっている。

近ごろようやく、なぜ虐殺マニアのコロンブスを称えるのか？　コロンブス・デーなどといって休日にするのか？　と異議を唱えるアメリカ人が増え、コロンブス像の破壊事件が起こっているのだが、コロンブスのアメリカ発見がどれだけ事実無根であっても、クレイジーなイタリア系アメリカ人ががんばって像を守りきっている（時間の問題だと思うけど）。

それはさておき、コロンブスの申告を信じたスペイン国王は、インド（アメリカ）は自分の領土だと主張した。

激怒したのが領土争奪戦の競争相手、ポルトガル国王である。

「おまえはバカか！　あれはインドではない。本物のインドはアジアにあって、我が国がすでに拠点を設けている」

と人口120万が、人口800万人のスペインに一歩も譲らない。一触即発の危機。スペインは途中で自分の間違いに気づいたのだが、面子があるから引っ込みがつかず、ローマ教皇に解決を丸投げした。

「ご威光」にすがったわけだが、人類の発達過程では、法律が整備されていないので、どこの国でも「ご威光」にたよるのが定番だ。「法律」が「ご威光」を打ち負かすまでには、300年後のフランス革命を待たなければならない。

頼りにされたローマ教皇は、上から目線で「おぬしたちはおたがいカソリックであろう。争うではない」と即、境界線を設定した。1493年のことである。

大西洋上の島、ヴェルデ諸島付近でまっぷたつの唐竹《からたけ》割りにし、東側がポルトガル、西側がスペインの縄張りとした。

これが「教皇子午線《しごせん》」だ。

昔のコンパス（羅針盤）は子《ね》と午《うま》が北と南だったから南北線を子午線と言う。

ヨーロッパ以外は比較にならないほど武力が劣っているので、未開地はぶん捕り放題、

子午線（昔のコンパス）

早い者勝ちである。ヨーロッパ中心主義の身勝手な行為だと思うかもしれないが、しかしこんなことは近年でも見られる。シナの習近平は南シナ海を強奪したが、国際社会はどうにもできない。あげくのはてにアメリカに「太平洋は広い、我が国とアメリカで共有しようではないか」と、幾度も言い放っており、「教皇子午線」ならぬ、「習子午線」をハワイと日本の中間に引くことを試みている。

そういう理由でポルトガル船は南欧から東を進み、スペイン船は西に進むことになって、中南米の悲劇の幕が開く。

●――スペイン

西廻りで進むスペイン船団。

プロデューサーはスペインの豪商アロ、主役はポルトガル人のマゼラン（1480〜

１５２１）。早い者勝ちなので超スピードで大西洋を突破。ドンとぶつかったアメリカ大陸沿《ぞ》いを下り、１５２０年、南端の海峡を発見する。マゼラン海峡である。記録上、はじめてヨーロッパ人が太平洋に抜けたのだが、そのまま進んでポルトガルとは逆航路でアジアに突入、フィリピンに上陸した。

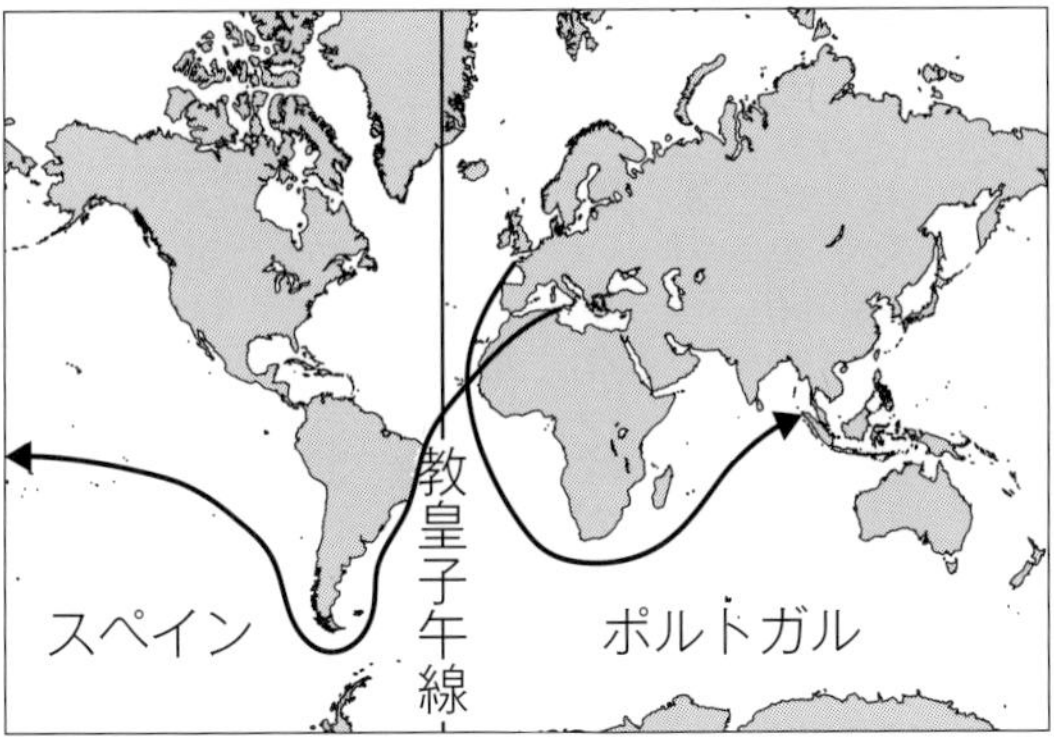

教皇子午線でスペインとポルトガルの進行方向が分けられた

これでフィリピンがスペインのものとなる。フィリピン人にスペインとの混血が多く、スペイン風建物が多く残っている理由がこれで理解できたと思うが、マゼランはキリスト教のフィリピン布教に力を入れるものの、言葉の壁、土着宗教とのギャップなどでなかなか浸透せず、次第にいらだちはじめ、高圧的になる。短気は損気、この強引さがもとで、反撃をくらって人生に終止符を打つ。

残された部下たちは、その後インド経由で１５２２年に帰国。これがはじめての世界一周となる。

西回りのスペインは、南米を総なめだ。

目指すはゴールド、それ以外にない。甲冑姿のケサダ率いる一行は、今のコロンビア界《かい》隈《わい》をうろつく。ムイスカ族の村人と遭遇、後をついてゆく。と、それに気付いた村人はボロ家の中から輝く飾りモノを差し出す。

まぎれもない黄金だった。息を呑むケサダ。村人は文明人の強欲さを理解せず、プレゼントすれば感謝して帰るだろうと踏んだのだがそうはいかなかった。火に油、下層階級でも持っているならば、王はさぞかしごっそりと隠しているに違いない。

急に暴力的になって村人に案内を強制するケサダ。たちまち王を捕らえ、拷問の末に金のありかを聞き出す。640キロ、今の金額で300億円相当の強奪である。

上陸したケサダ隊は800人、王の元にたどり着いたのが150人というから、650人は途中で死亡した計算になる。原因は戦闘ではない。餓死、病死、事故死で、戦争による死者はゼロだったという。

多くのアメリカ・インディアンがそうだったように、ムイスカ族もいたって平和な人々で、そもそも戦支度《いくさじたく》のスペイン人と違って、戦う、という発想が根本からなかったのではないか、という学者もいるほどだ。食い物にさほど困らない自然豊かな環境にいる人々には、目の前の危機が、なにか現実味のない幻のように思え、ダラダラと従ってしまう特長があるというのだ。

エルドラド発見のニュースはスペイン本国にもたらされ、気高さなど微塵もない、あっというまのゴールドラッシュ。結果、奪った金は計80トンを超え、中南米景気が訪れる。

逆の立場は悲惨だ。100万人ほどいたであろうムイスカ族は、一矢も報いることなく、スペイン人の暴虐と彼らが運んできた伝染病で、ほぼ消滅。1533年、わずか800名の上陸が元で、人口2000万人を誇ったクスコ王国（インカ帝国）が滅びたと主張する研究者もいる。

スペインはカソリック王国だ。

金の略奪など、愛と許しのキリスト教と矛盾するではないか、良心の呵責はなかったのか？　という疑問が沸くのは私だけであろうか？

しかし、人間は都合よく考える。

ムイスカ族は生贄を伴っていることから悪魔教であると断罪し、自分たちの行為を悪魔を撲滅する聖戦と位置付ける。神殿から没収したのは恐ろしい悪魔の黄金像だ。それをキリスト教布教の善なる活動資金とすべく溶かした。こう思えば良心は痛まない。

中南米は平和でのどかだった。

食物も豊富だ。帰国を希望せず、現地でキリスト教の布教に努め、子孫を増やす。かくして南米の現地語は滅び、スペイン、ポルトガル語となり、後世、コロンビア、チリ、コスタリカの「3C」は、混血美人の産地として評判となる。

ポルトガル人の九州上陸

スペインが南米なら、東に進んだポルトガルはアジアを目指す。イスラム勢力を駆逐しながら、インドのゴアを制圧。ここをアジアにおける最初の植民地とした。

1543年、ポルトガル商人が種子島（鹿児島県）に漂着する。

島民のド肝を抜いたのが火縄銃。異次元の威力だった。

それまでの武器は刀、槍、弓。間合いは刀で1メートル、槍でせいぜい2～3メートル、弓でさえ有効距離は意外に短く、20メートルほどだ。それに較べ鉄砲は50メートルから70メートルと圧倒的に長い。敵が射程内に入った瞬間に発射すれば、最前列がバタバタと倒れ、大パニックを起こした後続は総崩れとなる。

鉄砲を手に入れた者が勝つ。勝った者が富を得る。富を得た者が天下人になる。あたりまえの三段論法があっというまに広がり、九州の武将はこぞって勝利への切符、銃を手に入れるべく血眼でポルトガルとの密貿易に走った。

時は京都室町、足利政権時代末期である。

平戸に堂々たる商館が設けられたのが1550年。本来なら13代将軍、足利義輝✞の許可が必要だが、もはや束ねる力どころか自分自身、近畿で逃げ回っているありさまでそれどころではない。そこで九州北部の実力者フランシスコ大友✝（まだ洗礼前だが、洗礼名を表記）が独断で開港した。

現場はもとの領主であった家臣の松浦《まつら》隆信（1529〜99）にまかせた。

ポルトガルの方も、日本に前のめりになるお家の事情があった。

スペインが全盛期となっていたのである。シーソーのようにポルトガルが衰退。このポルトガルの沈下と日本進出が重なっているのは偶然ではない。起死回生の経済政策としてインド洋の制海権を確保、マラッカ、ホルムズと東進し、インド、シナの香料、日本からの銀輸入などのアジア貿易で潤うべく、平戸、横瀬浦《よこせうら》などに定期航路開設を急いだのである。

ここからイエズス、フランシスコ、ドミニコ、アウグスチノというキリスト教団が、あいついで渡来し、教会、修道院、学校、病院設置に情熱がそそがれることになる。

中でも力を持っていたのがイエズスだった。

安土桃山時代（1573〜1603）を含め、ざっと50年間、日本に強烈なインパクトを与えることになる。

イエズスとはなにか？

ルター、カルヴァンらが中心となったプロテスタント改革運動はローマ・カソリックの皇帝ファミリー、ハプスブルク家を揺るがし、波はポルトガル、スペインなど南欧カソリック諸国にまで迫りつつあった。カソリック対プロテスタント。

我国の成り立ちそのものと大きく異なるところだが、あちらには論戦に勝った側に民衆が従う、という言論文化が根付いている。

言論と思考はワンセットだ。だからこそ文明国になれたのだが、貴族階級も「知」をステイタス・シンボルとし、雄弁の力、ディベートでの勝利は尊敬の的であった。

武力で戦うも、上流階級でハバを利かせているのが論戦だ。神とは何か？　この難題にプロテスタントもカソリックも熱くなる。神が創りたもうた創造物の分析は欠かせない。研究は動植物から自然科学、天文科学、医学……あらゆるジャンルに広がった。

こうなるともう宗教家の分野ではない。科学者の独壇場だ。

キリスト教が科学を生み、発達させたというのはほんとうの話だが、この科学というやつが、たちまち生みの親のカソリックの首を絞めることになる。

カソリックの主張はおかしい。科学は、旧神学を過去の遺物として追い詰める。しかし神は存在する。こうして科学と合致させた新しい宗教がどんどん育って

1616年イエズス・コイン。全能の目（プロビテシスの目）とIHSはイエズスのマークだ

「ローマ教皇の精鋭部隊」にふさわしく二本の剣のデザイン

いったのである。

プロテスタントの考え方はこうだ。

〈科学に矛盾しない部分に限り、神を信じる〉

それに対して、従来のカソリックは逆の主張だ。

〈宗教に矛盾しない部分の限りにおいて、科学を信じる〉

宗教を優先するのか？　それとも科学の優先か？　これが分かれ目だ。

それに対して日本人はどうか？

二つは交わらず、双方を信じている。科学は宗教の分野に触らないし、宗教も科学に踏み込まない。そもそもそれ自体、非理論的なのだが、なぜかそんなことは気にせず、科学の国であるはずなのに、生身の人間を「現人神」だ、と信じてしまった世にもめずらしい人々なのである。

プロテスタント運動に危機感をつのらせた若者が集まって、誕生したのがカソリック肝入りのイエズスだ。場所はパリ。１５３４年、奇しくも、織田信長の✝生まれた年だ。

集まったのはパリ大学の学友6名。その中に28歳の若きフランシスコ・ザビエル（1506〜52）がいた。6名の国籍はそれぞれ違っており、スペイン4名、ポルトガルとイタリア（サヴォイ）が各1名とバラエティに富んでいた。

彼らはパリ、モンマルトルの丘にあるサン・ドニ大聖堂に集まり、誓いを立てる。

「私の弟子を希望するなら、すべての財産を捨てて、ついてきなさい」という教えどおり、

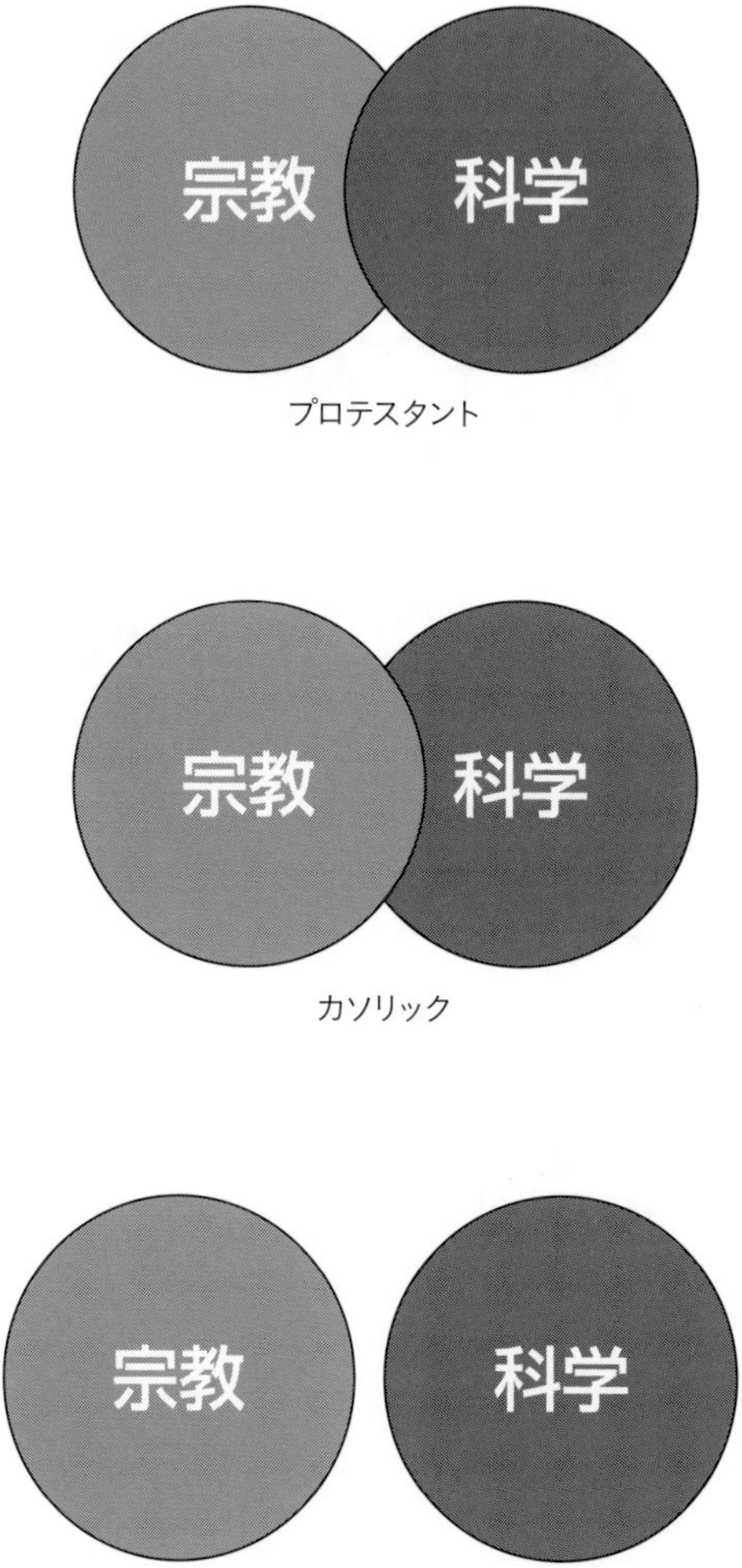

宗教と科学の優先順位。日本では2つが交わらない

フランシスコ・ザビエル
アジアをカソリックに染めあげる使命を胸に、極東を目指したが、カッパのヘアスタイルじゃない方がウケたのに

イエズスの紋章
IHSはギリシャ語のΙΗΣΟΥΣ（イエスース）からとったと言われているが不明だ

彼らは裸になってイエスに身を投じた。

イエス・キリストの「イエス」をラテン語で発音するとイエズス。ようするに「イエスの会」だ。

別名「教皇の精鋭部隊」。勇ましいネーミングである。それも道理で、設立者のイグナチオ・デ・ロヨラ（1491～1556）は騎士として長い軍隊生活を送っており、額面どおり命懸けの精鋭部隊とみていい。

「エルサレムへの巡礼と奉仕。それがダメならローマ教皇の命ずる地に赴く」

世界布教をうたいあげるイエズスは、パトロン探しに奔走。現れたのがポルトガル国王である。

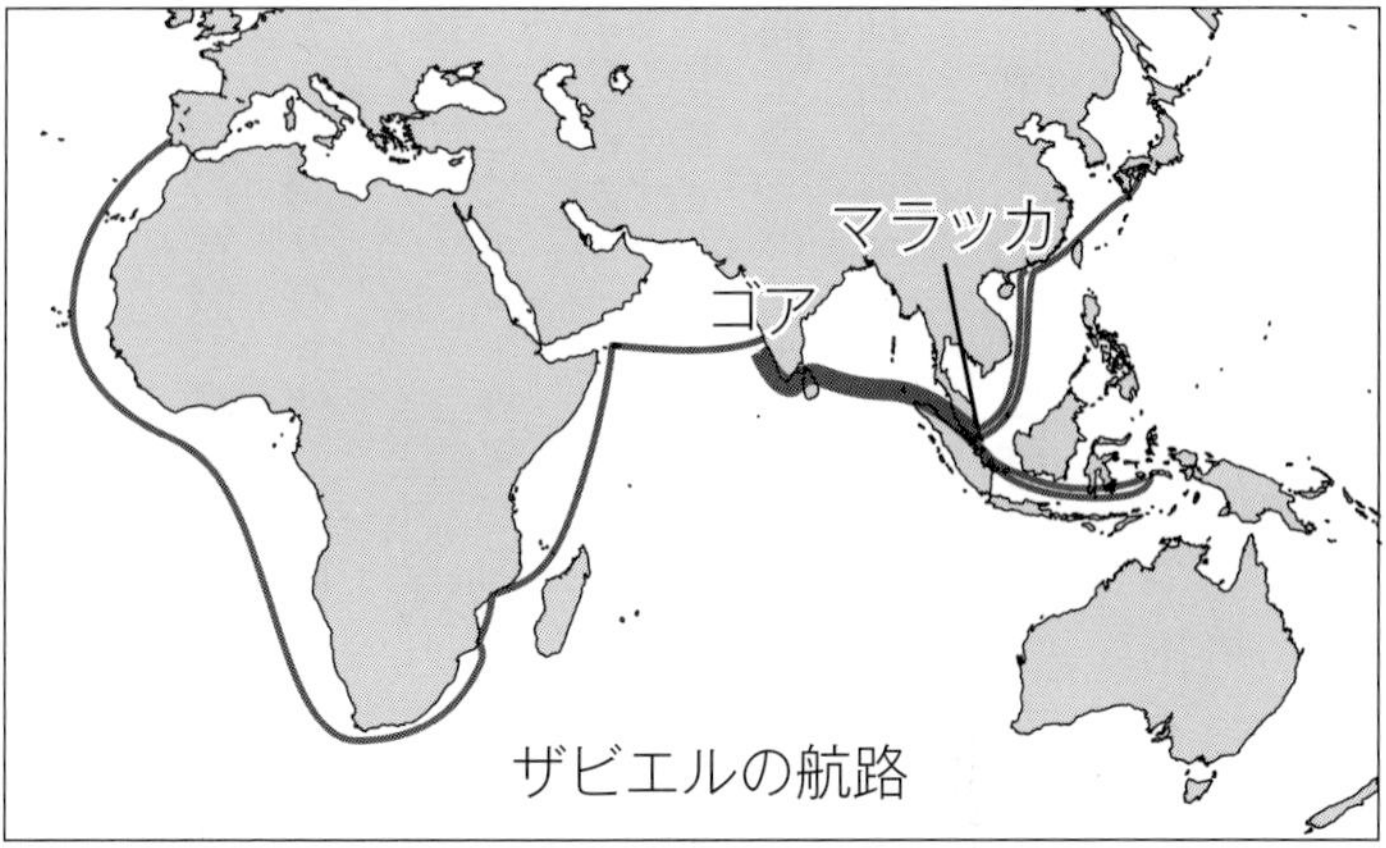

ザビエル像があるマラッカの古い風景

ザビエルはスペイン国籍だが、ポルトガル国王じきじきの要請で植民地、西インドを目指した。

自国の官僚が腐敗せぬようその指導者となり、アジアを正しきカソリックに染め上げるという誇り高き使命を胸に、インドのゴアに到着。１５４２年のことである。

インド洋は、もともとイスラムの縄張りだった。

そこにポルトガルが海軍を投入し、彼らを蹴散らしたのだが、実はそのずっと以前からの伝説があった。

男の名はマルコ。だれだって一度くらい耳にしたことがあると思うが、「マルコによる福音書」のマルコだ。西暦50年、キプロス経由でこの地にたどり着いた聖「マルコ」が、地名の「マラッカ」の源だという伝説は、ザビエル一行を励ました。

●――パウロ弥次郎†がザビエルを日本誘致

ザビエルがマラッカで出会ったのが、歳は30代後半のパウロ弥次郎†（１５１１？～５０？）である。

弥次郎†は、すでにインド・ゴアで洗礼を受けており、初対面でパウロを名乗った。生まれ故郷鹿児島で、人を殺《あや》めたとザビエルに告白する。

「人を殺し、役人の手から逃れるため、国（薩摩）の僧院（修道院？）に隠れた。そこでジョルジュ・アルヴァレスというポルトガル商人と知り合って、船でマラッカに逃げて来ました」

この懺悔《ざんげ》は興味深い。

ザビエル以前に、修道院を思わせる施設が薩摩にあり、そこにアルヴァレスというポルトガル商人がいた。ポルトガル人は一人ではないはずだ。仲間の5人や10人はいたのではないだろうか？

その僧院には懺悔、告白を受ける資格を持った神父がいなかったのか、商人アルヴァレスは、殺人の許しを得るようマカオ行きを薦めたという。信者による司祭ザビエルへの告白だから嘘はないはずである。

ザビエルはパウロ弥次郎†を一発で気に入り、ゴアのサン・パウロ学院に入れ、通訳兼アシスタントとして仕込むことにした。

見込んだ通り、呑み込みには目を瞠《みは》るものがあった。またたくまにポルトガル語を覚え、ラテン語で書かれた聖書を日本語に翻訳したという。

記憶力は桁違いだ。聖マテオの福音書を一度の受講で、一章から最後の章までを暗記、学院トップの成績だったというから、ただものではない。

なによりも驚いたのは日本という国だった。孤立した極東の島国なのに低文化国ではないらしい。これまでのキリスト教はギリシャ、ローマなど異教徒圏を席巻したのちは、国とは呼べない集落への布教がほとんどだ。千、万という軍隊を持つ一〇〇以上の小国で成り立つ軍事国家。文字を持ち、仏教、儒教、神道、能、句、茶道などという特殊な宗教、文化を発展させてきた民族への布教など、これまで例を見ないこころみである。

パウロ弥次郎†が、故郷を話す。観光大使のような話しっぷりに、すっかり魅了《みりょう》されたザビエルは、早期の出航を決意した。

二人の出会いが発火点となり、野望と出世欲の列島をゆさぶり、3万7千人のキリシタン勢力が殺される島原の乱へとつながってゆくなど、この時だれが想像できたろうか?

1549年4月、心地よい風を切って船はゴアを出発。

ザビエルの盟友、コスメ・デ・トーレス（1510〜70　天草で病死）、ジョアン・フェルナンデス修道士（1526?〜67　平戸で病死）、そしてパウロ弥次郎†。さらに弥次郎†の弟のジョアン、弥次郎†の召使いの日本人、洗礼名アントニオが一緒だ。

他にも弥次郎†は、マラバール人とシナ人の召使い2名を引き連れている。マラバールとは現在のインド、ケーララ州の北半分を指す。

パウロ弥次郎†とは何者なのか？　日本語の読み書きに長じ、勉強家で利発。弟と3名の召使いを伴っている。思うに上級武士、もしくは豪商、いずれにせよカネを持ったセレブだ。

ザビエルたちのアシスタントもいるので、一行は十数名になっていた。

いったんマラッカに寄る。

そこには別の日本人が来ていたと書かれている。どこかの諸侯（大名）の使者だ。ポルトガルのインド総督と面会し、「自分の殿がキリスト教入信を希望している」ので、祭司を送ってくれるよう願い出ていたというのである。

ザビエルの日本上陸前に、すでにキリスト教を熱心に学んだ大名がいた。おそらく九州の大名であろうが大ニュースだ。

差し障りがあるのか、フロイスの『日本史』には、諸侯の名は伏せられている。

イエスについて、だれに教わったのか？　洗礼のための司祭派遣を希望しているところをみると、現地滞在のポルトガル商人にレクチャーを受けているのだ。ならば日本にカソリックをもたらしたのはザビエルではない。パウロ弥次郎の例を出すまでもなくポルトガル商人となるが、ますますザビエルの思いが募った。

情報を収集すると、二人の国王の存在が分かった。内裏と将軍だ。共に京都にいて、その近くには「学問所」なるものがある。「学問所」とは比叡山のことで、その影響下にある僧侶の数はおびただしく、民はみな彼らに従っているという。

不安と期待を思い描きながら1549年6月24日、マラッカを出発、約2ヶ月の船旅で薩摩（鹿児島）に上陸した（8月15日）。

「ローマ教皇の精鋭部隊」が漠然と来るわけはない。明確な目的を持っている。カソリックを広め、イエズスが目指す「新世界」に日本を組み込むことだ。ザビエル43歳、トーレス39歳、パウロ弥次郎✝38（？）歳。

問題は他のアジアやアメリカの大陸と違って、日本の軍事力だ。

独立した小国がたくさんあり、それぞれに王がいて屈強な軍隊を持っている。彼らは命を惜しまず地政学的に対峙する隣国と頻繁に戦争をくり返し、戦闘能力の高さは、これまで遭遇したことがない。この国が一つにまとまれば40万、いやひょっとすると60万の武装兵を持つと聞かされ、その途方もない数字に腰を抜《ぬか》すザビエル。ポルトガルでさえ、かき集めてせいぜい3万の軍、地獄の門の前に立った心境だろうか、思わず倒れそうになったとしても不思議ではない。

だがこれもデウスの啓示。どんな荒波でもかき分け、命がけで日本をイエズスで染め上げる。これぞ「精鋭部隊」だ。それには二人の国王を信者にすることだ。前に立ちはだかるのは既存の大勢力、仏教界である。彼らは国の隅々にまで深く浸透しており、法衣をまとった武装軍団だということが分かった。どうすればよいのか？

目的は明確だが、方針が定まらなかった。

進撃のイエズス

タイミングがよかった。ちょうど薩摩の15代当主、島津貴久《たかひさ》が積極的なポルトガル貿易を望んでおり、まさにインド総督に親書を送った直後だったのだ。狙いはむろん鉄砲、火薬、鉛、その他西洋の品々だ。島津は、なんの前触れもなく現れたサビエル一行を歓待、ただちに領地での布教を許可した。

天から栄光が注ぎ、デウスの祝福をいっぱいに浴びた心境であったであろう。

パウロ弥次郎†は、聖書作成に取り組む。キリスト誕生からはじまって戒律、最後の審判……昼は説教、講話、夜は寝る間も惜しんで翻訳に打ち込む八面六臂の活躍だ。

デウス＝神	ヒイデス＝信心、信仰
アンジョ＝天使	スキリツウラ＝聖書
パライソ＝天国	イルマン＝修道士
インフェルノ＝地獄	パードレ＝伴天連＝神父
アニマ＝魂	ジユディ＝ユダヤ
スピリット・サント＝精霊	テンタサン＝試練、誘惑
アンダメント＝戒律	ノビシアド＝修練院
ビスポ＝司教	テンポロ＝寺院
ゴラリヤ＝栄光	サタナス＝天狗（悪魔）
オラショ＝祈り	デアボロス＝天狗（悪魔）
アルタル＝祭壇	クルス＝十字架

エケレジア　＝教会　ビルゼン　＝処女
アポストロ　＝使徒　パション　＝受難

現代ならだれでも、ササッとこうして書けるが、この時代は天使、聖書、天国、修道士、信仰……宗教単語はほぼ存在しなかった。

懺悔、誘惑、試練……漢字がないのでポルトガル語をそのまま使っているのだが、それにしても肝心要《かなめ》の「愛」という漢字がなかった。どうやって教えたのか？

手がかりになる一冊の本がある。１５９０年、天正少年遣欧使節の帰国とともに持ち帰った活版印刷機で印刷した『どちりいなしきりしたん』である。

「どちりいな」とはラテン語で「教義」を意味し、『信者教本』というほどのタイトルである。

愛という言葉がなかったので、キリストの愛は「お大切」で、人間の愛は「大切」と表現した。

「キス」は「口吸い」という日本語があったもののこれはいけない。性行為としてだけ使われており、イエスが跪《ひざまず》いてホームレスの足にキスをする敬愛の行為を「口吸い」はマズい。苦肉の策でハメたのが、「いただく」という日本語だった。「足をいただきたまいて……」などと使用する。

傑作《けっさく》は「自由」を「和《やわ》らげ」と訳したことだ。なんとなく伝ってくる。「希望を持ちなさい」は「頼《たの》もしく在じ奉じなされ」となる。

イエスの発音は、日本人の耳に「ゼス」と聞こえたのだろう、そう記されている。正確にはイエズスは「ジェズラク」に近い。これは現代ポルトガル語の発音だが、中世は不明だ。よく聞けばジェズラクという発言だったのではないか？　翻訳は超困難な作業であったに違いない。

宣教の第一歩は、周囲に溶け込むことだ。微笑みを絶やさないザビエルとフェルナンデス。愛と受容。手応えは充分だった。

サムライは死と背中合わせだ。彼らの魂を救い、天国へと誘うキリストの話は魅力的である。武士からは犬のように扱われている奴隷同然の下々も身じろぎせず聞き入り、愛に触れた。

年老いた武士がいた。洗礼名ミゲルをもらう。

島津の直参、新納康久《にいろやすひさ》の家臣だ。その新納は、丘の上に立つ事実上の鶴丸城主である。

使命感にあふれ、精力的に動き出すミゲル。ミゲルの案内で鶴丸城を訪問したザビエルは布教自由のお墨付きをもらい、さっそく城主新納康久の妻と息子以下、家臣17名に洗礼を施す。

ザビエルが年老いたミゲルに差し出したのは、小さなマリアの絵だ。初めて目にする西洋の絵。感極まる老人に「それは霊魂の薬だ」と伝える。もう一つ与えたものがある。小さな鞭《むち》だ。当時のイエズスは己を戒《いまし》めるために自分の身体を自分で打つ、という今ではほどん行われなくなった苦行を習慣として取り入れていた。

「わが子ミゲル。この鞭は肉体の薬だと信じなさい。異教徒でもかまわない。熱病を患った人を集め、そなたがイエスとマリアの聖なる名を唱え、愛を持ってその者を鞭で軽く5つ、叩くがよい」

フロイスの『日本史』には、「マリアの絵、ミゲルの鞭」の噂は遠方まで広がり、たくさんの病人が、老人ミゲルのもとに集まってきて、鞭と祈りで健康を回復したと書かれている。病気の多くが愛情の欠乏から来ると言われている。ミゲルの愛とプラシボー効果もあいまって治癒力が上ったのだと思う。

イエズスと貿易は一体だ。活動費は貿易でまかなっている。ザビエルはこの段階で、すでに近畿の商業都市、「堺」の情報をくわしく握っており、〈堺に商館を作って、輸出入品に関税をかけ、それを活動資金に充てたい〉と、マラッカ長官に願い出ている。

品目は大砲、銃、火薬、鉛以外にもカボチャ、スイカ、トウモロコシ、ジャガイモ、パン、カステラ、たばこ、地球儀、眼鏡、望遠鏡などがある。記録によれば、最高に潤ったのは、ポルトガル商人が運んでくるシナ（明国）の生糸。生糸は絹糸になる前の素材だ。が、やはり本命は火薬や弾の材料鉛の方が莫大な利だ。しかしこちらは極秘アイテムだから記録からカット、どこの大名も「いやーポルトガル貿易などさっぱり儲かりません」とトボケたので、多くの研究者はダマされて貿易量を甘くみている。

滞在十ヶ月、約１５０人を洗礼したザビエルが鹿児島を離れる。旅立ちの原因については諸説ある。

期待外れの貿易に失望した島津がドアを閉めた。これが一つ。危機感を抱いた仏教勢力が、反撃に出て、追放するよう島津を動かした。これが二つ目。いやいやそうではなく、ザビエルが先を急いだからだ、という話も伝わっている。

おそらく、その全部が複雑に混ざっている。

●――消えたパウロ弥次郎†

あれほど熱心に布教に打ち込んでいたパウロ弥次郎†がふっと消える。どこへ行ったのか？

フロイスは元海賊だから薩摩を逃げ出して昔の稼業に戻り、最後はシナ近辺で殺害されたと綴っている。違う口伝《くでん》もある。仏僧に迫害され、シナに逃亡、これまた海賊に殺されている。別の話は、昔の罪で役人に追われたので鹿児島の西南、飯島に潜伏。飯島には、天上墓という名のパウロ弥次郎†の墓があり、古くから島に伝わるクロ教は、彼の隠れキリシタン信仰だとするクロ教伝説。

全体像がぼやけているものの、状況から追うと異なる姿が浮上する。

パウロ弥次郎†はサン・パウロ学院で学んだ信者だ。ザビエルの渡来を促し、共に聖書翻訳と布教に打ち込んだ日本キリスト教の先駆者である。

これだけ深く関わり、デウスに命を捧げた信者が突然気が変って海賊に戻ったという話はピンとこない。愛と許しの対極にある海賊にならなくとも、カネ儲けがしたいならば、ポルトガルとのコネクションを生かして、いくらでも願いはかなったはずである。

信者にとって、祈りは日々口にする食事と同じだ。祈りがなければなにもできない。そもそもザビエルとなぜ別れたのか、そのいきさつすらイエズスに報告が上がってないというのは、いったいどういうことなのか？

なんらかの密命をおびて次の目的地へ一足先に出発した。それならば記録がないのもうなずける。ザビエルのための地均《じなら》しである。

しかし、途中で消息が途絶えた。おそらく殺害されたのだ。ザビエルは一縷《いちる》の希望をもって探すが、しだいに絶望的になる。大失敗である。これは汚点だ。だから語ることはなかった、というのが真相ではないだろうか？

●――平戸

ザビエルが日本を訪れたとき、信長✝は15歳。まだ子供だと思うかもしれないが、あなどってはいけない。13歳で初陣《ういじん》を飾り、14歳で斎藤道三の娘と結婚、武将デビューほやほやだが、立派な大人だ。イエズスと接するのは10年先だが、平戸はすでにポルトガル人たちが暮らすキリシタン・ゾーンになっていた。

肥前（佐賀、長崎）の大名、松浦隆信《たかのぶ》の支配地だ。ボスのフランシスコ大友✝配下である。

松浦は数年前からはじめたポルトガル貿易で稼ぎまくっていただけに、鹿児島からきた噂のザビエルはウエルカムだ。

布教と情報収集、自由に動き回るザビエル。多くのポルトガル商人、ポルトガル船員、日本人貿易商、各地からやってくる大名の貿易担当と面談し、犬のように嗅ぎ回る大量のスパイとも会う。玉石混交《ぎょくせきこんこう》の裏を取り、不確かなものはわきに避ける。

やはり国王は二人だ。これまでもさんざん聞かされている。

一人は「内裏」。

実力のない名目上の国王だ。「威光財」の恩恵を受けている取り巻きが、高嶺の花として持ち上げているから、まだ健在のようである。ローマ教皇も似たようなところがあり、プロテスタントが台頭《たいとう》してもまだ、沈まぬ摩訶不思議な「権威」については、サビエルにも理解できることだった。

もう一人、ボロは着てても、「将軍」も高い知名度だ。

欲しいのは「内裏」と「将軍」のダブル布教許可。これがミッションだ。これさえもらえば、あとはリリーフとして若い神父を送り込めばよい。

直接訪れても、ドアは開けてもらえない。ならばどうするのか？　紹介者が必要だ。

「内裏」のツテはなかった。しかし将軍ならなんとかなる。将軍と遠縁筋にあたるフランシスコ大友†が太いパイプを持っていた。

しかし仮に会えたところで、聞き入れられる可能性は高くない。ギブ・アンド・テイク。それ相応の手土産が必要だ。

考えるザビエル。

古今東西、相場はカネかモノに決まっている。しかしカネ、モノを京都まで運ぶのは危険だ。道中、目立つ白人は盗賊の餌食になる。奇怪な服装も追いハギの標的だ。会う人、会う人、物騒だから貴重品は置いていけと忠告する。で、高価な献上品は平戸の教会にしまった。

では、なにを与えればよいのか？　思案を巡らせ、「安全」と「安定」をひねり出す。本能に屈服している暴力の時代。「隣人を愛し、人を殺《あや》めてはならない」というイエスの教えで、モラルの向上をはかれば世は鎮《しず》まり、支配地の安全と安定につながる。

じっさいにヨーロッパでは週末、人々が教会に足を運ぶだけでも殺人や盗みが減り、地域が安定したではないか。

この国の魂を救済する。運がよければ両国王の改宗も考えられる。もしそうなれば、極東にカソリック大国が出現する。50万の軍もろともキリスト教国となったあかつきには、ローマ教皇の命により、東洋の十字軍を結成して海を越え、シナ大陸に進軍する。

明の皇帝など名ばかりだ。実体は数百の盗賊が野合しているに過ぎない。マカオ、ゴアで明国の情報を得ていたザビエルは、そう心でうそぶく。

なんでも250年も前に、シナのモンゴル帝国15万の兵が海を渡って来たというではないか。それを全滅させたこの国の底力にも驚嘆《きょうたん》だが、15万の兵を送ったモンゴル帝国の輸送力は注目にあたいする。それ以上に今のポルトガル軍船の性能は高い。建造ノウハウと航海術を教えれば日本十字軍のシナ侵攻はムチャな話ではない。日本十字軍が東から、イエズスが西から邪悪なイスラム世界を挟み込んで撲滅する。

そうなればザビエルの名は、大聖人としてヴァチカンに永遠に刻まれるはずである。

ザビエルの足取りは、否が応でも早まった。

適応主義

京都に向う途中、周防国《すほうのくに》の大名大内義隆《よしたか》(1507~51)との面会が叶った。むろん豊後の仲間、フランシスコ大友†の紹介だが、本番前の肩慣らしである。

大内は、山口県から北九州一帯を支配する地方の王だ。富の源泉は石見銀山。大内の名は遠くアジアまで鳴り響いていた。

ここでつまずく。当時の日本は、男色《だんしょく》が娯楽として根付いており、それにザビエルが嚙み付いたのだ。

生死を共にする武士の契《ちぎり》として行っている、と悪びれない大内。「教皇の精鋭部隊」は、引き下がらない。

「武士以外にも町人にいたるまで、行っているではないか。キリスト教では罪です。まして児童まで遊びの対象にしているのは黙認できない」

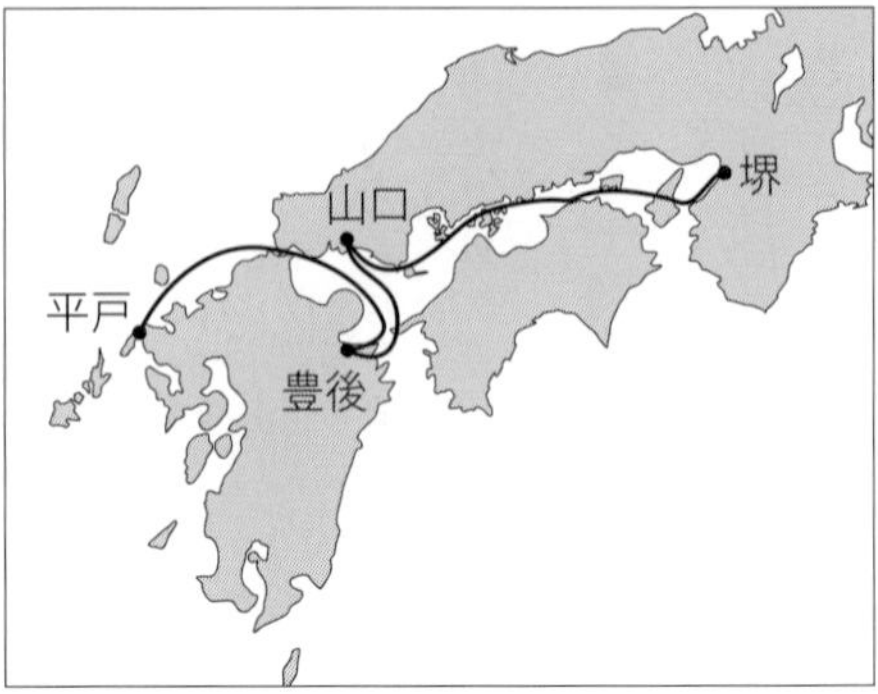

ザビエルの日本国内での布教ルート

カソリックではレズビアン、ゲイ、バイセクシュアル、トランスジェンダー、いわゆるＬＧＢＴは罪だ。その傾向は今でも変わらない。だが関係者にも潜在しているのは周知の事実で、本部が頭を痛める問題である。

烈火のごとく怒った大内は、即刻ザビエルを追放した。

葛藤が続き、現実に立ち返るザビエル。感心しないが、これからは現地の習慣、風習に合わせる「適応主義」はしかたがないと思いはじめる。郷に入っては郷に従え、誇り高く滅びるより布教を取る。デウスの声を聴いたのか、そう決断した。

追われるように貿易ルートをなぞりながら瀬戸内を北上。1551年の1月、厳寒の堺に入った。九州の平戸、近畿の堺。二都はポルトガル・コネクションで直結した港街だ。迎えたのは堺の豪商、日比屋・ディオゴ・了珪《りょうけい》✝だ。ポルトガル貿易で地位を築いた男である。

本物に魅了されるディオゴ日比屋✝。賢く、勇敢な男で、司祭ガスパル・ヴィレラ（1525?〜72）から洗礼名ディオゴをもらうのは10年後だが、ザビエルと会った瞬間、堺のキリシタンを統括する中心人物となった。

●――堺の支配者

堺の支配者はだれか？

すでに足利の室町政権など影も形もなく、天下人は三好長慶《ながよし》✞である。

地元では「堺幕府」と言われていたと書かれている本もあるが、前述したとおり、「幕府」は明治の造語なので、なにかの間違いだ。しかし、長慶✞の堺こそ日本の「中心都市」であることはほんとうだ。

いったん堺に腰を下ろしたザビエル一行は、ディオゴ日比屋†の取り巻きから、レクチャーを受ける。またザビエルの方もイエスの教えと布教のノウハウ、ポルトガルやローマの様子を伝え、集会所、教会、病院、修道院建設の可能性について大いに語った。

「ザビエル来たる！」

噂は狭い堺の街を走った。ロック・スターやスティーブ・ジョブズも顔負けの人気で、物《もの》見《み》遊山《ゆさん》の人々が集まったという。

人　下　天

三好長慶時代—1548（20年間）
→ 織田信長時代—1568（14年間）
→ 豊臣秀吉時代—1582（16年間）
→ 徳川家康時代—1598

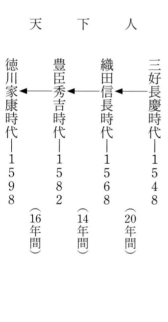

京都入り

いよいよ念願の京都だ。

街は想像以上に荒れていた。ディオゴ日比屋†はザビエル一行を引き連れ、京都在住の仕事仲間、小西・ジョーチン・隆佐《りゅうさ》†（?～１５９２、洗礼年１５６５年）の邸宅へ向う。ジョーチン小西†も堺の豪商だ。取扱い品目は薬。当時は火薬も薬屋が扱っており、いわば武器商人なのだが、後に信長✝の家臣となり、堺奉行に出世する人物である。

息子がすごい。後に信長✝軍団の海軍大将となるイエズス大名、小西・アゴスティニョ・行長《ゆきなが》†（１５５８～１６００、洗礼年１５８４年）である。妻のマクダレナ†は豊臣秀吉の妻ねね、北政所《きたのまんどころ》に仕え、政権上層部にキリスト教をまき散らしている。

ちなみに北政所の呼称は、昔の貴族邸のデザインに由来している。寝殿の北に、渡り廊下でつながっている居住棟があって、そこにプライベートな家の仕事場があった。数十名のアシスタントを抱えたねねの発言力がしだいに増したので北の政庁、「北政所」と称された。

ディオゴ日比屋†とジョーチン小西†。これで内裏の「京都」、商業都市の「堺」、二大都市の財界トップがイエズスのバックについたことになる。

今で言えば、経団連の会長と副会長自ら世話をかってでてくれたようなものでこれほど心強いものはない。

ところがそれから先が進まなかった。先の仲介者が、なかなかのしたたか者で、ポルトガル自慢の手土産品を要求したと書かれている。

手ぶらのザビエル。ならばと、用意していたイエスの「愛」と「許し」、「安全」と「安心」で説得を試みるも、クソの役にも立たず、門前払いにあう。

ターゲットを変え、権勢を誇っていた「学問所」、比叡山の僧侶とのディベートを試みる。手土産要求をなんとか乗り越えて面会に漕《こ》ぎつけるも、通りいっぺんのあいさつでトボケられ、こちらもアウト。あきらめたザビエルは、再び山口経由で平戸に帰った。

苦《にが》い体験が人間を育てる。なにごとも金品である。

仲介者への袖《そで》の下と、本丸ターゲットへの上納品。これらの風習は西洋にもあるから、時代的にモラルに反することではないのだが、しかしこれほどとは思わなかった。ならば、かんたんだ。身にしみたザビエルは、教会に保管してあった品々を携え、もう一度平戸から山口の土を踏んだ。

三度目の山口。

男色バトルで、自分を追い出した山口の雄、大内と再び面会したのは1551年4月だ。見た目重視を知ったザビエル一行、まずは外観である。前回と打って変わって華麗なる装い。

訪問するザビエルもしぶといが、受け入れる大内も、あれだけ怒ったのに献上品に目を細めてしまうほどのシンプル・マインドである。利を求める人間ほど扱いやすいものはない。

一つ一つを、うやうやしく献上するザビエル。

インド提督とゴア司教の親書、鉄砲、望遠鏡、置時計、ガラスの水差し、眼鏡、鏡、絵画、書籍……前のめりになる大内。

ただちに信仰の自由を認めたというのだから、やっぱり武士に二言はないという格言など、ごたくに過ぎない。

西洋モノは、垂涎《すいぜん》の的だった。

戦乱の世、鉄砲に目の色が変わるのは分かるが、ガラスの水差しなどに、大名たるもの子供のように食らいつくのは奇異な感じもする。しかしこの感覚は、現在で言えば誰も見たこともない人の乗れる最新式ドローンをアメリカの国務長官直々に、もらった感覚かもしれない。

珍しいものを手に入れたというむじゃきな喜び。格上国からの貢物に自尊心が大いにくすぐられるのは当然である。他の大名と違って自分だけが、かくも遠き西洋からはるばるやってきた貴人に敬意を評される人物なのだ。そのへんの大名とはワン・ランク、トゥー・ランク違うという自己顕示。

心境は、武家社会に身を置けば分かるはずだ。

面子の社会である。恥じない自分を生きたい。とりわけ殿様が宿しているのが家臣、領民から褒められ、畏怖されたいという願望だ。

したがって贅沢品《ぜいたく》に埋れている。それを見て家来は「さすがはお館様《やかたさま》、豪気、勇敢、目利きまでもが素晴らしい」とイイね！　を連発するのだが、殿の方は下々の大げさなヨイショには飽き飽きしている。むろん家来も、こんな社交辞令は聞き飽きているだろうな、ということくらい知っている。知っていても言わないと機嫌を損《そこ》ねるので、言う。口にする方も、される方もお互いウンザリだ。しかし続けなければならないというイタい関係である。

したがって殿は、称賛の最上級が得られる本物のスッゲー物には目がない。見境なしに、国中探し回っている。

そこに登場したのがザビエルだ。

だれも行ったことのない異国からの使者。天から舞い降りたような金髪碧眼《へきがん》の白い人間が、自分に会いに来ること自体自慢だし、前回、叩き出してやったのも鼻高々だ。そして今回、頭を下げにやって来た。世にも珍しい貴重品の数々を謝罪品として居間に並べれば、たとえそれが聖書であっても晴れがましいトロフィーとなる。家臣たちがゾロゾロと見物に来る。

「どうだ、まいったか!」

品物に手を叩き、お館様を讃《たた》える下々。

大内は上から目線で、ザビエルにうなずく。

「良きにはからえ!」

まんまと手に落ちたのだが、お言葉に甘え、大内のお膝元、廃寺となっていた大道寺で一日に二度、良きにはからうことにした。記録によれば二ヶ月で500人の信者を獲得したというのだから一日平均10人の洗礼。大した成果だ。

それにしても八百万《やおよろず》の神から一神教へ、仏教徒からキリスト教への変わり身の早さは、感心する。前述したとおり、日本人というのは科学もキリスト教も仏教も神道も、すべてを異次元として同居させる非合理的な脳を保持しているせいなのであろう、そのへんはことのほか容易だ。


山口の街角で布教講演を熱心に聞く、琵琶法師がいた。盲人である。

暗黒の世界に差し込む一条の光。盲人はそこに天国を見た。震えるようにザビエルから栄光の洗礼を授かったのが25歳のロレンソ了斎《りょうさい》†（1526〜92）。肥前国白石（佐賀県白石町）生まれだ。頭脳明晰、活躍は目覚ましかった。

けっきょくザビエルは近畿に再び足を踏み入れることなく豊後（大分）のフランシスコ大友†の地元で1年ほど宣教を続け、日本を脱する（1552年）のだが、ロレンソ了斎†は、その後も残留宣教師を助け、ついに修道士（イルマン）となる（1563年）。日本人初のイエズス正式メンバーだ。

パウロ弥次郎†が日本におけるキリスト教の先駆者なら、盲人ロレンソ了斎†は日本キリシタンの父だ。

ザビエルが去って4年後、一人の有力者がやってくる。イエズスのポルトガル人、ガスパル・ヴィレラ。兄弟と共にインド・ゴアに移動、そこで司祭となった途中入会組だ。インド副管区長バレトと一緒に豊後府内（大分）に上陸。1558年、ガーゴ神父に代って平戸布教を担当、たちまち1500名ほどに洗礼をほどこしたトップ・セールスマンである。

その年、危機感をつのらせた仏僧が反撃に転じる。難クセをつけ、平戸の領主、松浦隆信を動かす。神経をとがらせた松浦は追放令を掲げた。

松浦は信者でもないし、シンパでもない。したがって松浦が変節したわけではないのだが、それでも普通はこれだけ稼がせてもらっているのだから恩があるはずだ。ところがえらいノンポリだった。松浦はドアを開けてイエズスを通し、都合が悪くなるとイエズスを叩き出してピシャリと閉じたのである。勢いづいた仏僧が教会を襲って放火、これで平戸でのポルトガル貿易が終焉だ。

ここにフランシスコ大友†の不可解さがある。松浦は自分の家臣だ。その家臣が、キリスト教を弾圧した。ふつうなら、「何んてことしてくれたんだ！」と切腹通告の場面である。にもかかわらず行動を起こした様子が見られない。

松浦のバックがヤバかったのか、それともフランシスコ大友†の弱さなのだろうか？私は争い事を好まないフランシスコ大友†の性格だと思うが、この人どうも気が優しい。禍《わざわ》い転じて福となす。イエズス本部は平戸から堺に移転。これが切っかけになり、近畿一帯にキリスト教が広がってゆく。

主な流れをざっと確認しておく。

1548年　　三好長慶✞、天下人となる
49年　8月　ザビエル、パウロ弥次郎†、鹿児島上陸
50年　　ザビエル、山口で大内と激怒面談。京都入り
51年　9月　ザビエル大分で、フランシスコ大友†の庇護の元で布教
　　11月　ザビエル、離日
52年　　ザビエル、シナ広東で死去

54年　フランシスコ大友†、足利義輝✞に鉄砲、火薬の調合を教え関係を強化
56年　ヴィレラ、バレト、大分上陸
58年　松浦、平戸からキリシタン追放。イエズス本部堺に移転
59年　信長、京都で義輝✞と面会

ザビエルの後を託されたのが、盟友トーレスである。

トーレスもせっせと種撒きに余念がなく、ザビエルがなしえなかった「将軍」、および「内裏」への面会を新任の部下、ヴィレラに命じた。

立ちはだかったのが、仏教界だ。巨大な富、名声、武力を誇っている。

第3章

第6天魔王信長、登場

寺院という名の軍事基地

１５７１年、信長✝の比叡山延暦寺焼き討ちは有名だ。

たいていの人は、これをもって丸腰の僧侶に対する武力行使はむごい。だから信長✝は残酷なのだ、と思い込んでいる。

今の平和で穏やかな比叡山を見ているから同情してしまうのであって、真実を知れば、信長✝の行動に納得するはずだ。

仏教徒という3文字からは、本当の姿は伝ってこない。現代とはまったく別物で、一口に言えば、法衣を着た軍隊である。

存在する大規模な仏僧軍団は5つ。そのうち3つが紀伊、現代の和歌山県にあった。

寺町という静かな佇まいではない。治外法権を有する軍事国家だ。フロイスは、どんな戦争でも滅ぼすことができない存在だと説明している。こう書くと、比叡山は焼かれて当然だと言うのか？　と怒る人がいる。いつも口を酸っぱくして述べているのが、歴史の読み方だ。感情を持ち込まないことである。持ち込むと反発心がわき、クールな分析ができなくなる。学問にとって、これほど危険な接し方はない。

もう一つの注意点は、現代の組織や団体と無関係だということだ。名前が同じだからといって一直線につなげてはならない。大日本帝国と日本国がまったく別の国なのと同じで、似《に》て非《ひ》なるもの。たまに自分の先祖を極悪に書かれたと立腹する人がいるが、歴史学はそんなところにない。おそらく腹を立てる人は、先祖の晴れがましくも絢爛《けんらん》たる世界だけを身にまとっていたいのだろうが、そんなツマミ食いは都合がよすぎる。もし先祖を自慢したいのであれば、必ず負もついてくるということを知るべきであり、それが嫌なら、先祖は先祖として切り離し、「歴史」として客観的に見るべきである。

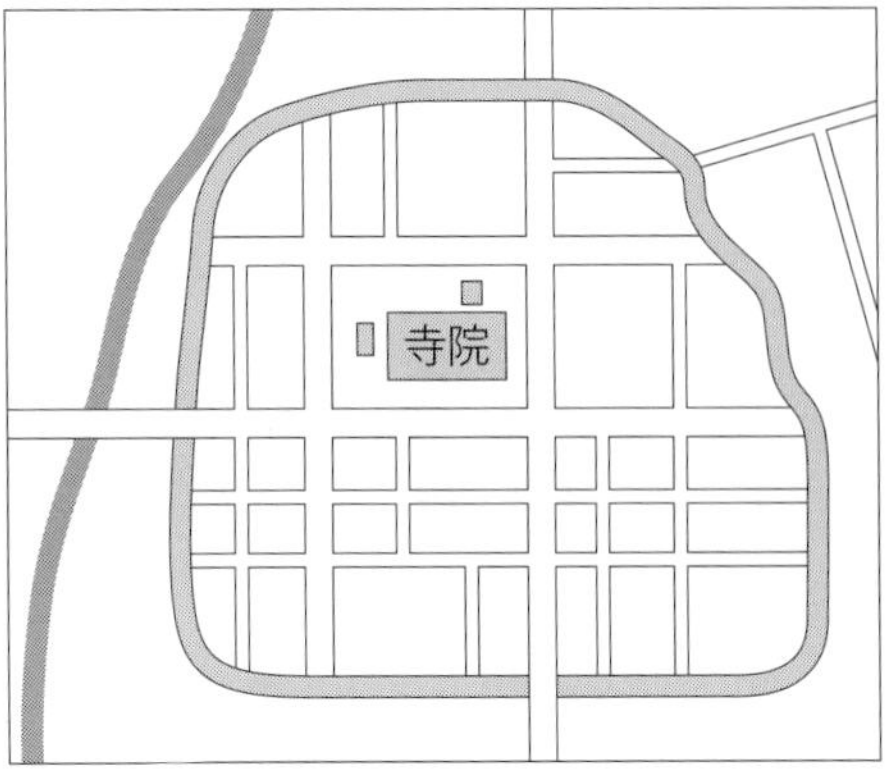

寺を中心として町を抱えこみ形成された集落

清濁あらゆるものを覚悟すべきだ。

●高野山僧兵

場所は現在の高野町（和歌山）。山々に囲まれた標高800メートルに位置する高台に、

3千から4千人の僧侶がいた。商工業、金貸し、高い経済力と軍事力を誇っており、完全なる独立国。

フロイスによれば女は穢《けが》れているという理由で女人禁制であり、「それがために周知のように、ここの仏僧たちは忌《い》むべき輩《やから》たちであり、その生活は淫猥《いんわい》をきわめたものとなっている」とこき下ろしている。

高野山は空海（弘法大師）の真言宗の本山だ。比叡山と並ぶ信仰の中心で、信長✝は1577年と1581年から82年にかけて攻撃。僧兵、雇われ地侍など傭兵《ようへい》が抵抗したが資料がなく、規模のほどは不明だ。しかし、信長✝の軍勢3万〜8万を撃退、一年ほど持ちこたえている事実から、同程度の戦力を有していたと思われる。

●――根来衆《ねごろしゅう》

紀州国北部（和歌山）、根来寺を中心に居住する僧だ。

空海の分派寺だが、最盛期には坊舎2千7百（450という説もあり）が立ち並び、寺領72万石という一大宗教都市を築いていた。

根来衆と呼ばれる僧兵1万5千人を数え、日々の訓練を絶やさず、大量の鉄砲を保持した根来鉄砲隊は近代的な軍団で、信長✝側に付いて本願寺教団と戦った石山合戦では、ガッツありすぎのその名を周囲にとどろかせている。

雑賀衆《さいかしゅう》

紀伊国北西部（和歌山市から海南市）の地侍だ。

僧籍を有していないが、一向宗の信徒。雑賀城を持ち、大坂の石山本願寺のボス、ラグジュアリーな顕如《けんにょ》（１５４３～９２）を主君と仰ぎ、従っている。

リッチな農民たちだが、フロイスいわく、〈ヨーロッパの富裕な農民と違うのは、雑賀衆は海陸両面での軍事訓練では、ライバルの根来衆となんら変わらず、戦場ではつねに勇敢であり、勇猛にして好戦的な名声を得ていた〉とある。

浄土真宗本願寺教団

顕如率いる本願寺教団の本山だ。場所は現在の大阪城。本願寺と言っても趣《おもむき》はがらりと違って、当時から大坂城と呼ばれた防衛力抜群の要塞城である。

見上げる台地にそびえ立ち、川に囲まれた自然要害《ようがい》に加え、深い堀、高い石塀で寺町ごとすっぽりと防備を固め、難攻不落、摂州（大阪北中部から兵庫南東部）随一の名城と言われていた。

淀川と大和川の合流地点にあって、内陸と瀬戸内をつなぐ水運のハブ港だ。また堺、住吉、紀伊、和泉、京都、三陽をつなぐ陸運拠点でもある。

ヴィレラは〈日本の富の大部分は、この坊主の所有だ〉と言い切ったが、仰せのとおり資金は潤沢だ。信長✞はこの聖域を許さなかった。税金を要求して、戦端を開いたのである。

宗教界の無税特権は現代すら聖域だ。政府は恐くて手を出せない。さすがは、あらゆる旧勢力の権威を憎悪する信長✞、立場を鮮明にして敢然《かんぜん》と立ち向かっている。

信長✞を仏敵と呼び、全国の門徒に打倒の檄を飛ばして決戦を挑む顕如。戦《いくさ》上手の信長✞を相手に、一歩も引かず10年を持ちこたえたというのは他に類がなく、これは強固な城と中国は毛利のバックアップのたまものである。後半戦になって、信長✞は10か所に及ぶ包囲城を建てて兵糧攻めを行うも、顕如も負けじと三か所に出城を設けて対抗、一年半も耐え続けたのは、これまた日本戦史上類がない。

信長✞に降伏した後、出火、二日間で全焼。この石山本願寺の跡に建てたのが今の大坂城である。

比叡山延暦寺《ひえいざんえんりゃくじ》

天台宗だ。信長✝との対立が激化。君臨していたボス（座主《ざす》）は内裏正親町《おおぎまち》の弟、覚恕《かくじょ》である。アニキが内裏だから、鼻息は荒かった。

信長✝の延暦寺攻撃の35年前。この宗派は、なにをしたのか？京都の日蓮宗（法華宗）殲滅《せんめつ》軍事行動に打って出ている。全兵力を結集して下山、日蓮宗寺院11本山に対して、延暦寺の末寺となることを命じ、上納金を迫った。

腕ずくでカネを巻き上げる。立派な盗賊行為だが、驚くことはない。被害者の日蓮宗だって、京都の他の宗派寺に対して、ゆすり、たかりでカネをせしめており、この時代では見慣れた光景だ。

日蓮宗は強気に拒否。なめられた比叡山は、元僧侶で南近江エリアの大名となっていた六角定頼《さだより》（1495～1552）の援軍を要請。ざっと9万人（6万～15万の説あり）の大軍で京都の街もろとも襲ったのである。

延暦寺による京都襲撃だ。

この戦闘で3千とも1万ともいわれる人々が殺害され、下京は全焼し、上京の3割が焼失。放火による損害はなんと応仁の乱を上回った。

で、延暦寺の勝利。日蓮宗（法華宗）が京都追放となる。

6年後に六角定頼が仲介に入って和解が成立し、15の寺の再建を許されたが、これらはみな坊主のやったことである。いくら崇高なごたくを並べようが、やっていることはヤクザだ。京都の街を我が物顔で歩き回り、女も抱けば酒もくらう、博打《バクチ》も打てば、ミカジメ料もとるといったありさまで、軍隊的規律がない分、イカレ度は手に負えない。ザビエル京都訪問の3年前の出来事である。

これで、信長✞の比叡山攻撃の背景が見えたのではないだろうか。

ゴロツキを排除する。信長✞の警告で、ボスの覚恕は非常口から武田信玄（山梨）の元に逃亡。ほどなく予告どおり比叡山に押し寄せる信長勢。

ほとんど記録がないので、参戦した僧兵の規模は不明だ。信長勢3万が比叡山をぐるりと囲み、全山焼き討ちという荒技に出、殲滅したことは伝わっている。

本書の「はじめに」で述べた武田信玄の「天台座主沙門信玄」挑発手紙と、信長の「第6天魔王」のシャレたやりとりはこの時のものだ。

私は以前、比叡山延暦寺の大僧正と対談本を出版したことがある。その時、延暦寺焼き討ちについて聞いてみた。すると大僧正は、「坊主が武士の真似をすれば当然の結果を招く。信長✝の警告で、多くの僧侶が、前もって宝物を盗み逃げ出しており、しばらくたつとおびただしい仏像が京都の骨董屋から湧いて出たほど堕落していた」と語ったのが印象に残っている。現在の延暦寺には、寺内の反対を押し切って、信長✝がいたからこそ今の比叡山があると、この大僧正が中心となって建てた、仏敵、信長✝の立派な供養碑がある。

●——日蓮宗(法華宗)

延暦寺との死闘、そして和解。日蓮宗の復帰は早かった。10年で再び古巣、京都で一大勢力に戻っている。

フロイスに言わせれば、イエズスの天敵だ。刺客を送ったり、難クセをつけて暴行を働くなどモラルの欠片《かけら》もない堕落した悪魔で一番タチが悪い、とボロクソである。

京都での競争相手だったので、なにかと摩擦が多く、直接肌で感じた嫌悪を記したものだ。しかし、これが一般的なキリシタンの目線である。

『日本史』には1579年、安土城下の事件が載っている。浄土宗の坊主が行っていた街頭説法に、日蓮宗の僧が嚙みついた事件だ。この騒動が信長✝の耳に入り、中止を命じた。浄土宗の方は引き下ったが、日蓮宗側は仲裁に耳を貸さず、公開論争を要求したとある。日を改めて対決となる。質素な身なりの浄土宗は4名、煌《きら》びやかな装いの日蓮宗側は5名。審判席には京都五山屈指の博学長老を含め、3名がつく。それに仰々しく3人の奉行とお目付け役が一人加わった。

その結果、日蓮宗が破れた。

信長✝が、その場に下りてくる。

「一群一国を支配する身分でもすべきではないのに、おまえは俗人の塩売り町人だ。にもかかわらず論争をふっかけ、京都、安土内外に騒動を起こした」

日蓮宗の3人を斬首にしたと書かれている。

●――仏教撲滅に出る第6天魔王

信長✝の仏教嫌いは強烈だ。

数々の苦い体験があり、中でも浄土真宗本願寺教団信徒が起こした長島一向一揆（1570年）と呼ばれる反乱はトラウマだ。

我々の思い描く一揆はお代官様へ訴えるため、手拭《てぬぐ》いほっかぶりの百姓たちがクワやスキなどを振り回して、ワーワーと素朴に押し掛ける風景だが、ぜんぜんレベルが違う。先にも述べたが、背後にいるのは資金潤沢な仏教界だ。武器はピカピカに研ぎ澄ました槍と刀、そして鎧。最新式の鉄砲部隊まで整え、そんじょそこらの大名など手に負えないプロ集団である。その数万人が信長✝陣営の長島城を襲って、陥落させたのだ。

続いて小木江《こきえ》城に突入、信長✝の弟信与《のぶとも》を追い詰めて自害に追い込む。さらに桑名城を守っていた信長四天王の一人、滝川一益《いちます》を敗走させるといったぐあいで立て続けに三つの城を攻め落とした。これが「長島一向一揆」のほんとうの姿だ。「一揆」とか「僧兵」にたいするイメージが180度変わり、あなたの頭の中でパラダイム・シフトが起こったと思う。

法衣をまとった軍隊。

仏僧は、士農工商に属さない特権階級だ。公家と武家の仲介者として封建政治の顧問におさまり、どこにでも浸透するので地域的な広がりが大きく、こうした独創的な立ち位置でカネを集め、治外法権を確立している。

どれほどの治外法権かというと警察権、裁判権、徴税権、それに徴兵権だ。外部を遮断し、街そのものを石積み城壁ですっぽりと囲った、外部からうかがい知れない覆面《ふくめん》要塞都市を造営。

鉄砲、刀、槍などの武具工場を備え、酒屋、油屋、材木屋、石屋、菜園……エリア内でなんでもまかなえる自己完結型のコミューンだ。そのうえ地方の大名にも武器を売るという、死の商人顔負けの連中もいたし、高利貸しもいた。

よく時代小説には女も抱けば肉も喰らうし、酒も飲めば脅しもする、というユスリ、タカリ集団として描かれていたりするが、おおむね正しい。

信長✞がフロイスに、「キリシタンは肉を食するか?」と聞き、フロイスが、「大いに食べる」と答えると、満足気に頷いた話が書かれている。口では菜食主義だと言いながら、肉を食う仏僧を「嘘つき」だとさげすみ、徹底的に嫌った信長✞の一場面である。

信長✞にとって寺社勢力がやっかいなのは、資金力である。

商行為を必要とせず、あらゆる階層からカネをかき集める恐るべき仕組みを持っている。「檀家《だんか》」という自動集金システムはその典型だが、悪質な宗教団体の常とう手段、穢《けが》れ、疫病、災い、祟りで脅しておいて、祈禱、お守りという「宗教財」を売りつけるマッチポンプ商法。これは信じる、信じないの濃淡はあるものの、おおかたの人間は気休めになるのでカネを出す。

そのうえ免税だからカネがうなるほどあった。

そしてもう一つ、大名が手を出しにくかったのは、朝廷とつながっていたことだ。比叡山の座主《ざす》は内裏正親町の弟だし、本能寺の日承《にちじょう》は伏見宮邦高《くにたか》親王の子供だ。そして石山本願寺の顕如の場合は、困窮する関白九条稙道《たねみち》から「猶子《ゆうし》」（養子）という「威光財」を買っている。

こうした当時の寺院のイメージは、日本側の資料だけではなかなかつかみづらい。暗黒時代、敵を警戒して、記録を残さなかったし、残す場合でも、当事者しか理解できない書き方をしており、後世の研究者には見破れない。

また事実を詳しく綴るという技法が、まだ発達していなかったせいもある。

ヨーロッパでは13世紀ルネッサンスが花開き、活版印刷技術が発達。これは人類史上もっとも革命的な事件で、本の普及、日常の読書によって大衆の意識が磨かれ、国のあり方を大きく変えてゆくのだが、同時にダンテの『神曲』、ボッカッチョの『デカメロン』、マキャヴェッリの『君主論』、モアの『ユートピア』など多くの著作物が印刷物拡散のおかげで、文章力そのものと、記録法、表現法などが格段に向上した。

そのおかげでフロイスも腕を上げ、12巻にも及ぶ『日本史』という、安土桃山を活写した奇跡的な記録本が残せたのである。

宣教師と信長✞との面会は、40回以上だといわれている。

分かっているだけでポルトガル人5名、イタリア人4名、スペイン人2名。会見場所は岐阜4回、安土12回、京都15回。ものの本によればフロイスは計18回会っている。

外国資料はフロイスの『日本史』だけではない。スペイン人の商人アビラ・ヒロンが書いた『日本王国記』。イタリア人のイエズス巡察師ヴァリニャーノ（1539〜1606）の『日本巡察記』は、当時のイエズスが日本人にどう接し、どう統治すべきか、日本人の取扱説明書的ガイドブックとなっている。

これら海外の文献は、各武将の動き、仏教各宗派との関係、人々の暮らし、街の様子……安土桃山時代の少し手前から江戸初期のおよそ40年間の風景を網羅し、歴史研究では欠かせないものだ。

なぜ信長✞はイエズスに傾倒したのか？　ザビエルが選んだ最初の大名、フランシスコ大友✝を知れば謎は解ける。

●──大友・ドン・フランシスコ・宗麟✝

本拠地は豊後（大分）だ。洗礼は1578年夏。だが領地に十字架を建てたのは25年も前、1553年であり、そのころからの確信的なキリシタンである。

支配地の博多湾は、紀元前の古《いにしえ》より我が国の玄関口となっていた。時代が下がること1500年、力の泉、ポルトガル貿易の拠点となる。

新式銃はもとより、硝石がより重要だった。火薬の材料である。これがないといくら飛び道具を持っていても役に立たない。ところが、いくら探しても肝心の天然硝石が日本にはなかった。どこにあるかというとシナ大陸である。

輸送ルートには朝鮮半島もあったが、半島はちゃんとした国がなった。治安は最悪で、そこら中、追いハギと盗賊だらけでどうにもならない。で、琉球（沖縄）を手なずけたのが島津（鹿児島）である。早くから琉球ルートを確保、軍事強国を確立していた。

ザビエル渡来の様子を描いた「南蛮屛風」

貿易は富と改革をもたらす。琉球貿易がなければ薩摩藩が、あれほど力を持つことはなかったし、英国とつながらなかったら薩長は江戸幕府を倒せなかった。ようするに、貿易で西洋の「近代兵器」と「富」と「統治システム」を手に入れ、外国に目を開いた者がノシ上がれるのである。

そこに割り込んできたのがマカオ・ルートを持っていたポルトガルだ。通称南蛮貿易。フランシスコ大友は博多湾を抑え、莫大な利益と軍事力を蓄えてゆく。

貿易には、もれなくキリスト教が付いてくる。

デウスが造った人間は救われる価値と特権を持ち、霊魂と人格は平等に尊い、というキリスト教ヒューマニズムはイエズスの真髄をなしていた。

この平等思想は日本にこれまでまったく見られない考えで、近代的要因である人間観の確立と世界的視野の拡大がもたらされ、意識ががらりと変りはじめる。ポルトガル商人による啓発セミナーで、世界が見え、世界が聞こえはじめたのである。

そこにザビエルの上陸だ。スペインはナバラ大国のザビエル城で生まれた貴族、パリ大学で学んだだけあって、品もあれば頭もよかった。（発音はザビエルではなく、シャビエルに近い）

ローマ大学よりも早く、山口になんとコレジオ（大学）創立を計画し、資金難のために実現できなかったが、ここに低文化圏への植民地的布教とは異なる、神儒仏という特殊な発達を遂げていた日本への評価が見られる。

フランシスコ大友✝の目下の敵は、ザビエルが最初に上陸した鹿児島の大名、島津だ。さすがは「教皇の精鋭部隊」の創立メンバー、多くの家臣たちと面会しているので敵の軍事力もかなりつかんでおり、一年間の布教で得た鹿児島の情報は正確である。ザビエルはフランシスコ大友✝に肩入れし、攻略法を教える。

キリスト教の愛と許しが敵領民の心を開き、敵対心を和らげる。そのうえ島津がイエズスに胸襟《きょうきん》を開けば、和解のチャンスも生まれる。仮に先鋭化しても、鹿児島の信者がスパイとして動いてくれるのは大きい。敵を知れば１００戦70勝くらいはする。そのうえイエズスがポルトガル商人に圧力をかければ経済封鎖まで可能だ。前途有望である。頭の良い大名ならば、だれだってイエズスとの共闘を考える。

おそらく、ザビエルが九州キリシタン王国という夢の構想セミナーを開いて引っ張ったのではないかと推測している。

ザビエルとの交わりは秘中の秘だ。おおっぴらになれば、領内の他宗教を刺激する。それに島津もザビエルに警戒し、出入り禁止にするはずである。したがって互いに無関係を装っておけば鹿児島布教が再び許されたとき、偵察のチャンスが生まれる。

ところがザビエルは唐突といった雰囲気で日本を離れる。

なぜか？　私は早期日本出港とシナ入りには、硝石の輸入がからんでいると睨んでいる。というのもザビエルの行動だ。フランシスコ大友†と豊後で会った直後、あわただしく出航、マラッカに向かった。マラッカではガーゴ神父と密着、ガーゴはその足で来日。1552年9月7日のことである。で、これまた直行した先がフランシスコ大友†だ。そのガーゴが大きな十字架を領地に建てている。

一方のザビエルはマラッカからシナに入って道半ばで倒れるのだが、豊後を中心としたイエズスの激流のような動きから、ザビエルはフランシスコ大友†支援のため、いくらあっても足りない硝石開拓でシナ入りを計画したのではないだろうかというのが私の推理だ。

ここで思い出だされるのが、ザビエルの日本行き直前のマラッカでの出来事だ。例の、とある日本の諸侯の使者が来ていたという記録である。

〈ポルトガルのインド総督に、自分の殿がキリスト教に入信希望なので、祭司を送ってくれるように願い出ていた〉『日本史』

この大名は、フランシスコ大友†以外には考えられない。

●日本初の総合病院

キリスト教の導火線、ザビエルの日本滞在は2年と少し、長くはない。しかし導火線の火は1552年、離日と入れ替わるように入った、ポルトガル商人ルイス・デ・アルメイダ(1525?～83)に点火する。

きっかけは山口の男色激怒の大内だ。アルメイダは大内と武器弾薬の商談を済ませたあと、布教活動中のヴィレラと会い、その足でフランシスコ大友†を訪問した。

目に映ったのは荒《すさ》んだ街だった。捨て子、ホームレス、死体……社会が見捨てた下々に手を貸したい。もともと医師だったアルメイダは、日本で広く行われていた間引《まび》きという赤子殺しにショックを受け、私財を投じて幼児病院を開設。二頭の牛を飼って、子供たちにミルクをふるまいはじめた。

貿易と病院の二足の草鞋《わらじ》。共感したフランシスコ大友†から、広い土地を譲り受け、本格的な外科、内科、ハンセン病科……総合病院を建設した。

日本初の西洋医学病院だ。それを記念して、現在の大分市には「医師会立アルメイダ病院」がある。

飯、服、寝床……イエズスに熱狂するフランシスコ大友†。豊後にザビエルの夢、キリシタン王国が出現したのはほどなくである。

イエズスは、一つ一つ具体的な構想を練っていた。

第一歩がフランシスコ大友†による豊後キリシタン王国だ。ことのほかあっさりと実現した。続いて第二段は、九州の統一である。宿敵はなんといっても島津だが、強敵だ。なにせあちらはイエズスなしの琉球貿易で軍備をばっちり固め、大隅《おおすみ》、日向《ひゅうが》、薩摩《さつま》など九州東南部を広範囲に支配する大勢力である。

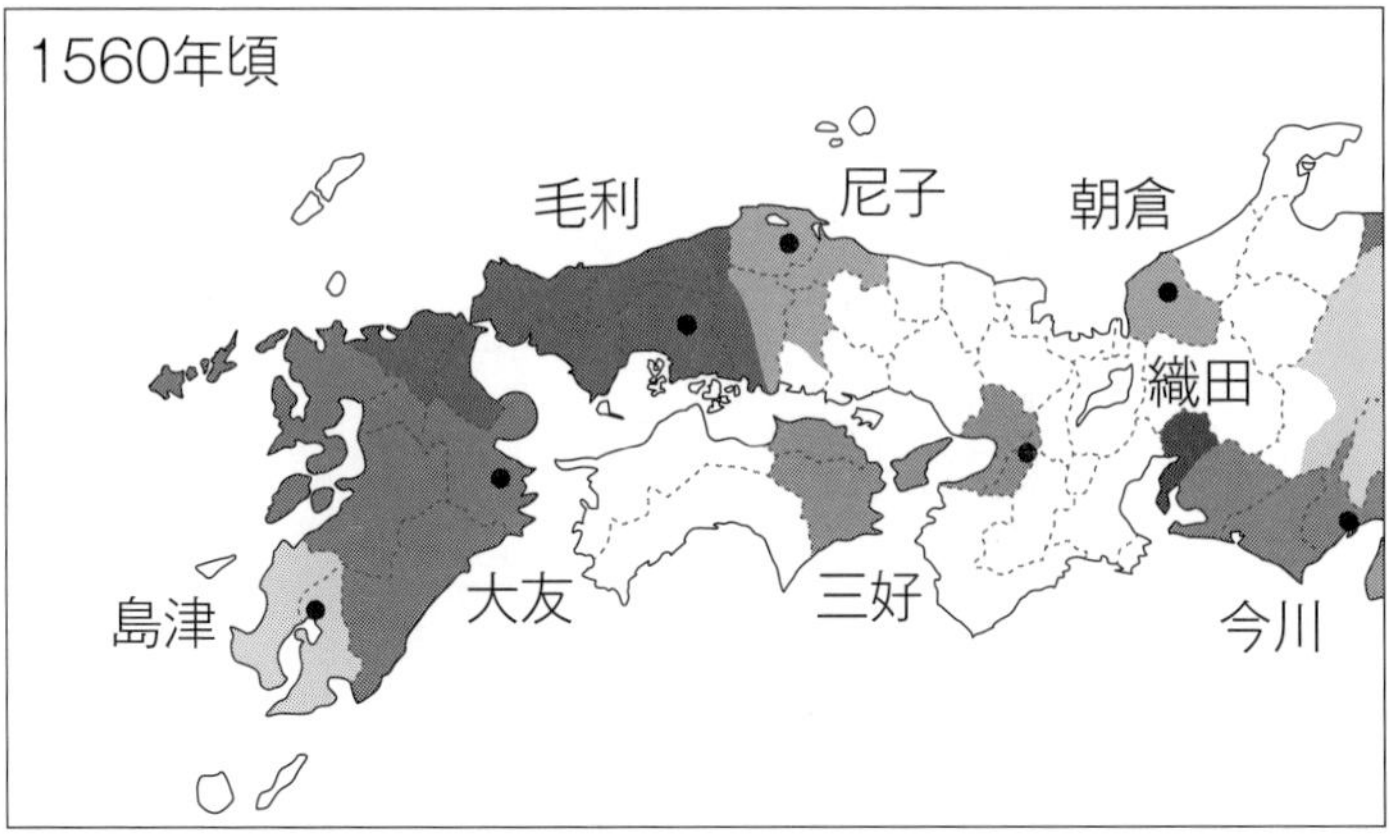

大友の勢力は九州を席巻し、九州キリシタン王国目前に迫る

ザビエルを追い出した島津。「教皇の精鋭部隊」としても異論はない。シナリオが固まった。資料を読めば分かるが、この時、フランシスコ大友†は突如レベルアップをみせ、日本の中枢、近畿に手を伸ばしている。天下人、三好長慶✞への接近だ。むろん背後で糸を引いているのはイエズスの軍事顧問で、そうでなければふつう一地方の大名が、一気に海を渡っての大胆な工作にまで視野が広がることはない。

将を射んと欲すれば、先《ま》ず馬を射よ。まずは三好の軍門に下っていた第13代将軍足利義輝✞を狙った。幸いなことにフランシスコ大友†と義輝✞とは娘婿経由でつながっている親戚である。

得意のポルトガル貿易で得た新兵器と火薬の

調合マニュアルを義輝✞に献上、密な関係を構築。宣教師ガーゴが豊後にドデカい十字架を建てた翌年、１５５４年のことである。

さらに多額な金銭をぶち込む。義輝✞から、「威光財」の「九州探題」を勝ち取ったのは１５５９年。「九州探題」は九州全域を統括する地方の王の官位だ。

九州王である。実態はどうであれ、将軍の名において島津に税を納めろ！　と命じられる立場になったということだ。島津にしてみれば、朝起きたら自分の頭上にフランシスコ大友†が乗っかっていたようなもので、いまいましいかぎりの大事件である。

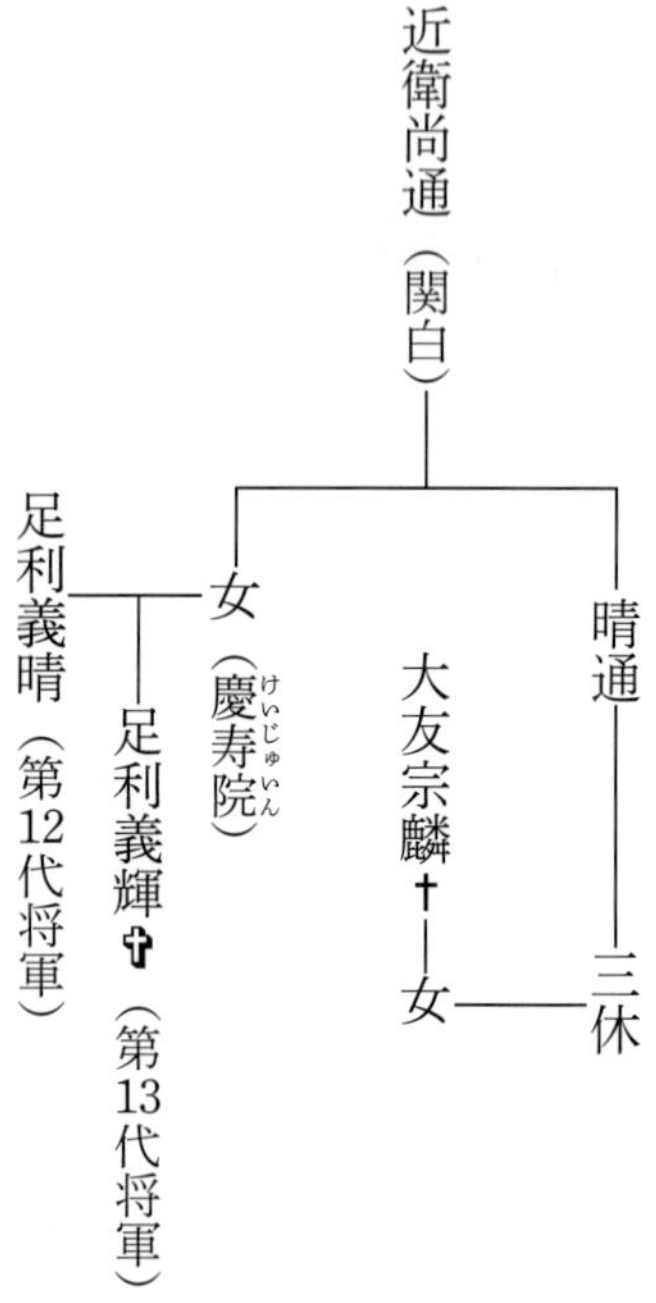

フロイスは、このころの豊後を、クリスマス（誕生祭）も盛大なら、イースター（復活祭）も華やかに行われる西洋の一都市のような描き方をしている。

フランシスコ大友✝ばかりではない。

肥前（佐賀、長崎）の大名有馬晴純の次男、大村・ドン・バルトロメウ・純忠《すみただ》✝（1533～87）も信仰は厚く、なんと支配地、横瀬浦（長崎県西海市）をイエズスに贈与するという大胆な行動に出た。イエズス港、長崎である。どのようなスタイルで運営されたのか詳しくは分かっていないが、江戸時代の「出島」とは違って、関税はイエズスに納められたと思われる。

バルトロメウ大村✝本人は1563年、洗礼を受け、記録上、日本初のイエズス大名と

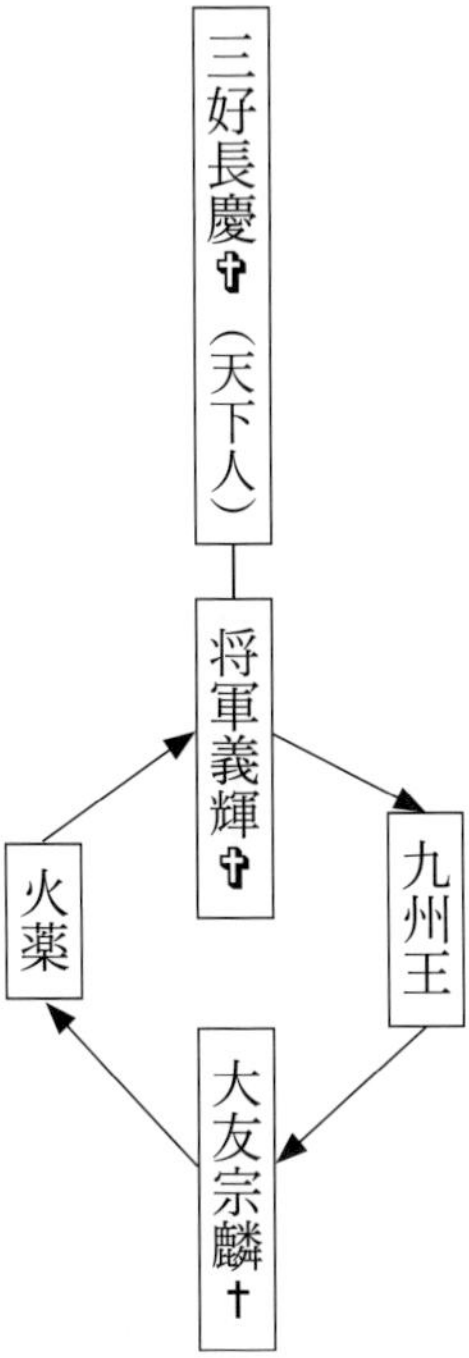

なっている。佐賀、長崎の領内には、最盛期6万人の信者がいたというから、これがほんとうなら住人の7、8割に相当する。

研究家の中には、バルトロメウ大村✝の目当ては南蛮貿易の利益で、信仰は薄かったという見方の人がいるが、その解釈は外れている。

貿易収入が魅力的だからといって、領民のほぼ全員を信者にする必要はないし、なにより本人の生活態度がキリシタンとしてふさわしいものに変化しているのだ。側室を清算し、妻以外との交わりを断ったうえに、祖先の仏教墓を廃棄。で、仏僧勢力の武力蜂起を抑えるべく寺社の閉鎖、破壊をやっている。どうみても筋金入りのキリシタンだ。

バルトロメウ大村✝の兄、大名有馬・ドン・アンドレス・義貞《よしさだ》✝（1521〜77）も、1552年ころからキリシタンのシンパ（同調者）として振る舞っており、入信は1576年だ。

ザビエルが日本に上陸してからわずか10年、九州北西部は、人口の半分近くがキリシタンとなっている。どういうワザを使ったのか？ これからそのタネを少しずつ明かすが、選挙のない時代、人々は代りに入信によって支持を表明した。

正式な京都布教許可

時代を少し戻す。

1559年、フランシスコ大友†の根回しで、ヴィレラが将軍義輝✝と面会。場所は京都。珍しいポルトガルの砂時計をもらった義輝✝は、上機嫌で酒をふるまい、三か条からなる正式な布教許可書を発行した。

1、宣教師の住居は、緊急時であっても武士の宿舎として調達しない
2、税金、町内の見張り番などは免除する
3、何人もキリシタンを非難虐待してはならない

不可侵と免税の特権。これらは仏僧と同じ扱いだが、他にも破格の待遇があった。将軍の義父、内膳頭の進士《しんじ》美作守《みまさかのかみ》晴舎《はるいえ》がヴィレラの個人的な保護者となったことだ。これ一つとっても形式だけではなく、義輝✝がいかに傾倒していたかが分かるはずだ。

『日本史』には、将軍お墨付きの立札を街角に設置し、その横で手に十字架を持ったヴィ

レラが誇らしげに布教する様子が描かれている。白人はただでさえ目立つ。さらに赤いツバ広のビロード帽子に黒マント。宣伝効果満点だ。娯楽のないたいくつな時代だから、通りは一目見ようという人だかりでいっぱいになる。手を叩き、ハヤシまくる街の人々。噂が噂を呼び、キリスト教が京の街の話題をさらった。

むろん義輝✝にも思惑がある。「威光」という同じ土俵で、角を突き合わせている朝廷に対する牽制《けんせい》だ。そのバックには寺社勢力がいる。寺社勢力が担いでいるのは、何百年も将軍と対立している朝廷なのだ。共に盛りが過ぎているのだが、永遠のライバルであることには変わりはない。この時、将軍は対抗上、イエズスにチップを置いた。

将軍（イエズス）

VS

内裏（寺社勢力）

堺政府三好長慶✞

朝廷の登場、将軍の台頭《たいとう》、地方大名の急成長、イエズス上陸、九州北西部キリシタン王国の建設と述べてきたがそろそろ近畿の天下人、三好長慶✞を話せばなるまい。何者か？出身は四国阿波（徳島）。上筋の細川一族を押し退け、1539年、長慶✞の代で本拠地を大坂に移す。摂津（兵庫県西宮市）、越水城だ。狙いは隣接する国際都市、堺だ。まだ17歳だったが、亡き父、元長《もとなが》が次期将軍を約束されていた足利義維《よしつな》を囲って堺に数年住んでいた関係上、ポルトガル貿易の威力を知っている。

越水城を居城にしたとたんに堺を支配、いや逆だ。最初から堺が目的で、手の届く越水城に入ったと考えるべきだ。

ようするに島津しかり、フランシスコ大友†しかり、三好長慶✞しかり、3人は南蛮貿易で軍備と戦費を貯えながらノシてきたのであって、そのための鹿児島港であり、長崎港であり、堺港である。勝負は、貿易港を押えられるかどうかだ。

長慶✞は、堺を自由都市のままにした。

日本のヴェニス、自由都市・堺の港

自由都市といっても一定程度の税を取っているし、利のいい業種は、数人の豪商に仕切らせて上前《うわまえ》をはねており、ヴェニスのような完全な免税、商売やり放題とまではいかないが、それでもかなりユルい。

堺を牛耳《ぎゅうじ》れば、軍事物質独占も夢ではないのだが、だからといって独りじめはマズい。統制をギシギシにすると、全国の大名御用達、武器商人をシャットアウトすることになる。それでは潤わないし、密貿易に走るから情報が集まらないのだ。表玄関で堂々とやらせる。すると鉄砲、大砲、火薬の購入先が判明する。そうなれば、各大名の戦力と思惑がきっちりと見えてくる。堺に引き込んでこそ全国の様子が手に取るように分かるというものだ。

それゆえの自由都市である。

平和より戦争を好む時代だ。手強い相手にはこと欠かず、戦《いくさ》に次ぐ戦《いくさ》の下剋上。堺を入手してから戦うこと13年、メキメキと力をつけた長慶✝は1553年には仏教勢力と奇妙なバランスを保ちながら事実上、京都を支配。同時に京都に近い芥川山城（大阪府高槻市）に移動した。越水城には、獅子身中《しししんちゅう》の虫、家臣の松永久秀（1510〜77）を置く。将軍足利義輝✝を京都に引き戻し、完全に囲い込んだのは1558年のことである。

「堺政権」

軍閥入り乱れるモザイク国家。将軍、内裏、寺社勢力……どの勢力に入るか？　どの武将を味方に付けるか？　この判断は大名にとっても、商売人にとっても重要だ。負け犬には賭けられない。間違ったチョイスは身の破滅だ。

長慶✝の選択はむろんイエズスだった。

父元長が10万の一向一揆軍（浄土真宗本願寺派）に追いつめられて自害した苦い経験から信長✝同様、仏教界には不信と恨みしかない。四国からの新参者という点も見逃せない。すなわち近畿の仏教勢力は、主だった大名とすでにつながっており、古株から見れば長慶✝は余所者《よそ》だ。そのうえ各宗派の争いは激しく、うっかり手を出せば複雑で厄介な世界に巻き込まれる。それより放置して、共食いさせればよい。

また、キリシタン・シンパ、将軍義輝✝からの働きかけもあった。

1539年　三好長慶✝、堺に隣接する越水城に入る。堺支配
51年　ザビエル京都入り
53年　長慶✝、居城を芥川城に移す。京都支配
54年　フランシスコ大友†、将軍足利義輝✝に鉄砲、火薬調合書を譲渡
57年　義輝✝、フランシスコ大友†を南九州各地の守護職に任命
58年　長慶✝、義輝✝を囲い、公に近畿の天下人となる
松浦、平戸からキリシタン追放
59年　義輝✝、フランシスコ大友†を「九州王」（探題）に任命。ヴィレラ、ロレンソ了斎†、堺に移動、京都入り、布教開始
信長✝、京都で義輝✝と面会
ヴィレラ、義輝✝と面会、布教許可を得る
60年　ヴィレラ、長慶✝と面会、布教許可を得る。ヴィレラ京都定住
京都初の教会（礼拝堂）建設

61年　ヴィレラ堺移住、ヴィレラ、義輝✝と二度目の面会
62年　京都でクリスマスを祝う。バルトロメウ大村†、横瀬浦（長崎）をイエズスへ寄進
63年　ヴィレラ堺に入る。バルトロメウ大村†入信、ダリオ高山†、息子、ジュスト高山†、アンリケ結城†、公家、清原枝賢†入信、フロイス長崎に上陸
64年　長慶✝死亡、ディオゴ日比屋†入信
比叡山が朝廷に宣教師追放を働きかけ、あいまいなキリシタン禁止令を出す

ご覧のとおり、堺はイエズスのホームタウンと化している。それもこれも義輝✝と長慶✝の賜物である。

●―イエズスの信長✝接触

尾張をほぼ支配した信長✝がいきなり京都に入った。奇《く》しくもヴィレラ、ロレンソ了斎†が京都で、布教を始めた年である。

護衛、約100名。その少ない数から、長慶✞の許可を取っているはずだ。しかしこの時、二人の接触記録はない。史料から分かるのは、信長✞と義輝✞との面談だけである。会談の日数、内容……詳細は不明なのだが、大きな疑問はなぜ、強敵、美濃の斉藤龍興の領地を通過する大リスクを冒してまでわざわざ京都入りを強行したのか、という点だ。

私の目線では、義輝✞が差し出したポルトガルの武器だ。上昇志向の強い25歳の若き信長✞が、大砲、鉄砲、火薬と聞いてじっとしていられなくなったのではあるまいか。

その場にヴィレラ、ロレンソ了斎†、イエズスのメンバーが駆けつけていなかったなどとだれが言えよう。

キリスト教がどんなものか、まだ顔すら見えない。しかし、丸い地球儀、羅針盤、時計、望遠鏡……ミケランジェロ、レオナルド・ダ・ヴィンチ、ラファエロ……バロック音楽を生んだ数万キロ離れた文明国の話に、心が釘付けになる。

一方のイエズスは全国大名リストを持っていた。軍事力は、大砲と鉄砲の数に比例するから規模はおおむね把握している。あとは敵、仏教勢力と必死にぶつかっている革命的な大名、古い仕来《しき》たりを超えられる男を捜すだけである。

尾張に、若きタイガーがいる。うつけ者だという評判だが強さと忍耐力は光っていた。

ターゲットを絞った。

イエズスは信長✞と面会、メキメキと九州で力をつけ、短期間にキリシタン王国を創ったフランシスコ大友†を語った。なぜ飛躍できたのか？　キリスト教がもたらす愛と許しの力でモラルを向上させ、領内を安定させる。民を悲劇から救うイエズスの成功セミナーで徴税能力をアップし、ヨーロッパ式の戦闘法を授け、鉄砲、硝石で軍事力を高めたおかげだと説く。時代遅れの寄生虫、既得権集団を蹴散らし、そこから富を移せばよい。

兵を雇うには莫大なカネがかかるが、イエズスはゼロだ。みかえりはただ一つ、布教許可だけである。それだけで政治アドバイザー、軍事アドバイザー、経済アドバイザー、ポルトガル貿易の優先権、情報網の提供……利ははかり知れない。両者の利害は一致した。おまけにヨーロッパ式人生設計講座まで設け、勝利の香りをたっぷりと嗅がせた。

イエズスとの共闘こそ天下取りの秘訣である。

　　イエズス→フランシスコ大友†→足利義輝✞→織田信長✞

では、信長✞と将軍義輝✞の面談を具体的にセットしたのはだれか？

重要人物は二人。

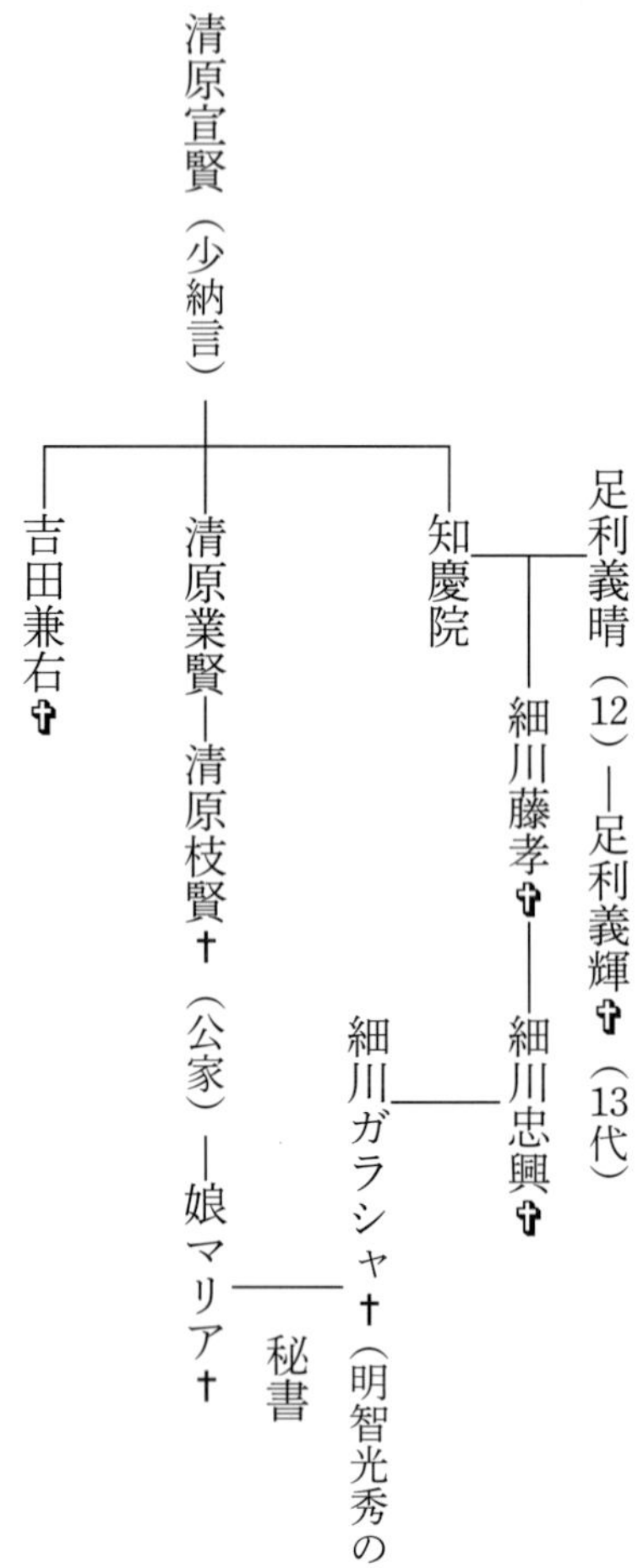

　まずは細川藤孝✝。1546年、12歳にして将軍足利義輝✝の元服名、義藤《よしふじ》から偏諱《へんき》を受け、藤孝✝を名乗った義輝✝の側近である。元総理、細川護熙の先祖だ。出はあいまいだ。義輝✝の父、つまり12代将軍義晴（1511〜50）の隠し子ではないかという噂がある。事実だと思う。そうでなければ、どこの馬の骨か分からないガキんちょに将軍直々、偏諱など与えないし、幼いころから引き取る特別扱いはしないはずだ。義輝✝の深い寵愛から、私は間違いなく実子だと見ている。

で、藤孝✝の母親は清原宣賢の娘、知慶院。そうなれば藤孝✝はキリシタンの公家、清原枝賢《えだかた》†（1520〜90）の従兄弟ということになる。枝賢†については、歴史上重要な役回りを演じているので後ほどたっぷり述べる。

藤孝✝はキリシタンではない。しかし行動を追ってゆくと、信長の死ぬ5年ほど前の1577年くらいまではシンパだったと思う。

そしてもう一人、信長✝には欠かせない男がいる。

フロイスが絶賛してやまない和田惟政《これまさ》✝（1530〜71）だ。義輝✝が1553年に奉公衆《ほうこうしゅう》、つまり親衛隊に取り立てているのだが、おそらくイエズスがあてがった信長✝担当大名である。

和田✝の親衛隊抜擢は、ちょうど長慶✝の京都支配が濃厚になってきたあたりだ。野心がなく、思慮深く、ムダ口を叩かないタイプなので誰からも信頼され、義輝✝、長慶✝、信長✝、さらにはイエズスの4者をつなぐ重要人物となる。

イエズスの方針は明確だ。力を持つ有望な大名と組み、支援し、共闘する。九州ではフランシスコ大友†であり、近畿では長慶✝、そして中部は尾張の信長✝であった。

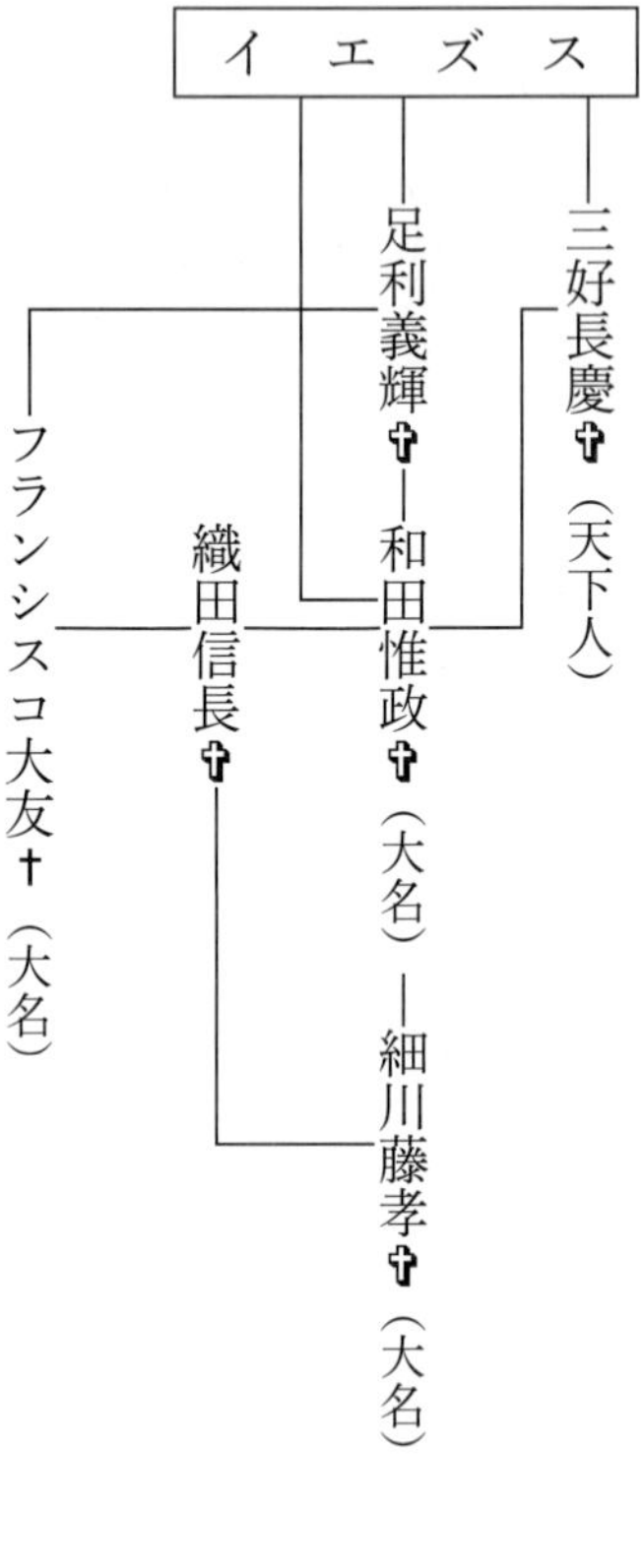

●三好長慶✝の衰弱

弟の十河一存《そごうかずまさ》（１５３２〜６１）が急死。もう一人の弟、三好実休《じっきゅう》（１５２７〜６２）が戦死。世に出た者は、いずれ消え去る。長慶✝の衰弱も早かった。燃え尽きたようなウツ状態。安定を失った政権はたちまち死に体となる。野心を募らせる側近たち。大和一帯をまかされていた松永久秀がかなりヤバかった。十河一存の急死のさいに同室していたという噂があり、推定有罪男である。

筋金入りの法華宗の信徒。博識と辣腕を兼ね備えていたバリバリのアンチ・キリシタンだ。長慶✞が床に伏したとたんに思い上って、義輝✞と怒鳴り合いまで演じるしまつで、どこか破綻している。

近畿は松永久秀の帝国になりつつあった。さっそく陰から陽の当たる表舞台に出てきたのが仏教界だ。

「イエズス、追放！」

仏教界の声援を背に、アドバルーンを上げる松永。このアナウンスにリスクはない。利点の方がどっさりあった。やり放題だったイエズスに一矢報いることで、仏教界からカネが入る。長慶✞に邪険にされていた朝廷の機嫌もよくなる。次が一番肝心だ。バテレン追放のゆさぶりで、大名の立ち位置が鮮明になるのだ。どの武将が匿名《とくめい》の隠れミノを脱ぎ、キリシタン庇護に回るのか？　巻き込まれたくない穏健派は？　それを見据えることで、畿内勢力図がくっきりと色分けできるのである。

自分が仕切る新しき京都。誕生は目前だ。

「バテレン追放！」

部下のアンリケ結城《ゆうき》✝を動かす。アンリケ結城✝はまだこの時点ではキリシタンではない。しかし、キリシタン擁護の義輝✝直属の親衛隊長も兼ねているからして、イエズスと通じているかもしれない。

この命令に不義を働くのか、忠誠を貫くのか、見ものである。動きによっては始末をつける。松永は目を凝らした。

アンリケ結城†は腕を組んだ。キリシタン追放令を出すのは衰えているとはいえ、義輝✝、さらに病床に伏している君主長慶✝の意に反する。かといって、松永には勢いがある。仏儒神勢力をバックに長慶†家臣団の多くをおさえ、もはや五畿内は松永の手にあり、逆らうことは難しい。

板挟みになったアンリケ結城†は安全策、中立の姿勢を取った。で、一計を案じ、イエズスとの公開討論会を松永に提案したのである。

「なに、公開討論?」

松永はタカをくくった。なぜなら仏儒神の大家、清原枝賢†をかかえていたからだ。枝賢†は大物だ。大外記《げき》というポジションから明経博士、少納言、宮内卿……朝廷儒教学者として順調にキャリアを積み重ね、ついには内裏の師となった有名な公家である。松永久秀の居城で『大学』『中庸』などを講釈する人気者だ。この理論家をぶつけ、大衆の面前で赤っ恥をかかせ、味噌汁で顔を洗って出なおしてきやがれ、とイエズスを追い出す。これならだれにも文句は言えまい。

キリスト教
VS
仏儒神

場所は奈良のアンリケ結城†邸。

1563年8月10日、セレブ達が見守る中、ゴングが鳴った。

イエズスは盲目の論客、ロレンソ了斎†がリングに上がる。それに堺の豪商ディオゴ日比屋†。迎え撃つのは洗礼前の公家、清原枝賢†である。審査員はアンリケ結城†と、これまた洗礼前のダリオ高山†の2名だ。

長い論争で、タオルを投げたのは朝廷の頭脳、清原枝賢†だった。その場でアンリケ結城†、ダリオ高山†、清原枝賢†が入信。枝賢†は立場上、入信を隠した。

これが『日本史』に書かれているストーリーだ。だが二、三度読み返すとなにやら話が整い過ぎていて、臭い。かえって眉に唾をつけたくなる。終ってみれば主要登場人物がみなキリシタンになっているのだ。いくら日本人が思考苦手民族でも、そんなにすぐ馴染《なじ》めるだろうか？　なにかが匂ってくる。で、最初からイエズスがこのバトルを企画し、ハメたというストーリーが浮上する。

発火点は法華経の信者、松永久秀だ。ここまではほんとうだろう。

武断的専制支配者と、その思想的支柱をなしている仏儒神者の旧勢力にとって、イエズスの説く、合利的思考、視野の拡大は危険思想だ。古くから多くの特権を有してきた仏僧が、不満顔で訴える。

「イエズスは、日本で敬《うやま》われている伝統ある仏教に有害だ。下々だけではなく、僧侶にまで手を伸ばし、改宗をそそのかしておる。日本人の崇高な心を南蛮人が汚《けが》せばどうなるか、追放をためらってはなりませんぞ」

最初はイエズスを甘く見ていた内裏も、足並みをそろえた。

アバウトな性格な松永はアンリケ結城†に相談。私の推理では、すでにアンリケ結城†

は松永のイエズス担当窓口になっていたのだと思う。

「責任を持って追い出せ！」

協議するアンリケ結城†と枝賢†。実は二人は5年前の1559年ころから一緒になって動き回っており、すでにこのころからキリシタン・シンパになっていたと思われる。

密かにイエズスと連絡を取る。で、逆手を取っての宗教論争に持ち込めというミッションが下り、二人はそれぞれ自分の役回りを演じた。

結城†が松永に水を向ける。

「理由なく追い出せば、イエズス大名をいたずらに刺激し、混乱をまねくだけでございます」

「……」

「公開討論はいかがでしょう。はっきりとした決着は、仏教の正しさが広がって追い風になる。恐れることはありません。こちらにはキリスト教を粉々に吹き飛ばす秘密兵器、清原教授がいるではありませんか。著名人を集め、目の前でバテレンをきびしく責めたて、ぎゃふんと言わせる。これほど天下に、正しき道を示す策はございますまい」

正面からの討論で、かのイエズスを成敗したとなれば、松永様の名は死んだあとも語り草になる、とかなんとかおだてられた松永久秀はその案にノッた。キリシタン追放令をいったん引っ込め、論争イベントを選んだのである。

人の性格など元素レベルまでバラしてみないと分からないが、松永はその場の気分次第というところがあり、客観的じゃないし、理詰めでもない。信長✝に追いつめられた時、大切にした名茶釜、平蜘蛛茶釜《ひらくもちゃがま》を信長✝に渡したくない一心で叩き割り、爆死したというクレージーさを持っている。

京都の有力者に最前列のチケットを用意し、数日間のロングラン論争が行われた。

ロレンソ了斎†が完全勝利をおさめる。後半はロレンソ了斎†が教師で、枝賢†が生徒のように質問する一方的な展開だったというから、学問の最高峰、内裏が師と仰ぐ枝賢†が崩れに崩れたのだろう、傍聴人が驚き、その噂は、わっと京都に広がった。松永の下した判断が、逆に仏儒神の首を絞めてしまったかっこうで、イエズスとしては、宣伝効果満点のイベントであった。

最強の武器、カテキズム

イエズスは武器「カテキズム」を持っていた。

ギリシャ神話で「下へ向かって語る」というほどの意味だ。異教徒をいかにして論破し、こちらに引き込むのか？　この想定問答集が「カテキズム」である。呪い、祟り、ご利益で茶を濁す土着の宗教を粉砕する武器だが、さすがは科学者ぞろいのプロテスタントとの論争で培《つちか》った組み立ては見事だ。

バトルの様子が、『日本史』で述べられている。ざっと500年前、イエズスはどうやって日本人の疑問に答え、戦い抜いたのか？　大変おもしろいので、要約して抜粋する。

1

仏僧「デウス（神）はどんな材料で、霊魂を創造したのか？」

イエ「世界を創造したのはデウスだ。元素、天、その他のものを創るのに材料は必要ない。なぜならデウスは自らの意思と言葉で、新たな存在を創造したからだ」

「元素」に触れている。「元素」などという単語がないから、「この世で一番小さなもの」とでも説明したのだろうか？

2

仏僧「霊魂の色と形を言え」
イエ「色、形があるのは物質だけだ。霊魂は物質ではないので、色、形はない」
仏僧「霊魂に色がないなら、それは無だ。ならば霊魂など存在しない」
イエ「空気は存在するか？」
仏僧「存在する」
イエ「では、空気に色はあるか？」
仏僧「ない」
イエ「物質的な空気に色がないならば、物質的でない霊魂に、色がないのは当然である」

「空気」という言葉もなかったはずで、どう表現したのか興味深い。

3

仏僧「デウスに身体はあるのか？」

イエ「物質は、すべてデウスが創造したものだ。したがってデウスは体を持つことはできない。もしデウスが肉体を有するなら、デウスは創造主ではありえなくなる」

4

仏僧「善人の霊魂は、死んで肉体を離れると、デウスを見るか？」

イエ「善人にもよる。もはや浄化を必要としない、高度の善人は見る」

仏僧「ならばなぜ、この世の善人は、ゼウスを見られないのか？」

イエ「宝石は、どんなに輝いていても泥の中に埋まっていれば、光らない。同様に、我らの霊魂も肉体中に固定している限り、視力を行使できない。したがって、どんな善人でも、この世ではデウスを見られないのだ」

5

仏僧「悪魔とはなにか？」

イエ「自分の傲慢さで、栄光とデウスを敬う資格を失くしたルシファー（悪魔）と多くの天使たちだ」

6

仏僧「悪魔はなぜ人間を誘惑し、多くの災いを及ぼすのか？」

イエ「デウスは栄光のために人間を創った。悪魔はそうした人に嫉妬《しっと》した。それで人間にも悪魔と同様に、デウスを敬う資格を失わせようと、人々に災いを与え、欺くのである」

7

仏僧「デウスが創造したもののすべてが善ならば、なぜ傲慢な悪霊、ルシファーを創ったのか？」

現代人だって聞きたい質問だ。

イエ「デウスは天使たちを創ったとき、明白な理性を与え、天使がしたいことを選び得る自由意思を与えた。善を選べば栄光を、悪を選べば地獄を与えるためだ。だが、与えられた自由意思を悪用し、デウスを超えられると傲慢になり、悪魔になったのである」

ここに「自由」という単語が二度出てくる。当時のシナにも、日本にも「自由」という漢字はない。1591年発行の『どちりいなきりしたん』では、「自由」を「和らげ」あるいは「のがす」と記している。

8

仏僧「デウスは、なぜ悪魔が人間に災いを及ぼすのを放置しているのか？」
イエ「悪魔は人間に対して、悪をなすよう教唆《きょうさ》する以上の力は持ち合わせていない。そそのかすだけだ。人間は、善悪を識別する能力、そして行動の自由を持っている。悪魔に誘惑された結果の災いは、人間本人に責任がある」
イエズスの回避能力は高く、どこで手法を変えるかを熟知している。

9
仏僧「慈悲深いデウスが、人間を創ったのならば、デウスの説く栄光への道はなぜ、こんなにも険しく困難なものにしたのか？　デウスの言う禁欲（姦淫、欲、虚飾、窃盗、憤怒、……などの禁止）を、多くの人々が嫌悪しているではないか」

この質問は正直で、面白い。

10
イエ「人間には食べたい、休みたい、眠りたいという気持ちがある。そしてデウスは断食せよとか、眠るな、奇跡を行え！　と命じているわけではない。そうではなく、人間を創り、罪から救い、霊魂を救済してくれる方（デウス）を敬いなさい、隣人を愛しなさい、と命じているだけである。その実行は困難なことではない。またデウスは禁欲家になれと命じたことはない。ただ妻は一人しか持ってはいけない、と言っているに過ぎない」

仏僧「ゼウスが世の統治者であり救い主ならば、なぜ今ごろ、のこのこと日本に来たのか？　どうして宇宙創造の時から明示されるよう取りはからわなかったのか？」

もっともな問いだ。しかし、見事に切り返している。

イエ「デウスの教えは、世の初めから今にいたるまで人間の知性の中に明らかにされている。たとえ、だれもいない山中で育ったとしても、隣人に害を与えることは罪悪であることを識別し、悪というものを心得ているではないか。自分が他人にこうあって欲しいと望むように隣人たちに振る舞うことは、教わらなくとも、生まれながらにして我々にそなわっていることだ」

長年にわたって、内外の異端、異教徒、科学者と闘ってきた百戦錬磨のプロ。挑んだ相手は、ことごとく手玉に取られ、言葉に窮する。

日本宗教界の大家、あの枝賢†がコテンパンにやられたという話はすぐさま街中に知れ渡った。恐れをなす者、共感する者、たいへんなプロパガンダだ。既存勢力はキモを冷したであろうが、イエズスへの支持は広がってゆく。

支持は広まるが、最終的には武力がモノをいう時代だ。

では長慶✞が、具体的どうやって近畿を支配し、キリスト教をガードしていたのか？

その布陣を眺めると、教科書には一行たりともでてこない分厚いイエズス大名のネットワークにシビレる。

三好長慶✞の黄金時代を支えたイエズス大名

全盛期の1560年、長慶✞は本部を芥川山城（大阪府高槻市三好山）から飯盛山城（大阪府大東市）に移した。近畿一帯に睨みが効く絶好のポジションである。ここならば長慶✞の出身母体、四国の阿波も近く、イザという時の援軍も、堺港経由で二日ほどで到着する。

山城、丹波、和泉、阿波、淡路、河内、大和、堺……畿内を領土化した長慶✞は、周囲をイエズス大名で固めた。


三箇《さっか》城（大阪大東市）＝三箇《さっか》・サンチョ・頼照《よりてる》✝

三箇城は長慶✞の飯盛山城から西にわずか5キロの地点、現在の大阪府北河内にあった。今は埋め立てられているが、かつては深野池と呼ばれた巨大な淡水湖があり、その中の島に、美しくそびえ建っていたのが三箇城だ。

1564年、イエズスのヴィレラが、サンチョ三箇†に洗礼を施す。教会を建てると、それまで夢遊病のように日々を暮していた人々が殺到し、たちまち3000名を超える家臣がキリシタンとなったという。のちのち河内キリシタンと呼ばれることになる面々だ。

サンチョ三箇†は宣教師の宿泊所付き教会も建設するという入れ込みようで、自邸を修道院に改装している。

イースターとクリスマスには、周辺諸国からのキリシタンであふれかえり、特に1572年のクリスマスは、蠟燭イルミネーションが壮大だった。

サンチョ三箇†は日本の諸事情に詳しかった。キリスト教の造詣も深く、話上手だったためいつも人の輪の中にいた。フロイスは妻のルシアもすばらしい人柄だったため、信者たちは常に尊敬し、父のように見ていたと述べている。

岡山城（大阪四條畷《しじょうなわて》市）＝結城・アンリケ・忠正†

飯盛山城の5キロ北にある岡山城。柳生新陰流の達人、アンリケ結城✝が城主だ。1563年、親友の公家、清原枝賢✝と共に討論イベントを開催、入信。信長✞が将軍義昭✞を伴っての京都入りの際にもぴったりと付き従ったイエズスのホープ。

アンリケ結城✝は南蛮寺（京都イエズス教会）の建設にも従事している。

岡山城＝結城・ジョルジュ・弥平次《やへいじ》✝（1544？〜1615？）

アンリケ結城✝の甥だ。岡山城をアンリケ結城✝からゆずり受ける。共に南蛮寺の建設に従事。妻は池田・シメアン・教正✝の娘マルタ✝で、ジョルジュ結城✝の娘のモニカ✝も信者というキリシタンファミリーだ。

信長✞が死ぬと秀吉はイエズス大名を近畿から遠ざけ、九州に追いやるがジョルジュ結城✝もその一人である。イエズス大名の猛者《もさ》、アゴスティニョ小西✝が九州に入国した後、ジョルジュ結城✝は熊本の愛藤寺《あいとうじ》城代を任されて移り住む。自宅を教会にし、4000名の信者を集めた。

砂城（大阪四條畷市）＝結城・アンタン・左衛門尉《さえもんのじょう》✝（1534〜65）

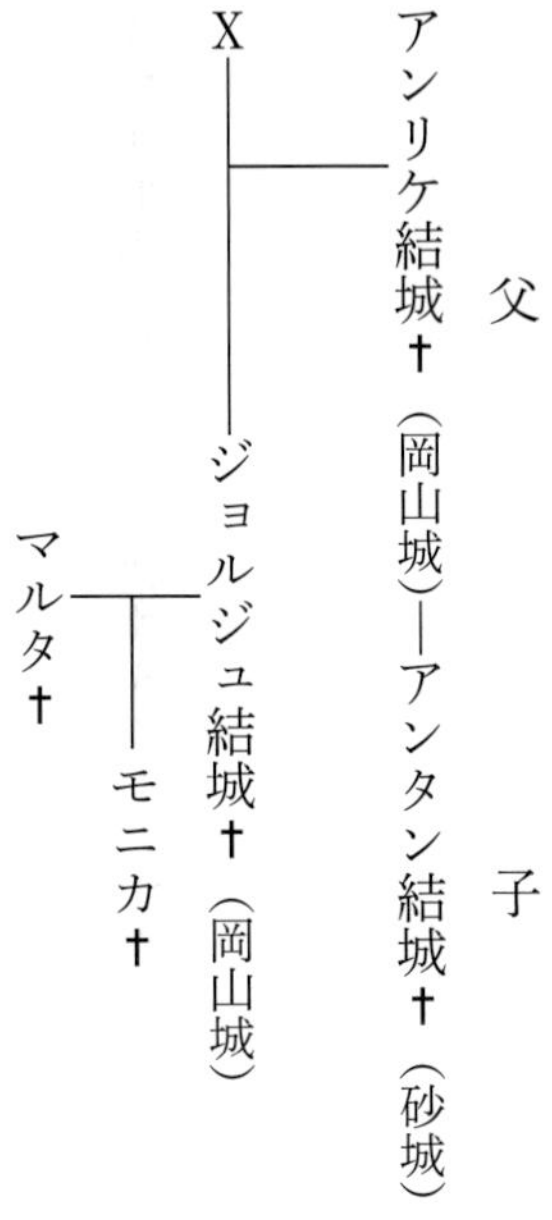

アンリケ結城✝の息子で、父と同じ時期に入信。飯盛山城から約5キロ西（大阪府四條畷市）の砂城の城主だ。イエズスにきわめて高額な寄付をして教会を立てたが、32歳で毒殺される。

高槻《たかつき》城（大阪高槻市）＝和田惟政《これまさ》✞

高槻城は信長✞の側近中の側近、和田惟政✞の居城だ。洗礼は受けなかった。しかし、会うたびに、時間ができればぜひ入信したいと口癖のように語っていた潜在的信者だ。フロイスの記録では、バテレン追放命が出た時、兵力を展開して堺のイエズスを保護、輝きを取り戻したとある。信長✞が将軍、内裏などとの外交担当職につけていたために深入りできない立場にあったのだが、1571年、和田✞が戦死、フロイスは彼の生き様を絶賛し、その死をいたく悲しんでいる。

沢城（奈良）＝高山・ダリオ・友照✝

飯盛山城から30キロほど南、現在の奈良にある沢城の城主だ。
1563年、アンリケ結城✝と共に洗礼を受け、その直後、ダリオ高山✝はヴィレラを沢城に招き、10歳だった養子のジュスト高山✝を入信させている。

高槻城（大阪城高槻市）＝高山・ダリオ・友照✝、ジュスト・右近✝

和田✞の配下だったダリオ高山✝とジュスト高山✝の親子が、1567年そのまま高槻城にスライド、主となる。
十字旗を立てたジュスト高山✝の十字軍はかなりの戦力を有し、勇姿は遠くとどろいていた。本能寺の変では、ウマリニャーノの指示により、明智光秀軍を山崎の合戦で打ち破っている。危険を感じたジュスト高山✝は、安土のセミナリヨを高槻に移した。

とりわけ茶の湯を愛しており、利休の高弟、七哲の一人だ。

城下には20か所の教会と人口の60％、1万8千名の信者がいたといわれ、1998年の発掘調査では、城跡から190あまりのキリシタン集団墓地が出現している。

八尾《やお》城（大阪八尾市）＝池田・シメオン・教正†

1564年洗礼のシメオン池田†が八尾城の主である。

楠木正成の子、正行《まさつら》（1326〜48）の子孫というのは伝承に過ぎないが、私はこの説を支持する。娘の夫がジョアン結城†だ。

『河内キリシタン研究』（松田毅一著）によると、1563年くらいから領内でも河内キリシタンが増えはじめ、1576年には立派な教会が建っている。

シメオン池田†は茶の湯を愛し、津田宗及《そうぎゅう》✞の茶会にたびたび登場している人物だ。

八尾城は廃城になるが、所在は今の大阪の八尾市内にあったとだけしか分からず、廃棄時期も信長✞の死後というだけで、徹底的に歴史から消されている。

若江城（東大阪市）＝池田・シメオン・教正†

もともと三好義継《よしつぐ》（１５４９〜７３）が若江城主だ。その時の家老がシメオン池田†だった。

三好義継はその名でわかるように天下人、三好長慶✞の甥だ。しかし叔父とは似ても似つかぬ先を見通せない男。長慶✞が死んだ翌年の１５６５年、なんと将軍義輝✞を暗殺、即キリシタンを弾圧したのである。

シメオン池田†は信長✞と通じており、信長軍が若江城の三好義継を攻めた時、内部から扉を開き、加勢。その功績でそのまま城主にスライドしたのが、１５７３年である。

豊臣秀吉の弟、秀長自決の後に、秀吉の命で処刑されたともいわれているが、秀吉が城もろとも痕跡を破壊したので、資料が極端に少ない。おそらく秀吉にとってはそれほど危険極まりないイエズス大名だったのではないだろうか。

烏帽子形城《えぼしがた》（大阪河内長野市）＝甲斐庄正治《かいしょうまさはる》†

築城は、かの楠木正成。楠木七城の一つだ。

ご存じのとおり城というのは、攻めづらい山頂、高台、もしくは交通の要衝《ようしょう》にある。この城の場合は京都と堺と高野山を結ぶ東高野街道、河内国から和泉国へ抜ける河泉街道、紀伊を結ぶ九重道、この三街道が交差する交通の要をおさえていた。

紆余曲折があって、ついに楠木の血を引く甲斐庄正治†が城主となる。

洗礼名は不明だが、立派なイエズス大名だ。城下でキリスト教を奨励したため、南河内ぜんたいがキリシタンで大いに賑わった。途中でアンチ長慶✝になった畠山高政†（1527〜76）の配下にいたため、甲斐庄†も立場上、根来衆などを入城させ、長慶✝に抵抗ポーズを取った時期もあった。

君主、畠山高政†の動きは落ち着かない。長慶✝についたり、離れたり、そのたびに河内の高屋城の主に収まったり、追い出されたりと忙しいのだが、信長✝には付き従っている。

ちなみに畠山高政†も晩年、50歳に近づいてキリシタンとなっている。

図を見て欲しい。イエズス大名、イエズス城による近畿包囲網だ。こんな風景は、

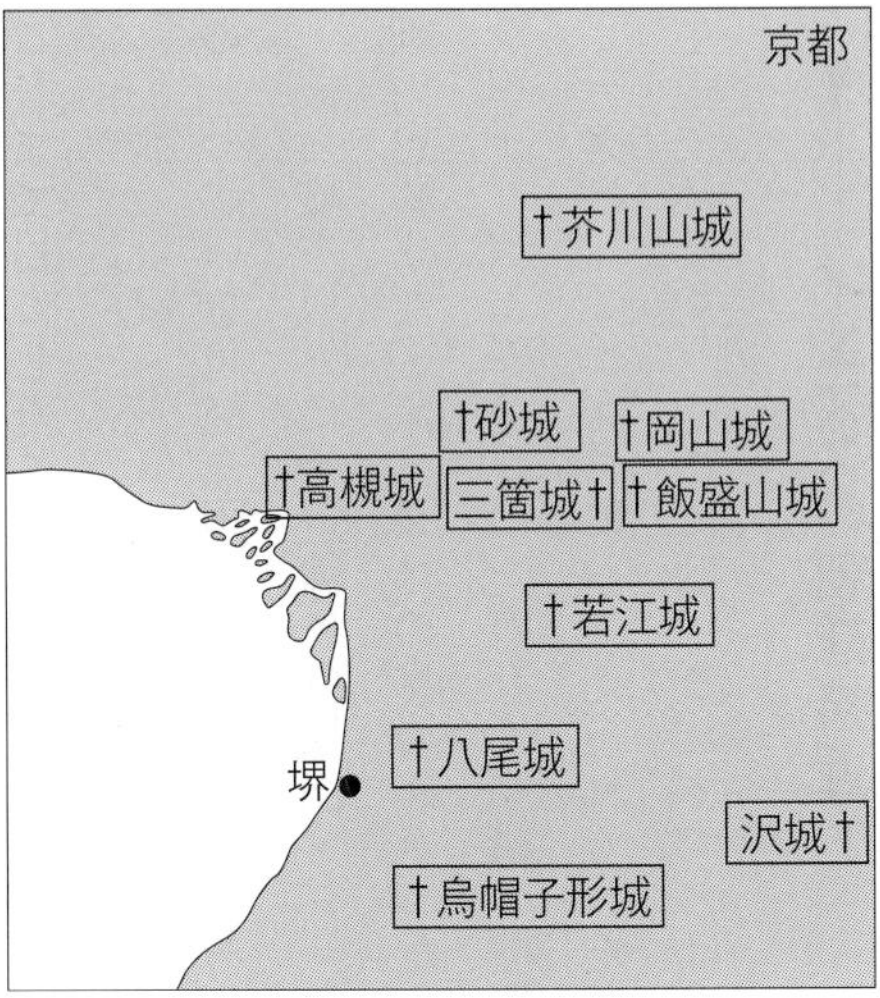

イエズス城による近畿包囲網

これまで目にしたことがなかったと思う。日本史の主役は朝廷と仏教と武将だけで、キリスト教がはびこるはずはない。マズい部分は隠す。秀吉、家康がイエズス大名の城、文献のいっさいを可能な限り破却したのである。

彼ら城主以外にも近畿には黒田・シメオン・官兵衛†、前田・オーギュスチン・利家†、細川忠興✝などイエズスの息のかかった有名大名がおり、ザビエル日本上陸10年ほどでナショナリズム一色だった既存の組織、機関による支配システムが崩されていたのである。

近畿は、イエズスにおさえられていた。いや、ブームになっていたといってもイカレた主張ではなく、そこには、これまでとはまるで違う戦国の地図が広がっていた。

イエズスの朝廷接近

イエズスの工作には漏れがなく、日本のもう一人の国王、内裏正親町にも手をのばしていた。

キーマンとなったのが、先ほど述べた討論イベントでコテンパンにやられた清原枝賢†だ。イエズスの朝廷工作要員といっていいので、もっと深掘りする。

由緒ある出だ。祖は鎌倉時代の武家のルールブック「御成敗式目」の注釈書を手掛けた儒家の家系、太政官外記《だいじょうかんげき》を世襲するという頭のテッペンからツマ先まで朝廷にズッポリと漬《つか》っていた家柄だ。

「太政官」というのは朝廷の司法、行政、律法の最高機関だ。「外記」は太政官から上がってくる文章を作成する部門。機嫌をそこねると「公文書」での筆攻撃にあって貶《おとし》められかねないから、周囲からのおべんちゃらは絶えず、かなりの権力を有する高級官僚である。

清原家はその中の「局務」、すなわちトップで、内裏が学問の師と仰ぐ華麗なるポジションにいた。

注意しておかなければならないのは、昔の官僚の立ち位置だ。朝廷の従業員であり、上筋の個人的下僕である。昔は朝廷に限らず、あらゆる組織の部署が公私ごちゃまぜである。上司の引越手伝い、使い走りは普通のこと、はっきりした区分けは近代、それも平成を待たなければならない。

枝賢†は外界の野獣どもと渡り合う、内裏のプライベートなアドバイザー兼秘書官といった方がピンとくるはずである。

大納言万里小路惟房《までのこうじこれふさ》の「惟房日記」では、すでに1559年(6月24日条)、アンリケ結城†と行動を共にしていることが分かっている。同じ年の吉田兼右《かねみぎ》✞（1516〜73）の著『兼右卿記』にも、こういうくだりがある。

〈将軍義輝✞が三好長慶✞と和睦し、京都妙法寺に落ち着くと、さっそく（吉田）兼右✞があいさつに伺う〉（12月15日）

吉田兼右✞が行ったら、そこには清原枝賢†とアンリケ結城†の仲良し二人組がいたとある。

二人は1563年、ヴィレラからそろって洗礼を受けたのだが、その前の京都布教がはじまったあたりから、イエズスとの密着が疑われている。

1587年に洗礼を受けた清原†の娘マリア†は、明智光秀の娘で大名、細川忠興✞の妻、美貌の細川ガラシャ†に洗礼を授けた熱心な信者だ。頭が良かったのだろう、マリア†は忠興✞とガラシャの子、細川・ジョアン・興秋†（1583〜1615）も入信させている。宣教師がマリア†を高く評価し、「賢く思慮分別があり、母親と同じくらい、よくキリスト教の教義を理解している」と評したほどで、清原家はキリシタン・ファミリーである。

朝廷内キリシタンは清原†ばかりではない。叔父の公家、吉田兼右✞も近かった。朝廷での清原†、吉田✞は重要人物なので、頭にメモっておいていただきたい。

●――神道はキリスト教をミックスした

明治になって、英・米・仏、などの領事が集って日本の宗教、とりわけ神道について議論したことがある。人間が神になったり、仏が神になったりと、「神」や「仏」の概念もちゃんと決まっておらず、けっきょく、これは宗教ではないという結論にたっした。キリスト教の神は創造主だが、神道の神は宿るだけで、不思議な存在である。

キリスト教はイエス、仏教はシャカ、しかし神道を説いた始祖《しそ》はだれか？　だれもいない。強いていうならば各地に発生した原始宗教がルーツといえばルーツだ。

「気候が穏やかで、魚や獣や木の実がたくさん採れますように！」

古代人が食料の産みの親である自然にお願いした。ただそれだけであってそれ以外に何もないのが原始宗教である。時の支配者が先住民族の心を摑《つか》み、かつまた自分達の心の不安を取り除くために時代を下りながら外来の占い、儒教、仏教、古代キリスト教、ユダヤ教の都合のいい部分をツマんで肉付けしたものだという説にはうなずけるものがある。
たしかに社殿の造りなどはソロモン神殿の配置に似ていなくもないし、手を洗う行為はカソリックにそっくりで、儒教、八卦、易などさまざまな要素が、さまざまな儀式などにごちゃまぜだ。吉田兼右✝の先祖は、それらを天孫降臨など絢爛たる神話の世界で包み、諸宗教をまとめ、矛盾するものはとっぱらって、より深く、より神秘的に儀礼を味付けすることによって重みを増し、朝廷をリード。これが元祖「吉田神道」で、現在につながるものだ。

吉田家は神道のオーソリティなのだが、そんな吉田家の血を引く兼右✝の頭は柔軟だから、キリスト教に気持を止めるのは当然の流れだ。

全能のデウスと、今までこしらえてきた自分たちの神はどう違うのか？　信仰に携わる者として真剣であればあるほど、探求心は止まない。

吉田神道の担い手の一人、甥の清原枝賢†がキリスト教の虜になる。続いて兼右✝の次男、梵舜《ぼんしゅん》も洗礼を受けたのではないかと言われている。証拠は名前で、昂庵《ジョアン》✝を名乗っていた時期があるのだ。

兼右✝本人は、１５６９年、ヨーロッパ製のグラスの水差しを小田原の領主、北条氏康に送り、礼状をもらっている。神道の大家が、ポルトガル人脈を誇示したのか、それとも、なんの考えもなくキリシタンの品を不用意に贈ったのかは分からないが、イエズスの朝廷への浸透は想像以上だ。

イエズス朝廷人脈にはもう一人登場する。立《たて》入《り》宗継《むねつぐ》✞（1528〜1622）。

清原枝賢†、吉田兼右✞、そして立入宗継✞、三人は親戚である。

立入宗継✞を過小評価してはならない。後ほど「本能寺の変」で触れるが、なんと信長✞を仕留めた重要な場面で、かかわっているのだ。

イエズスの戦略はだんだんと具体的になってゆく。

将軍には親衛隊のアンリケ結城†と和田惟政✞を張り付け、正親町には公家の清原枝賢†と立入宗継✞。そして天下人の長慶✞にはダリオ高山†と和田惟政✞だ。

近畿をイエズス城で埋め、日本をキリシタン王国にする。ミッションに現実性が帯《お》びてくる。

●――三好長慶✝の死と信長✝へのシフト

三好長慶✝の治世は長くは続かなかった。

相次ぐ戦闘と兄弟の死、身内の裏切り……喪失感、不安、恐怖……１５６４年、ウツを引きずっての病死。

跡目を奪ったのが三好一族の長老、三好長逸《ながやす》だ。それに山城、摂津、丹波の守護、細川家臣団とのパイプ役だった三好宗渭《そうい》。加えて有力家臣の岩成友通《いわなりともみち》。通称「三好三人衆」が台頭した。

残念ながら役者不足だ。小粒な三人組だから畿内のパワーバランスが一気に崩壊。昨日の友は今日の敵、時は戦国、野心を燃やす近隣諸国。反乱、奇襲、破壊工作……脅しとすかしの神経戦、秩序が乱れ、仏教勢力も活発になる。ニュースが届かない下々はなにがなんだか分からないまま夢遊病のようにつき従うだけである。クーデターの季節到来だ。

「内裏」「将軍」を囲って操る古典的手法が復活する。こうなると、なつかしい伝説の化身「威光財」の争奪戦となる。朝廷の稼ぎ時だ。積極的にパトロン探しに動く。

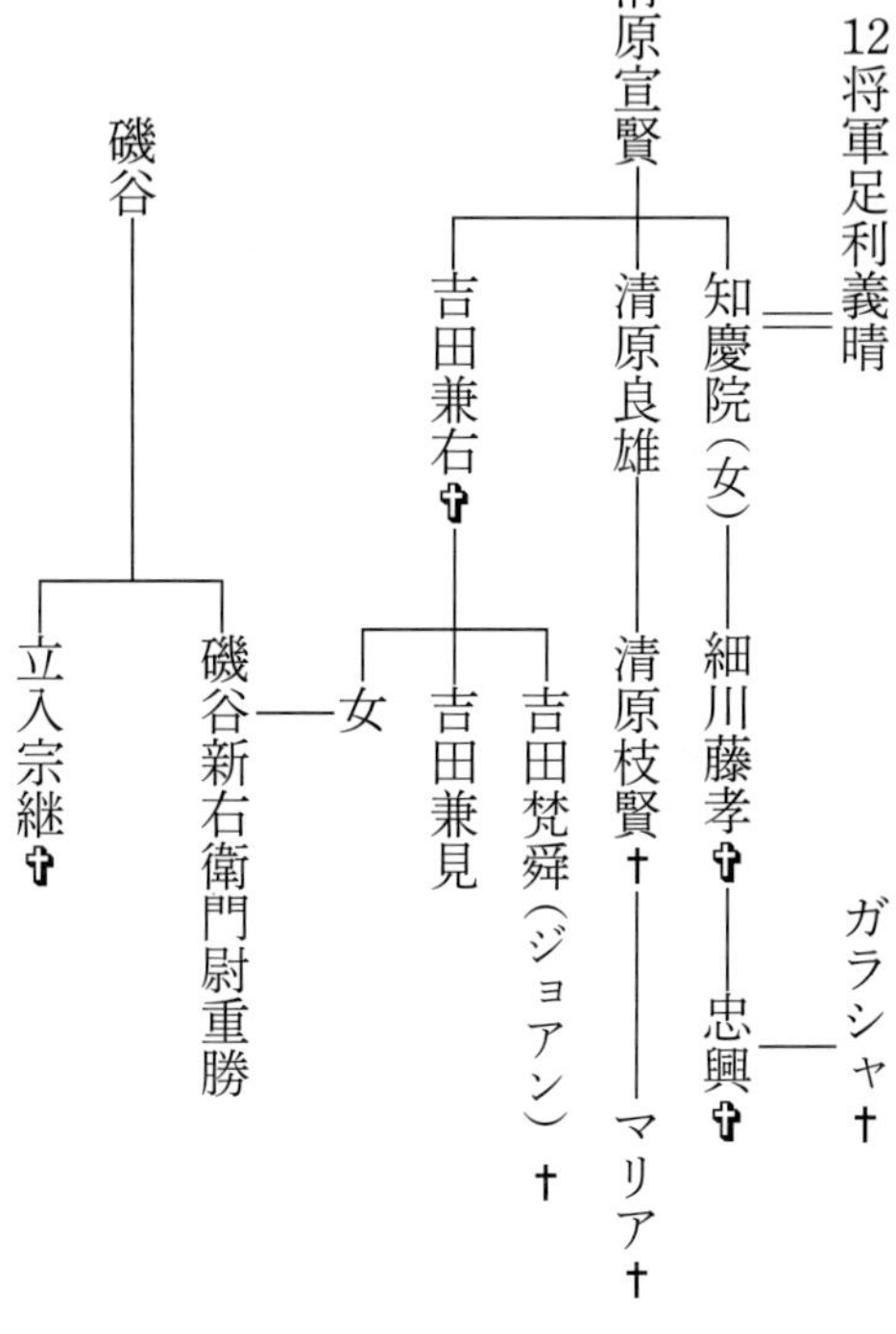

信長✝は、まだ尾張にいた。

東海道随一の大名との異名を持つ静岡の今川義元を近代兵器、鉄砲で破り、徳川家康と同盟を結んでホッとしているところである。

当面の脅威は美濃（岐阜県南部）の斎藤龍興（1548〜73）。ガキンチョだが、なかなかどうしてガッツがあって時々戦火を交え、角《つの》突き合わせたままの膠着《こうちゃく》状態。どういう策がいいのか、どこと手を組んだらいいのか……と考えていた矢先だった。予想外の使いがやってくる。

内裏、正親町の勅使だ。記録によれば1564年、密書を持参したのは清原家とつながるやはりこの暗躍男、立入宗継《たていりむねつぐ》✝である。

どういう人物か？

清原枝賢†と吉田兼右✝の親戚である。

立入家のスタートは金融業者だ。1500年ころにはすでに朝廷に食い込んでおり、金銭の出し入れ、年貢の管理をまかされている。その後、正式に御蔵職《みくらしょく》におさまる。困窮の打開策として、やり手商人を財政担当の高級官僚に引き抜いたかっこうだ。

さて、朝廷の財務長官みたいな宗継✝による信長✝訪門目的はなにか？　専門分野、カネの算段以外にない。

「応仁の乱以降、すっかり荒れた京都御所修理のため、ぜひ京都に来て欲しい」というふうに書かれている。

が、これは妙で、改装費なら寄付をもらえば済む話であって、信長✝にわざわざ山から山へといくつも越えた京都まで足を運んでもらう必要はない。

本筋話は、登場したタイミングで察しがつく。

京都支配を継承した三好三人衆は烏合の衆だ。器《うつわ》でもないのに、一族の長が病死したため、タナボタ式にボスの座が転がり落ちてきただけで、都をどう扱っていいかも分からないボンクラぞろいだ。ネズミにトラの真似はできない。だから本物のトラに、治めていただきたいというのである。早い話が、囲って欲しい、パトロンになって欲しい！ ということだ。

ここで読者は奇妙に感じるはずだ。パトロンならもっとほかにも白羽の矢を立てる武将がいる。なぜ大名ランキングトップ10圏外の信長✝なのか？ という疑問である。

朝廷の判断能力ならば、尾張でチョロチョロしている信長✝など二軍の武将で妙な話だ。

しかし、私の読者は鋭いから、イエズスが朝廷人材を使って内裏を動かし、要望書を書かせたのではあるまいかと気付くはずである。そうでなければ、プライドの高い内裏がようやく尾張を抑えたばかりの実績乏しい若造にシャカリキになるはずはない。

イエズスが朝廷シンパを使ったとみて間違いはない。

盛りは過ぎていても内裏である。陰で糸を引くイエズスの話も出たであろう、エキサイティングな話に、信長✞は色よい返事をしたものの、まだ美濃すら支配下にない。京都は美濃のさらに山向こうだ。聞けない相談だ。

京都はドン底だった。秩序崩壊、深刻な不況、食料不足。長慶✞だけではなく、街全体が灰色のウツで今にも死にそうだった。

比叡山延暦寺が動いた。翌1565年、三好三人衆と組み、正親町を説得、イエズスとキリシタンの京都追放を試みたのである。

このことからは仏教寄りの内裏をイエズスの息のかかった清原†、吉田✞、立入✞が工作員としてたぐっていたことが分かる。

だが将軍義輝✞が京都追放を無視、あっさりと食い止める。三好三人衆などヘッポコだ。ぜったいに認めない。

仏教勢力がいきり立って三人衆のケツを叩く。世は戦国。選択肢は一つだ。てっとり早く義輝✞の暗殺である。

1565年、6月17日、三好三人衆が一万の兵で二条城を襲撃。第13代将軍義輝✞殺害に成功した。

主導したのは三好三人衆の武闘派、法華宗信者の松永久秀だ。かつてバテレン追放をトライしたのだが、一枚上手だったイエズスのペースで運ばれ、公衆の面前で赤っ恥をかかされたアドレナリン依存症男である。

イエズスの情報収集能力はかなりなもので、将軍暗殺には利害が一致する三好三人衆、比叡山、法華経、内裏、松永、この4者がからんでいたというフロイスの分析は信頼できる。

三好長慶✝の死、義輝✝の暗殺。一瞬にしてイエズスのバリアが粉々だ。布教がうまくいってればいってるほど仏僧の反発の度合いは大きく、振り幅はひどかった。

イエズス系大名たちとの連絡網は寸断され、シンボルの教会が破壊され、京都と堺に降りかかる地獄絵巻。と、イエズス大名にも移動命令、服従命令が矢継《やつ》ぎ早《ばや》に出されて情報が錯綜する。殺人者の中に裸で置き去りにされたイエズスに、キリシタン追放の二波、三波がおし寄せてくる。死臭漂う京都は、蜂の巣を突いたような騒ぎだ。

非常口はどこにもなかった。今こそイエズスの精神を重んじる時である。

「善が悪に追いやられる屈辱を、デウスの試練として受け入れなさい。主の栄光は試練の天地に満ちている」

信者を諭すのがやっとだ。イエスに祝福され、邪悪な人間どもに汚《けが》されたのだと女、子供が嗚咽をもらす。

追放される宣教師一団。物騒な法華宗の寺の傍らに差し掛かると、仏僧たちは集団で外に出て、苦難を喜び、大声で嘲笑を浴びせかけたと記されている。

民はただでさえ飢えている。支配権の混乱は食料の流通を寸断し、ますます飢える民衆。極限状態におちいると、それまでの自分ではない別人となり、思いもよらぬ行動を取りはじめる。犬のように金品を嗅ぎ回る強盗団、暴力、放火、と暴れ回る流れ者、目を光らせる人さらい……教養の欠如と貧困は犯罪を生み出す。恐怖の無法地帯。京の都は暴動の火を噴いた。

三好三人衆は、空になった席に次の将軍を用意していた。自分たちの傀儡《かいらい》、足利義栄《よしひで》（1538〜68）である。足利一門、義輝✝の親戚だ。

ライバルは消す。殺した義輝✝の弟、足利義昭✝の首を狙い始める。

ガードに回ったのは足利の血を引く細川藤孝✝、忠興✝親子だ。加えて義輝✝の親衛隊であり、元長慶✝の家臣、和田惟政✝である。

だが悲しいかな君主を失った和田✝は裸同然だった。鉄砲、大砲、最新武器は倉庫ごとそっくり三好三人衆に押さえられてしまっているし、資金ルートも絶たれた。

ならばだれを頼るか？

ヤボな質問だ。白羽の矢は信長✝である。

ここで重要になってくるのが６年前の１５５９年の義輝✝と信長✝の会談である。どの研究者もこれに注目していないが、私の意見を述べると信長✝が別世界に到達し、人生を「起動」させた重要な場面だ。

イエズスにより世界的視圏が拡大し、実証的精神が増し、科学的知見を得るきっかけになった瞬間である。

義輝✝は、親戚のフランシスコ大友†経由の鉄砲、火薬をどっさり信長✝に流したというのが私の見立てで、外れていないと思う。しつこく言うが、この取引はイエズスのセットだと睨んでいる。

むろん私の意見が常に賛同を得られるとは限らない。だがイエズスは日本上陸時点で、最大の敵が仏教だという認識で統一しており、早々に反仏教派の大名リストを作っている。アンチ仏教の武将に目星をつけ、たどり着いたのが信長✝だった。

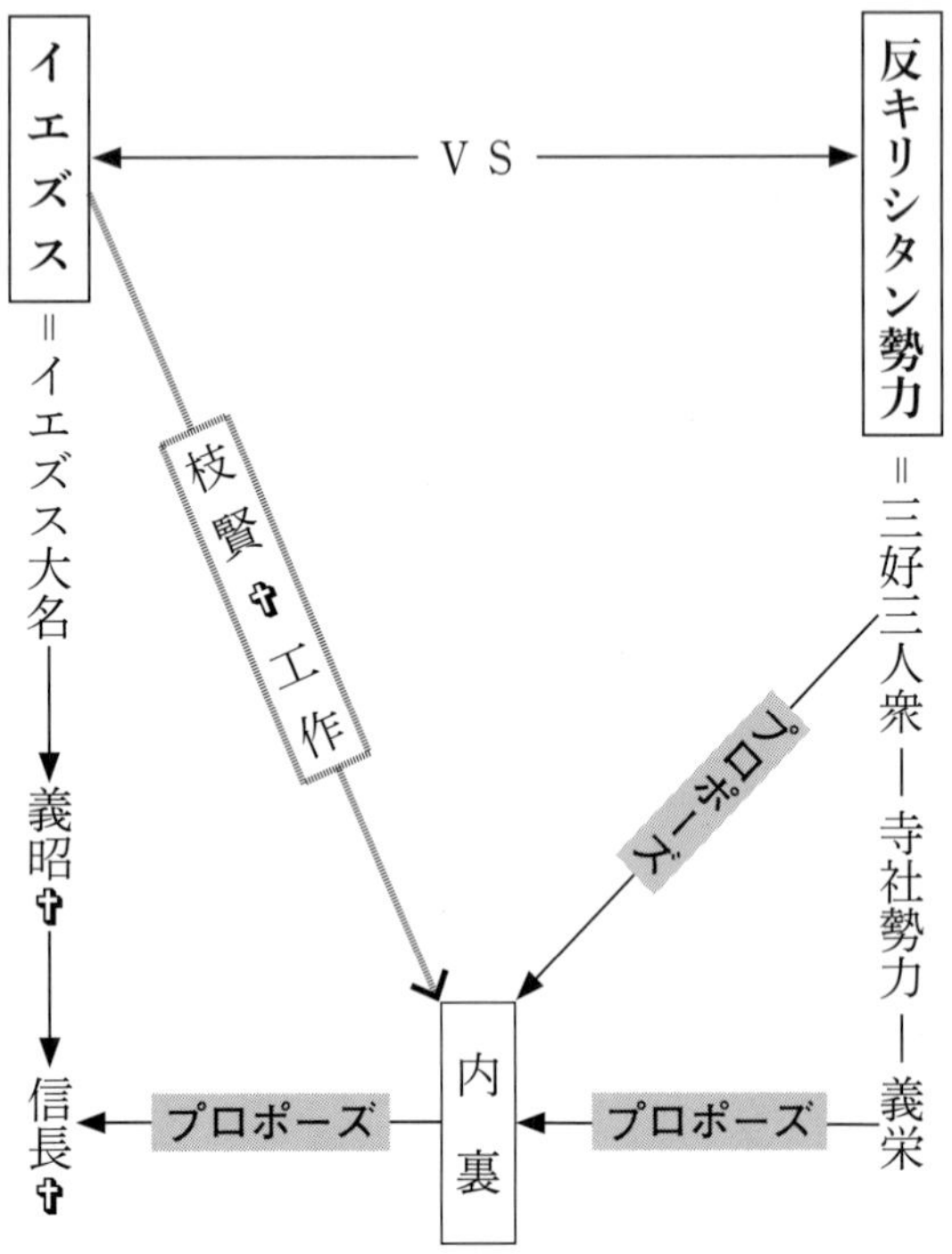

不屈の精神で仏教界に闘いをいどむ男など、この国では品薄だ。というより、九州ではフランシスコ大友✝、本州では信長✝しかいなかった。珍しいからそれだけ目立っており、すなわち最初から的を絞っていた。信長✝に渡すべくポルトガルの飛び道具、火薬などを

義輝✝に送ったのであって、あくまでも義輝✝は中継点だ。そう推測しなければ資料に残るフランシスコ大友†から義輝✝に渡った大量の鉄砲と火薬弾薬の行先が分からなくなる。この革命的な面会の一年後、信長✝は桶狭間の戦いに勝利。わずか5千が4倍の今川2万を破ったのは、義輝✝から渡った大量の鉄砲、大砲のおかげだと考えるとスムーズだ。

すべてはイエズスのプログラムだ。この目線で見れば、名古屋という田舎にいた信長✝が突然京都に姿を見せたことにも合点がゆくし、内裏の使者がいきなり、ランク外の尾張に出現したり、義昭✝を囲った細川藤孝✝と和田✝が信長✝に走るわけはない。内裏と将軍、両者が両者とも信長✝を求めているのである。

同時ラブコール。こんな確率は万に一つもない。

1566年7月付け、書状が発見されている。潜伏中の義昭✝から和田✝への手紙だが、信長✝説得工作を命じる内容だ。

和田✝の要請を受け、大まかを呑んだ信長✝は美濃攻略で忙しい最中の1566年9月、これまた突然兵を挙げ、京都を目指した。正親町が仏教勢力に動かされてキリシタン追放に動いた直後である。イエズスを守る十字軍のような動きだ。

なんとしてもイエズスへの借りを返す。まだムリかもしれないが、少なくとも姿勢は内外に示さなければならない。たとえポーズでもいい。そうでも思わなければ、ヤンチャな斎藤龍興の支配地、美濃を飛び越えての都攻めなどバカげた話だ。

案の定、途中で龍興が立ちはだかる。想定内の伏兵だ。途中で引き返す信長✝。イエズスへの義理は果たした。見切り千両、このへんが大革命家、信長✝の真骨頂である。

1567年11月、三好三人衆が、あやつり人形の義栄将軍任命を朝廷に要請するも、目玉の飛び出る金額をふっかけられる。懐が寂しい三人衆、目論見が難航した。

朝廷にとってはチャンスだ。「威光財」の安売りはごめんである。

右に義昭✝、左に義栄の両天秤。条件のいい方に付く。こう言えば主導権を握っている

義澄（11）—義晴（12）—義輝✝（13　長慶✝）
義昭✝（15　信長✝）
義稙《よしたね》（10）—義維—義栄（14　三人衆）

ように見えるが逆だ。人間、欲の皮が突っ張ると板挟みになって意外に弱い。

本命、信長✝の返事を待ちながらすったもんだと引き延ばす内裏。イエズスの朝廷工作がきいている証拠だ。

この時代、何かを見落としたら命取りになる。永遠不滅でいたい朝廷としてはここは一つ、慎重にいきたい。信長✝のバックには底知れないポルトガルがついている。ところが肝心の信長✝はまだ尾張の山の中だ。京都との間には斎藤龍興が立ちはだかっており、身動きがとれない。

で、朝廷は苦し紛れに転んだ。翌年の3月10日、三好三人衆の要求を呑んだのである。第14代将軍、足利義栄が誕生した。第一ラウンドは仏教界の勝利だ。

流れを追うと次のようになる。

64年　三好長慶✝死亡
　比叡山が朝廷に宣教師追放圧力
　　←

65年　フロイス堺着、京都入り
三好三人衆が内裏を掌握、あやつりの義栄を擁立
←
比叡山と正親町、宣教師追放令の動き
←
将軍義輝✝が追放令を阻止
←
将軍義輝✝暗殺
←
正親町、比叡山の働きかけで、キリシタン禁止令
←
66年　信長✝兵を挙げ、京都攻めを決行。斎藤龍興に阻まれる
ヴィレラ堺を出発避難
フロイスは堺で粘り、敵対する将兵たちを集会所に招きクリスマスを祝う

かといって、すっきり事は収まらない。畿内にはまだイエズス系中小の大名が大勢をしめており、事態はますますこじれ、中立を保っていた旗色《はたいろ》不鮮明な勢力までもがうごめき始める。

正親町は、信長✝にパトロンになって欲しいと懇願したのに袖にされたので、好きでもない男に身売りした。一度身を許すと、三好三人衆の言うがままだが、朝廷内イエズス派のリベンジ工作は止まらない。本命はあくまでも信長✝だ。

その最中、もう一人の国王、義昭✝からも和田✝を通して本格的なパトロン要請が届く。信長✝はどんな気持ちだろう。朝廷を動かし、将軍を動かすイエズス。イエズスの力をまざまざと見せつけられたのではないだろうか？　組めば天下が取れる。この時はっきりと認識した。

その前にどうしてもかたづけるべきミッションは、一向宗と気脈を通じる目障りな美濃のクソガキ、斎藤龍興だ。決着の時期である。

名闘牛士は元気な牛は相手にしない。頭脳プレーで消耗させてからだ。

敵、美濃国の曽根城主、北方城主など西美濃三人組らと密かに内通、まんまと離反作戦が成功した。ベタな手口だが、敵陣での工作がものを言った。相手は丸裸、勝負はついたも同然で1567年9月、稲葉山城から打って出た信長✝は、斎藤龍興が立てこもった井の口城を急襲。乗り込むと岐阜城と改名、そこに居座ったのである。

尾張、美濃は完了した。今こそ京都デビューの時だ。


一方の斎藤龍興は尾張のはしっこ長島（三重県桑名市）に逃亡し、仏教勢力の懐にかくまわれる。

長島の願証寺。巨大だ。木曽川と揖斐《いび》川と長良川、三つの川に囲まれたデルタ地帯である。島には要塞堤防が築かれ、商業都市、尾張熱田と伊勢桑名の海上交差点だから、通行税で戦費にはこと欠かない。

本山は遠く離れた大坂の浄土真宗石山本願寺の顕如。資金力にモノを言わせ、武装強化に余念がなく、長い間治外法権を勝ち抜いている。そのうえ、朝廷とはズブズブだ。内裏は顕如の父、証如《しょうにょ》から経済的援助を受け、顕如は九条稙通《たねみち》（1507～94）の猶子《ゆうし》である。稙通は元関白だからして、正親町の側近中の側近だ。さらに顕如の妻は三条公頼《きんより》（1495～1551）の三女ときており、石山本願寺は、内裏とダブル、トリプルで直結している超特権階級的寺院だった。

本山も戦闘的だが、長島願証寺もイケイケである。

三河の領主松平（のちの徳川）家康ともガチ勝負に出て、西河内の本證寺《ほんしょうじ》が檄を飛ばしたのが1563年の三河一向一揆だ。これで徳川は窮地に陥っている。一年後に、かろうじて和解したが、家康は仏僧の恐ろしさを身をもって体験しており、そのすさまじい戦いは信長✝にも伝わっている。そういう側面も手伝って、この時の信長✝と家康の同盟関係は反仏教勢力的色合いが濃いのだが、顕如は、信長✝を「仏敵」と呼び、信長✝もまた、決断もあらたに絶対に打ち砕かなければならない障壁ととらえた。

仏僧殲滅！

美濃を手に入れた二ヶ月後の1567年の12月。信長✝が高らかに掲げたのが「天下布《ふ》武《ぶ》」の印だ。

周囲の敵対する大名を片付け、残るは最大の敵、本願寺と比叡山。仏教勢力との大一番を目前に、若きトラが牙をむいて吠えたのである。

●――天下布武とはなにか？

「天下布武」

有名な信長✝の印だ。天下は「布」と「武」でとる。もしくは天下は「布」と「武」で治める。いずれにしても意識は天下取りだ。

口を酸っぱくして言うが、辺境の地、尾張のド田舎にいた信長✝が別の世界に到達し、未来と向き合うことになった起爆剤はイエズスだ。それ以外に考えられない。

もう一度整理すると、イエズスが仏教と闘う信長✝を選出。既得権集団に刃向う男は品薄だったから、すぐに支援が決まった。最初のアプローチを計画、１５５９年３月の初京都、義輝✝との面会だ。

イエズスかぶれの義輝✝は、信長✝に武器を渡し、聞きかじっていたヨーロッパを語り、イエズスの利用法を吹き込んだ。宣教師と直接会った可能性も低くはない。これで自分だけが別次元の未来にいるような感覚になり、世界に目がむく。25歳の時だ。

つぎに正親町の勅使。１５６４年、立入宗継✝がパトロンになってくれと現れている。で、翌１５６５年７月、今度は将軍義昭✝からのパトロン要請、31歳の時だ。さらに１５６７年12月９日、三好三人衆と敵対しているのが分っているのに、正親町は信長✝にラブレターを出す。33歳になっている。持参したのは、これまた立入宗継✝。

この二度目がすごかった。

密書の中身は、美濃斎藤龍興攻めを称賛した「綸旨《りんじ》」だ。

綸旨とは、内裏が発行する正式な命令文である。読むと異常なほどの賞賛で、要約すれば「尾張、美濃を征服した信長は、サムライの鑑《かがみ》、武勇の頂点だ。内裏も感心している。これからも勝ち続けるであろう」とベタ褒めしたあと、「しっかりと百姓から年貢をとり、朝廷に納めよ」と、セコくセビっている。

内裏と将軍の両輪。車軸はイエズスである。未来に転がる天下車だ。

で、「天下布武」である。

謎の四文字。諸説があって、一番妙なのが、「七徳の武」という解釈である。だれが言いだしたか知らないが、最近歴史本でよく見かける。なんの根拠があるのか？　なにもない。根拠がないのに歴史本が群がってしまうところがこの国の勘弁して欲しいところで、もし、七徳を言いたいならば、「天下七徳」でいいではないか。しかし、「七」も「徳」もない。この推理は的外れだ。

また「天下布武」を選定したのは、禅僧の沢彦宗恩《たくげんそうおん》（?～1587）という話が定着している。が、これも首をかしげる。だいたいからして仏教を憎んでいる信長✝が、仏僧や

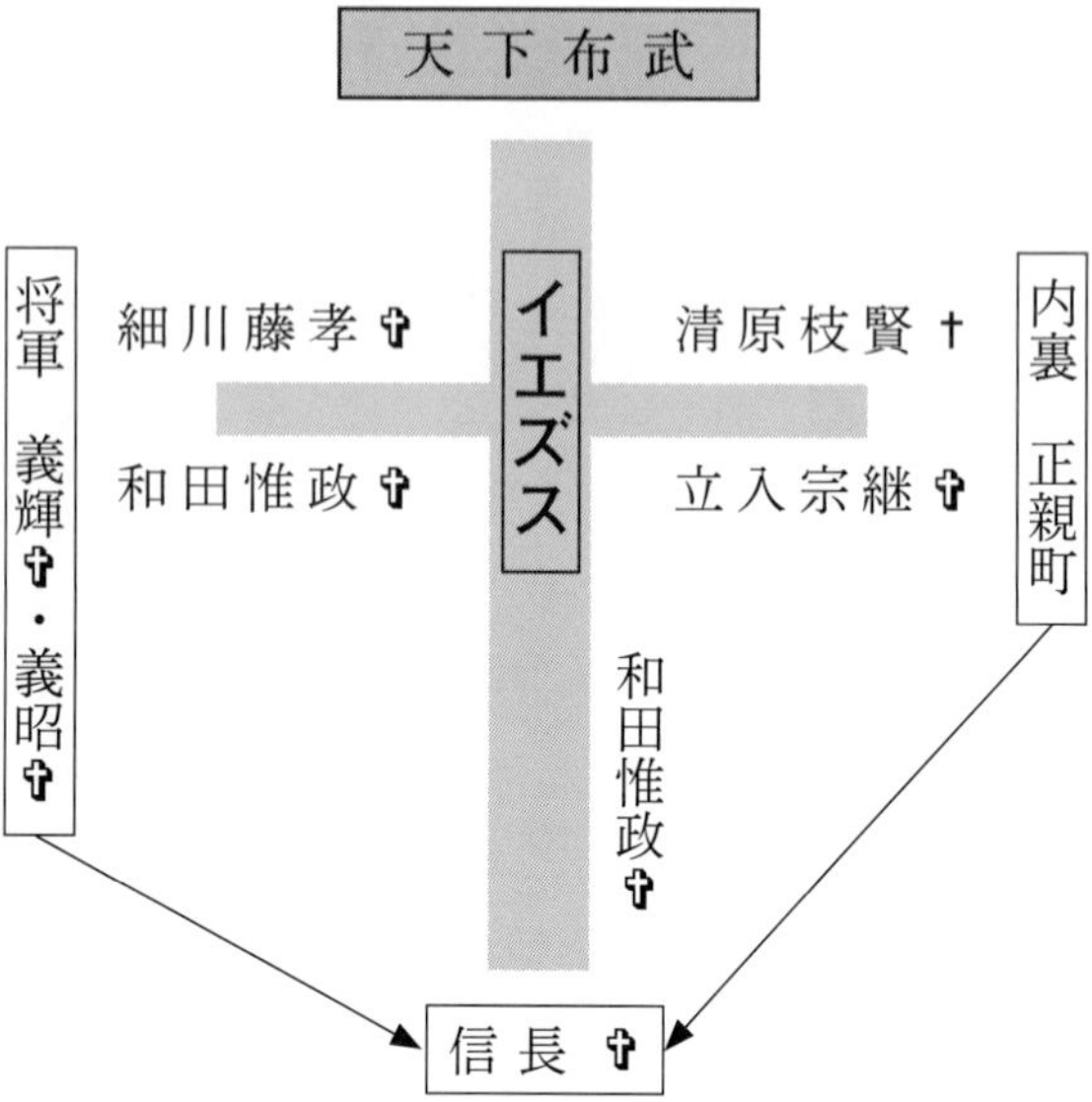

1577年　1575年　1568年

年代とともに変わってきている「天下布武」の印

仏教思想に頼るという発想がアウトだ。キャッチ・コピーを探すなら、自分を啓蒙《けいもう》し、武器弾薬を流し、反仏教で共闘するキリスト教の中に求める。

実は「天下布武」のコピーライターは清原枝賢✝ではないか、という説が最近浮上している。

信長✝は、信じるもののために全力を尽くすタイプだ。その信じるものをコピーに織り込むのはとうぜんで、そうなればキリスト教を意識せざるをえないと考えるのが妥当だ。しかし、イエズス色が出れば浮動票が逃げる。そこで禅僧沢彦だと流布させたのではないか？

では「布」とはなにか？

ここまで述べれば丸見えだ。読んで字のごとし、布教の「布」だ。

天下布武とは、そのまま読めば天下をキリストの「布」教と近代的な「武」、つまり鉄砲、大砲の軍事力で治めるという意味となる。なぜ、素直に「布」教と「武」器の「武」と読めないのだろうか？　むりやり根拠を東洋から持ってくるのは、気持ちの奥に日本の英雄はキリスト教の影響下にあった、などと思いたくない現代版攘夷思考が宿っているからではあるまいか？

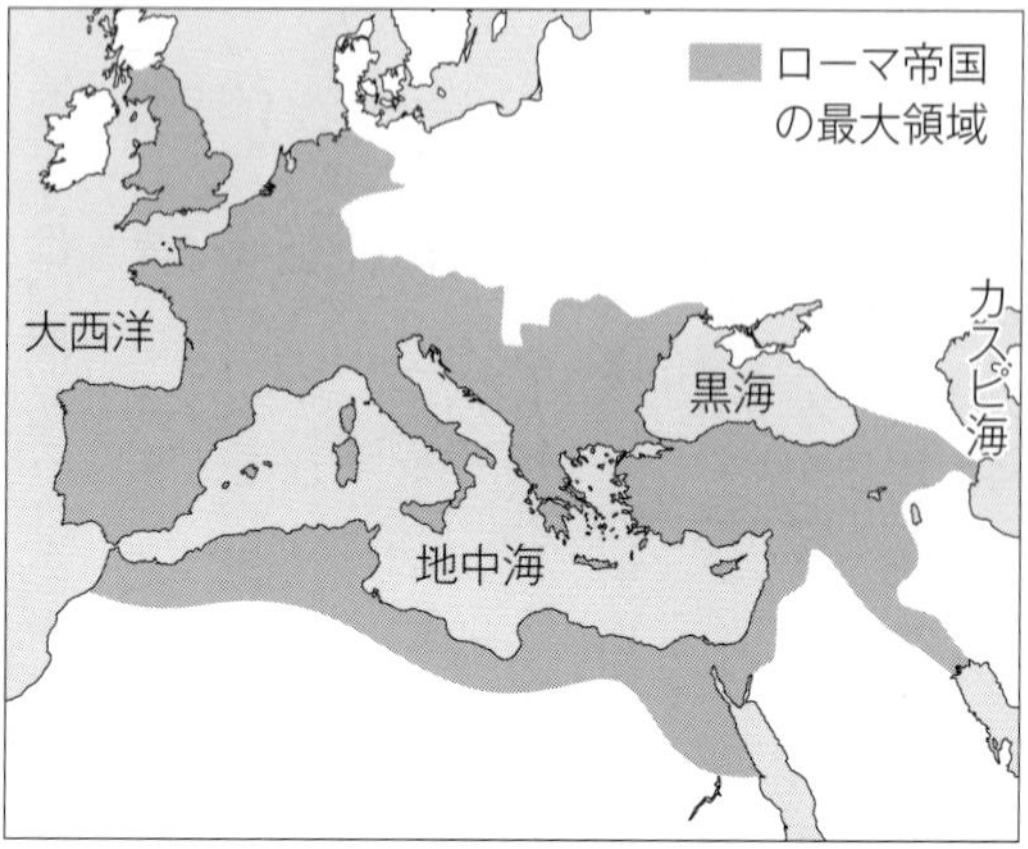

キリスト教によってローマ帝国がヨーロッパを支配した

キリスト教で仏教を駆逐し、イエズスから武器を得て全国を制圧する。布教と武力。それ以外に、なんの意味があるのか？

イエスの時代から、クリスチャンはユダヤ教、及びローマ帝国によるきびしい弾圧にあっている。

それでも、じわじわと浸透。３００年の後、ついにローマのコンスタンティウス帝が公認し、世界最大の帝国が屈服し、ローマの魂となったのだ。その後、地政学的敵対周辺国に拡大、土着の呪術、宗教を撲滅、ヨーロッパを染めあげた。

行き当たりばったりでそうなったのではない。「布」教によって国の官僚組織と治安部隊の支持を得る。裏メニューは「武」だ。クーデターで旧い過酷な権力者から、より寛容な支配者にすげかえるという秘策だ。このノウハウこそ１２００年間にわたって蓄積されたキリスト教の最高傑作、「天下布武」である。

各国に出向き、好意的な国王、最大利益を生み出してくれる諸侯を探し出して支援。各方面のレベルアップをはかって、親政権を樹立する。

選挙制度のない時代、天下取りの手段は武力クーデターしかない。グループに誘っていい相手かどうか、個人ファイルが作られる。選別は政治思想、経歴、人脈の三つ。じっくり調べあげ、リストに載せてゆく。

最初のターゲットはフランシスコ大友✝、続いて義輝✝。側近の細川藤孝✝、親衛隊の和田惟政✝。早い段階で近畿の天下人、三好長慶✝を落としている。

潜り布教から表での布教、それからが一気だ。中心都市堺から周囲への拡散は早い。堺こそ、近畿のイエズス秘密工作司令部だ。

長慶✝の側近、和田惟政✝が堺奉行となる。和田惟政✝が戦死しても１５７５年、ちゃんと次の天下人、信長✝が側近の松井友閑✝を任じている。和田✝と松井✝、タイプが似ている。歴史に埋もれてた重要人物の一人、松井友閑✝をさらりと披露するのでぜひこの男の名は覚えておいて欲しい。信長✝亡き後も堺勢力、千利休と密着するイエズスのキーマンだ。
和田✞から松井✞が引きついだ堺奉行は、だいたい与力10騎、同心50人規模だ。当時、与力が300坪、同心は100坪の屋敷があたえられていたというから、あなたの家と較べていただきたい。裕福どころの騒ぎではない。同心の下には博徒、被差別民、テキ屋たちをまとめた親分と呼ばれる地元の顔役が岡《おか》っ引《ぴ》きとして300人ほど引きつれていたというが、正式な構成員ではないため、ちゃんとした規定はなく、実態はよく分かっていない。

●――いきなり「岐《ぎ》阜《ふ》」

「天下布武」の四文字が、イエズスの影響ならば、「井の口」城から「岐阜」城への改名はどうか？　これも信長の命名だ。わざわざ変えたからには理由があるはずで、タイミングは「天下布武」の印使用の直前だ。私の目線では「岐阜」と「天下布武」は、ほぼ同時の考案である。

ギフ。日本語にして珍しい発音である。岐阜。日本語にしては珍しい漢字でもある。岐阜は信長✝の命名だということは分かっているものの、その本当の意味はだれも知らない。だが、日本の古事に由来していないことだけは明白である。

最近、大手を振って一人歩きしているのがシナの古典由来説だ。紀元前1100年ころにいたとされる文王の生まれ故郷、岐山《ぎざん》から「岐」をちょうだいしたというのだが、この話はツラい。

文王は「王」と付いているが王ではない。死ぬまで商《しょう》（殷《いん》）の家来だ。

商の時代が終り、次の周（紀元前1046〜紀元前256）の創始者が文（王）の息子、武王である。この話自体も後世の創作だ。文（王）の100歳以上という長寿一つとってもファンタジーで、B.C.1152年生まれ、B.C.1056年没というまことしやかな年表ほど怪しいものはない。このころはまだ亀甲文字の時代だ。「日」と「月」の認識はあったが「年」を示すカレンダーすらない時代である。「年」がないのに生年没年が分かるのか？　おかしなことだらけなのだ。

ようするに大陸の古代正史といわれているものは、『日本書紀』と同じで、目的は真実を未来に残すためではない。現支配者の正統性を補強するためのツールだから都合のいい創作史である。

さて、それはそれとして、文（王）は生涯を一家臣に甘んじた男で、天下人でもない男のゆかりの地を拝借するというのは革命家信長✝らしくない。そもそも岐山で生まれた文（王）はすぐ本拠地を西岸の豊邑に移しているし、殺された長男の肉汁を飲食したというグロテスクな話を持つ一般管理職に憧れる武将が、日本にいるとは思えない。

岐阜の「阜」もムリだ。文（王）から下ること500年後、春秋時代の哲学者孔子の出身地、曲阜《きょくふ》の「阜」から取ったというのだ。無関係の二人をつなぐ不自然さに加え、あまりにも唐突すぎる。この説の情報源も不明だ。シナの文化になんら興味を示さない信長✝が孔子を崇拝していたなど聞いたこともないし、そもそもシナは見下しの対象でこそあれ、あこがれていたなど、信長✝本人が知れば、打ち首でありましょう。

地名には、ハク付けを渇望するあまり、こうした大物故事から引っぱってきたイカサマ由来がたくさんあるが、こじつけも、ここまでくるとまじめに反論するのもバカらしい。メディアや歴史雑誌が検証なしにヨタ話をタレ流し、あるいは話題が少ないので、トリヴィア的に載せることを平気でやってしまうので、あらゆる所に大量のデタラメが溶け込んでしまっていて、こうした無責任な記事が真の日本史を滅ぼしてしまうのである。

「ギフ」

ゆっくり声を出して言っていただきたい。「ギ・フ」。空気洩れの連発のサウンドだ。たいがいの日本人なら、日本語なのか？　と疑うほどだ。

「ギフ！」

英語のＧＩＦＴ《ギフト》に似ている。語尾のＴは聞えないから発音は「ギフ」だ。ポルトガル語でも同じである。

「ギフ」は贈り物だ。才能という意味もある。「天下布武」を進めた結果、最初のデウスからの贈り物、それが「井の口城」である。だから「ギフ」にした。むろん私のお遊びである。もっと遊べばイエスだ。当時の日本の文献には「ゼス」と書かれている。「ギフ」と「ゼス」。昔の日本語の発音は今とは違っていたことははっきりしているが、それにしても二つは似てないだろうか？

なにを言っている。そっちこそ思い込みが激しすぎると思うかもしれない。しかし岐山や曲阜よりマシだと思う。もうすこし聞いて欲しい。

ギフは決まった。次はどの漢字をあてはめるかだ。漢字は表意文字でルックスで言いたいことを伝える記号である。

「岐」は山を表し、「阜」は丘をさす。あたり一帯の地形そのままだ……と思いながら漢字を見つめると、この二文字に共通して、あるモノが目に止った。

「十字架」である。

まてまて、それこそ強引すぎると苦笑するかもしれない。だがそうでもなければ、こんな馴染みの薄い妙な漢字など持ってこないと思う。「山」を「十字架」で「支」えると、「岐」となる。で、基礎にさらなる十字架を打つ。「阜」だ。

「岐阜」。どうだろうか。

信長✞は命名好きだ。新しい言葉をどんどん作っている。「天下布武」と「岐阜」。そして「天正」や「安土」もある。「安土」に秘められた由来は後ほど述べることにする。

もう一つの気になるコピーが「永楽通宝」旗だ。

いつごろから掲げていたのかは、はっきりしないが、「天下布武」のあたりだと言われている。

これも妙だ。

というのも「永楽通宝」はありきたりのどこにでもある古銭、今でいうと一円か五円だ。

自慢できるものではない。日明貿易で大量に流入したが、永楽銭をもらったところで、庶民はチェッと舌打ちするほど不人気で、さっぱり流通しなかった代物である。

今だって一円玉を旗印にしたら笑われるだけだ。どこにでもある数《かず》コインをなぜ旗印に取り入れたのか？　いったい信長✞は何を表現したかったのか？

どこにでもあった永楽通宝

「永楽通宝」にまつわる話は家康にもある。こだわり方は信長✞とはまったく逆、１６０８年に使用禁止にしているのだ。

特定の低額コインだけを将軍の命令でわざわざ使えなくした、という例は聞いたことがない。イエズスと共闘した信長✞が旗印に掲げたモノを、イエズスを弾圧した家康が使用禁止にした。大きなヒントだ。まるで「永楽通宝」＝「イエズス」である。アンティーク・コイン、コレクターの私は、が

信長の永楽通宝旗

「楽」がイエスなら「永楽通宝」は「イエスは永遠の宝」となる

ぜん興味を覚えた。

私の目を惹きつけたのは、コインの持つ価値ではなく、やはり漢字だ。「楽」の一文字である。よく眺めていただきたい。

白という字に広がった手足が付いている。下には十字架。

「楽」という文字から、白人のイエスが浮かび上がる。

もし「楽」がイエスならば、「永楽通宝」が表す意味は、「イエスは永遠の宝」となる。

天下統一の最中だ。仏教の裾野《すその》は広い。家臣には仏教信者もいる。朝廷もまだ敵に回したくない。クーデターの主役の宗教的匿名《とくめい》での広角打法は基本中の基本である。

十字軍の旗はあげられないから「永楽通宝」にした。

そう考えるならば、強烈にキリシタン弾圧を決行した家康が、経済的な影響などないのに、わざわざ「永楽通宝」だけ破棄を命じたというのもピタッとハマる。

そしてもう一つ、楽には「自由」という意味が含まれている。

当時の日本に、自由という言葉はなかった。

しかしキリスト教哲学には、「自由」という概念が欠かせない。自由意思、自由選択、人間の自由……ポルトガル商人やイエズスと接するうちに、彼らの口から連発されるLiberdade（自由）とはなにか？　どういう状態を言うのか？　と神父に問うのは当然だ。

神父はこう答える。「和らぐことだ」「楽《たの》しいことだ」、「自由は楽《らく》なことだ」。

ここで「楽」が浮上した。漢字を書いてよく眺めてみると、磔《はりつけ》にされたキリストに似ていることに気付く。

信長✝は「楽」を好んだ。

「楽市楽座」

自由市場だ。美濃、加納、近江、安土などに楽市楽座令を発布、それまで特権商人だけが牛耳っていた商売に、規制緩和を導入した。

自由市場、交通税の廃止、道路拡張整備……ヨーロッパ的だ。

安土城下に巨大な「常楽寺」がある。「本能寺の変」で焼かれたと言われているが、京都に建てたはじめての正式な教会が南蛮寺であるからして、「寺」ではなく、教会施設ではなかったかと思っている。

そして「信楽焼」。「信」長✝の「楽」と書く。

「信楽焼」は茶道の開祖といわれる村田珠光《しゅこう》（１４２３～１５０２）の「心の文《ふみ》」（後世の偽書の説あり）に書かれているらしく、それがほんとうならば信長✝の生まれる前から存在していたことになるのだが、工房は安土から遠くない。信楽焼といえば今は狸の置物しか思い浮かばないが、安土城の発掘調査では「信楽焼」の焼物が出土している。

名前が気に入って多くの大名に気前よく「信楽」の茶碗を渡していると思うのだが、信長✝亡き後、それらは門外不出の家宝になったか、「信楽」の印が押されていたため、危険を寄せつけないためにほとんどが破棄されてしまったのではないだろうか。

読者の目線を代弁すると、これらはみな私のこじつけだと思っているかもしれない。

しかし昔は、メディア、ネットがないので、数少ないあれこれを一日中頭の中でいじくっている。遠く離れた見えない敵、身近な裏切り者に神経をとがらせて、現代人より想像力が数段鍛えられていたのは明らかだ。

それに加え、絶対服従、厳格な身分制度、言論統制が効いているので言葉、表現、伝達にも充分に気を使っている。ここまでは出していい、ここまではぎりぎりダメだと、下手をすると首が飛びかねないので常に脳はフルに回転だ。俳句、連歌、自分の発する言葉、筆文字に深い意味を持たせる工夫は現代人の1000倍だ。

たとえば有名な武将、黒田官兵衛†（1546〜1604）の洗礼名はシメオンだ。死ぬ間際、イエズスに多額の寄付を行い、ロザリオを胸においてこの世を去った本格的なイエズス大名である。

黒田如水の印

本人は「如水《じょすい》」を名乗っている。だが、それを知らない人は「如水」という名を見て「上善如水《じょうぜんみずのごとし》」、あるがままを生きるのが最良であるというシナは老子の言葉から取ったものだと思ってしまう。しかしキリスト史を多少なりとも知っているなら、死ぬまで闘い続けてカナンの地を占領した旧約聖書のヨシュア、ポルトガル語、「ジョズイ」から頂戴したものだと気付く。

シメオン黒田†の例を出すまでもなく昔の人は、本人を隠した。我々の想像をはるかに超えた深い意味を漢字に埋め込んでいると考えてよい。

私たちの脳は難なく騙される。たとえ役者本人が殺人犯でも、善人の役で映画に登場すれば、観客はみなその役者を善人だと思い込む。真実がウソだと思ってしまうものだ。ウソは信じたいと思う気持ちにつけ込んで侵入し、居座ってしまうのである。

「岐阜」「永楽通宝」「楽市楽座」……そして「天正」「安土」は、あとで述べる。

義昭✝を囲った信長✝は「永楽通宝」旗を揚げて、近江の六角勢力と戦いながら京都に侵入、進駐した。

役者不足の三好三人衆が、義輝✝を殺して最初にやったことがキリシタン追放なら、京都をおさえた信長✝が義昭✝と共に、なにをさておいてもイの一番に手を付けたのが、キリスト教の「布教」許可だった。

これでイエズスとの共闘がはっきり見えるはずだ。

その後は京都の勝龍寺城、摂津池田城など次々と攻め落とし、近畿をわずか一月半で平定する。念を押すが怒濤の45日。驚異的な早業だ。これも近畿一円のイエズス大名が呼応《こおう》したと考えれば不思議でもなんでもない。これぞ「天下布武」の威力である。

第4章

キリシタン王国の王

信長とイエズスの蜜月

●──隠れイエズス信長✝

フロイスが映し出す被写体信長✝。ショットの角度はさまざまだ。身勝手でありながら深い愛情を示し、つかみどころのない天才的な男の体温と匂いが伝わってくる。

〈身長は中くらい、華奢な身体で髭は少なく、声には張りがある。極度に戦《いくさ》を好み、軍事的修練にいそしみ、名誉心に富み、正義において厳格であった。

自分に対する侮辱には懲罰せずにはおかない性格だ。いくつかのことでは人情味と慈悲を示した。睡眠時間は短く、早朝に起床、貪欲ではなく、決断力があり、戦術に老練で、性急であり、激高するが、平素はそうでもなかった。わずか、あるいはほとんどまったく家臣のアドバイスに従わず、一同からきわめて畏敬されている〉

『日本史』

独裁者というのは、おおむねそういうものだと思うが、その中でも飛びきりの異才を放つ、強烈な印象なのだろう。

〈酒を呑まず、食を制し、人の取り扱いにきわめて率直で、自分の見解に尊大であった。日本のすべての王侯を軽蔑し、下僚に対するように肩の上から彼らに話したが、人々は絶対君主に対するように服従した〉『日本史』

酒を呑まないというのは予想外だ。

注意して欲しい箇所がある。〈日本のすべての王侯を軽蔑し〉という一文だ。

あえて〈日本〉を付けている。私のような物書きにとってこの〈日本〉の二文字は重い。

ふつうプロの書き手が、こんなふうにわざわざ〈日本〉を入れるのは、裏の意味を汲みとって欲しい場合だ。

日本の王侯は軽蔑している。が、外国の王侯、とりわけポルトガル王やローマ教皇は別だ、尊敬している、ということを暗示、強調したい時に入れ込むもので、これが信長✞の心境だったとフロイスは言っているのだ。私の深読みのしすぎとは思わない。


〈戦運が背いても意気軒昂で、忍耐強かった。良き理性と明瞭な判断力を有し、神および仏のいっさいの礼拝、尊崇、ならびにあらゆる異教的な占いや縁起、迷信的習慣の軽蔑者であった〉『日本史』

ここで注意すべきは〈神〉だ。

フロイスは自分たちのデウスと、日本の〈神〉をきちんと書き分けている。日本の神は創造主ではない。人間が死んだら神になる日本の「神」や「仏」は尊崇しないが、デウスは違う、敬っているとほのめかしているのだ。

もう一つは、〈異教徒〉である。だれから見て〈異教徒〉なのか？

視点はフロイス。そして信長✝である。二人の視点は同じだ。

信長✝は、日本のあらゆる宗教、占い、縁起、習慣を軽蔑しているのであって、裏を返せば、イエズスの信仰、占い、縁起、習慣は軽蔑の対象になっていない、というフロイス流の告白である。

〈父、信秀《のぶひで》が瀕死になった時、信長は、仏僧らに祈禱を願い、回復するかどうかを訊ねた。すると彼らは大丈夫だと保証した。しかし父は数日後にこの世を去った。怒った信長は仏僧らを寺院に監禁した。

「おぬしらは、嘘を付いた。自分の命に念を入れて祈るがよい」と言って、彼らの数人を射殺した〉『日本史』

1552年、18歳の時の事件だ。信長✞は、若いころからいかに仏教アレルギーだったかをアピールし、わざわざサディスティック・エピソードをイエズスに披露して、神父の共感を得ようとしたのだろうか。日本の刀ではなく、西洋を象徴する鉄砲での射殺も暗示的だ。

文なら二文字の「射殺」で終わりだが、実行となると、そうかんたんではない。火縄銃に火薬を詰め、弾を込め、火打石で火種に点火させてからさらに数秒待たなくてはならない。刀の方がだんぜん早いし、楽だと思うが、なぜめんどうな銃で処刑したのか？　信長✞はイエズスから輸入した武器で日本の仏教を抹殺したのだ、と自分のガッツと共闘姿勢を神父に示したかったように思えてならないのだ。

次の一文も、重い。

〈（信長は）形だけは当初、法華経に属しているような態度を示したが、高い位につ いた後は傲慢に、すべての偶像を見下げた〉『日本史』

政策目標の実現まで宗教的中立を装うのはクーデターの基本だ。めどがたつと、仮面を脱ぎ去って仏像、神像、日本古来のあらゆる偶像を猛烈な勢いで破壊している。

キリスト教、ユダヤ教、イスラム教も偶像崇拝を禁じているが、まるでモーゼだ。

モーゼは神が禁じた偶像崇拝は神への裏切り行為だとして激怒、黄金の子牛像を破壊、3000人を処刑している。

この一文は信長✝が、キリスト教を選択し、イエズスと歩調を合わせていたことを示すかなり重い証拠として取り上げていい。

これほど隠れキリシタンを匂わせておきながら、しかし次の一文で、フロイスは予想を裏切る。

〈霊魂の不滅、来世の賞罰などはないとみなしている〉『日本史』

「霊魂の不滅」と「来世の賞罰」は、カソリックの主柱だ。善を施せば天国に行き、それ以外は地獄に行く。信長✝はこれを否定したというのである。ここで『日本史』の読者は混乱する。

いったいどっちなのか？　フロイスは、その気持ちをもてあそぶかのように、宗教から離れ、信長✝個人の描写へと移ってゆく。

〈自邸はきわめて清潔であり、自分のあらゆることに、すこぶる丹念に仕上げ、だらだらとした前置きや長話を嫌った。また下っ端の家来とも親しく話をした〉『日本史』

シャープで気取りのない信長✝が見えてくる。で、記述は趣味に流れる。

〈格別愛好したのは茶の湯の器だ。続いて良馬、刀剣、鷹狩り。貴賤を問わず裸体で相撲を取らせ、間近に見学することもたいへん好んだ〉『日本史』

茶の湯が出てくる。茶器クレイジーは有名だ。

〈武器をたずさえ彼の前に出ることを許さなかった。少し憂鬱な面影を宿し、困難な企てに着手するに当たってははなはだ大胆で、万事において人々は彼の言葉に服従した〉

『日本史』

以上のような前振りで、信長✝の章がはじまっている。

●奇妙な信長✝とフロイスの初面会

『日本史』によれば、フロイスと信長✝の出会いは案外遅い。フロイス日本上陸から6年が過ぎた1569年だ。「天下布武」を掲げ、驚異的なスピードで近畿一帯を支配した直後である。場所は京都二条城。将軍義昭《よしあき》✝の申し出を受けた信長✝は、さっそくパトロンぶりを発揮しての住まい建築にとりかかっている。面会はその工事現場。信長✝自ら額に汗し、直接指示を出していた。

この時の紹介者は和田惟政✝と当時の信長家臣団トップの佐久間信盛（1528?～82）だ。

信長✝は橋の上に立って待っていた。遠くからフロイス、ロレンソ了斉✝が敬意を表すと橋の上に腰をおろし、日差しが強いから帽子をかぶるように告げている。

フロイスが、やにわに書き出す。

〈信長は、ほとんど常に作業現場に座るために、虎の皮を腰に巻き、粗末な衣服を着用し……〉『日本史』

天真爛漫にカジュアルだ。

〈一兵士が戯《たわむ》れに、一貴婦人の顔を見ようとして、そのかぶり物を少し上げたとき、たまたま信長が目撃し、一同の面前で、刀を抜き、自分の手でその首を刎《は》ねた〉

『日本史』

いっきに驚愕の目撃談である。無慈悲さは才能の代償だろうか？　ヨーロッパ風、レディ・ファーストをサービスで演じて見せたのだろうか、あいさつ代わりの首斬りだ。

このことからなにが見えるかというと、こんなことはどう考えてもイエズス神父を前に無礼な態度であって、信長✝はフロイスを下っぱの通訳としてしか思っていないことが伝わってくる。

歳は幾つか？　日本に来てどのくらいか？　どのくらいの期間勉強したか？　親族はポルトガルで君と会いたいと思っているか？　ヨーロッパから、何通くらい書簡を受け取るか？　質問攻めだが、中身はあまり重要ではなかった。

どうも妙な感じだ。シーンはイエズスとの初面会のはずだ。ならば、こんなカジュアルな態度で会うことは考えられない。いくらザックバランで気取りがない性格だったとはいえ、大工の棟梁でもあるまいに、橋の上、トラの毛皮に首刎《は》ねなど天下人の威厳も台無しである。

しかも質問がくだらない。好奇心の塊のような男なのに、どうでもいい内容だ。

このことから私は、信長✝とイエズスの正式な密談は何度も行われていて、しかしそれを書けば、関係が公になる恐れがあることを危惧し、いっさいをカットしたと推測している。

なぜフロイスはビビったのか？　『日本史』の執筆時期と関係している。これから述べる状況を考慮すれば、ボカした理由が分かっていただけるはずだ。

フロイスがペンを持って机に向かったのは１５８３年の秋、信長✝の死の一年後である。上司の命を受け、九州島原半島で書き始めている。

ペンを置いたのは62歳、１５９４年。

実に11年間、その間フロイスは大切な原稿を行く先々に持ち歩きながら没頭しているのだが、なにが言いたいかというと、キリシタン弾圧下の秀吉政権下で執筆、訂正がなされているということだ。フロイスは秀吉に神経をとがらせている。

こう述べれば、ポルトガルの書簡を日本人が覗くだろうか？　と思うかもしれない。それは現代という穏やかな時代に育っている人間の感覚だ。

あらゆる場所にスパイがおり、身内の神父だって秀吉や家康の手先かもしれないのだ。

万が一、原稿が秀吉の手に渡ることがあれば、危害は自分だけに留まらない。相手は暴君、信者とみれば平気で耳と鼻を削ぐ精神構造の持ち主だ。いつ摘発されるとも限らない身の危険を感じながらの執筆。「本能寺の変」の黒幕はだれか？　秀吉だったという噂は、直後からバンバン流れており、信長✝とイエズスの密着は絶対に口を閉ざさなければいけないタブーである。で、極力隠した。

信長✝とフロイスの談笑は2時間続いた。取り囲んだ群衆の中に数名の僧侶の姿もあった。

地声の大きな信長✝は僧侶を指さし、憤慨を口にする。

「あそこにいる欺瞞《ぎまん》者どもは、君たち神父とはぜんぜん違う。民衆を欺き、自分を偽り、戯言《ざれごと》を好み、傲慢で僭越《せんえつ》のほど、はなはだしいものがある。私はすでに幾度も彼らをすべて殺害し、これからも殲滅《せんめつ》しようと思っていたが、人々に動揺を与えぬため、また人々に同情しておればこそ、私を煩《わずら》わせはするが、連中を放任しているのだ」

新しい将軍のための新しい住い。建築石材は、いくらあっても足りなかった。仕事を割り当てられた各大名は、家来を引き連れ、寺社を回って、手あたりしだいにあらゆる石を運び出している。

〈人々は、もっぱら信長を喜ばせることを欲したので、少しもその意に背くことはなく、石の祭壇を破壊し、仏を地上に投げ出し、粉砕したものを運んできた〉『日本史』

寺の石材を破壊し、持ち出せば信長✝の機嫌が良くなったと書かれている。

〈二条城の台所には、寺院から取ってきた両手を挙げた仏像を二つ立てさせ、その頭に大釜を置き、コメを炊き、湯を沸かした〉『日本史』

祭壇であろうが仏像であろうが見境なくぶっ壊す。イエズスとしては喜びのハイタッチだ。仏僧にしてみれば信じられない光景である。いったいぜんたい日本史上これほど寺院を破壊した男がいただろうか？

いる。岩倉具視、大久保利通、西郷隆盛……明治の元勲たちが決行した廃仏毀釈《はいぶつきしゃく》だ。全国で一万を超える寺を破壊し、無数の仏具が焼かれ、万という数の僧侶が辞職している。

仏僧が武将に手を出せばどうなるのか、カネを横取りすればどうなるのか？ 徹底的に思い知らせる。1000年続く仕来たりなど楽々超えた憎悪はすさまじく、とどまることを知らない。

〈建築期間中、街内外の寺院の鐘を鳴らすことを禁じた〉『日本史』

時を告げる鐘の音を軽くみてはいけない。気付かないかもしれないが、これは暮しへの介入である。鐘の音を聞くたびに人々は神仏の存在を無意識に意識し、時空を支配しているパワーにそれとなく縛られているのである。したがって今の日本でも、キリスト教の教会やイスラム教寺院が鐘を鳴らすことをよしとしない。寺社だけに許された特権である。

しかし、信長✝は平然と止めてみせたのだ。鐘は建築作業の合図オンリー。合理的である。それ以外は、仕事に支障をきたすので禁止、独創性と実行力と自信を絵に描いたような男である。

信長✝

33歳	67年	9月	信長✝、「岐阜」城に改名し美濃を支配
		12月	「天下布武」の印を使用
34歳	68年	10月	信長✝、義昭✝を伴って京都入り
			義昭✝が信長✝に副将軍の位を勧めるが拒否
	69年	3月	信長✝、フロイスと面会。布教許可

信長✞で息を吹き返すイエズス。

人権やモラルのない時代だ。成文化された法律はなく、ルールとしてあるのは、街頭の立て札、「触《ふ》れ」だけである。それも気まぐれ的だし、主観的だし、上の者がいくらでも都合よく意訳できる穴だらけの代物である。現代で言うならば故意にザックリとした法を作っておいて、こまかなことは役人の判断しだいという裁量《さいりょう》システムだ。この裁量を甘くしてもらいたいがためのワイロを誘発するのだが、上の人間はたらふく食べ、絶対服従を命じ、ヤリたい女とヤリ、日が暮れたら寝、弱者をいじめるという本能の時代である。

過酷な統治、苦難しかない下々の暮らしに、なんの未練があるだろうか？　物質の窮乏で良心が崩れるのは世の常である。そんな泥沼の中に、顔の見えないキリスト教なるものが登場し、しだいに目鼻をつけてゆく。

イエズスには「第6天魔王」信長✞がついている。恐いものはない。

謙虚さと傲慢さ、理想主義と利己主義の間で、もがきながら、それでもしたたかに教会、修道院、十字架が立ってゆく。

貧困と差別はガソリンだ。そこに火の粉が落ちると、一気に炎が燃え広がる。

「永楽通宝」を掲げた十字軍が石山本願寺、比叡山、伊勢一向宗……に襲いかかる。

義昭✝との折り合いが悪化する。伴って入京した早々、義昭✝が申し出た副将軍職を信長✝は即刻蹴っていることから、もともと将軍という「威光財」に全然興味がなかったのは歴然としていて、それならば信長✝はなにを見ていたのか？

ローマだ。いきなりこう書くと驚くかもしれない。

しかし信長✝の頭の中を覗けば将軍は京都入りまでの道具、それもクーデター序盤での小道具に過ぎず、京都入りという第一段階の革命が完了すれば、将軍とはおさらばなのは明白である。

それに対して義昭✝は古き良き時代の復活を狙っていた。

このへんが庶民の理解の及ばぬところだが、惜しみない散財で育ってきた人間というのは、いつまでも古い「威光」が陳腐《ちんぷ》でお荷物になっていることに気付かない。自分を囲った革命家が、先立つものを与えてくれなければ居丈高《いたけだか》に抵抗してしまうものだ。昔の栄華は本人の目を曇らせ、ナンバー・ツーはいやだとばかりに、ついに離反、ナンバーワンにしてくれる武田信玄、仏教勢力と組み、信長✝包囲網に動いた。

義昭✝にしてみれば、信長✝とイエズスは窓を開け、新鮮な空気を吹き込んでくれると思っていた。しかし家ごと壊しはじめたというところであろう。

武田信玄が『第6天魔王』の「祟《たた》り」で死亡、包囲網が崩れる。信長にはイエズス大名がついているし、知力、武力、資金力が違った。1573年、二条城から追放された将軍義昭✝が落ちのびた先は中国地方、毛利家である。

ここに235年間の足利の世、「室町政治」が名実共に終焉《しゅうえん》した。

俺の「天正」

1573年8月25日、元号が「元亀《げんき》」から「天正《てんしょう》」になる。

変えたのはむろん、人のやらないことをやる信長✝。朝廷女官たちの日記、『御湯殿上日記』には義昭✝追放三日後、信長✝から改元の要請があったと書かれている。

「天正」。

将軍追放直後のタイミングだ。

この時代、天主、天上などのように、「天」は空や宇宙という意味ばかりではなく、デウスをも意味している。

ちなみに天麩羅《てんぷら》はポルトガルの料理だ。「Tempero」で調理、スパイス、調味料の意味、すなわち神秘的な「味」はデウスの御術《みわざ》で、そこから、「天上の日」つまり「デウスの日」という意味になった。

その日、肉食を禁じ、魚の揚げモノを食べる。デウスの日＝魚の揚げもの＝テンプラだ。シナでも「天」はデウスを意味する。

将軍を追放した信長政治のスタートが「天正」なのだ。我流に直訳すれば「デウスが正した時代」だ。

なぜ元号に着目したのか？

こだわったのはこれまた大名で唯一、信長✝だけである。

イエズスの関与があった。私の目線に従えば、本当は西洋暦だった。朝廷にそれを打診したが、のらりくらりと断られ、しかたなく「元号」の「天正」でお茶を濁した。

この暦問題については、とんでもないことが9年後に起こるのだが、超重大事件なので後ほどゆっくり述べることにする。

弾みをつけて宿敵の朝倉、浅井を攻め落す信長✝。

教科書に載っている戦闘部隊はもっぱら明智光秀、秀吉、柴田勝家、佐久間信盛などだが、歴史は見かけとは違う。重要な役割をはたしているのはイエズス大名だ。

和田惟政✞、ジュスト高山†、細川藤孝✞、忠興✞親子、レオ蒲生†、アンリケ結城†、アンタン結城†、シメオン池田†、サンチョ三箇†……。

彼らの功績、存在まで消され、歴史は朝廷、仏教に持っていかれている。

●――長篠の戦いとイエズス

1575年6月29日。信長✞、家康連合軍3万～4万が1万5千の武田軍と激突したのが有名な「長篠の戦い」である。場所は今の愛知県新城市《しんしろし》。

1500～3000丁からなる信長✞鉄砲隊VS武田騎馬軍団。鉄砲と騎馬、どちらが強いか？　また「第6天魔王」と「天台座《ざ》主《す》沙門《しゃもん》」。イエズスと仏教勢力。いわば新旧を象徴する注目の一戦である。

騎馬軍団が突進する。馬防柵がそれを阻止、銃弾をいっせいに浴びせて信長✞軍が圧勝した。信長✞の三段撃ちが後世の語り草となっている。

火縄銃の欠点は二発目の時間だ。一発撃って、二発目までの手間がやっかいだ。粉末火薬と鉄砲の先からさらさらと流し込み、それから弾を詰めるのだが、30秒ほどを要する。その間に騎馬兵ならずとも、槍の足軽ですら150メートルは突進してくる。鉄砲の射程距離は50〜70メートルだから串刺しになる。そこで編みだしたのが三段撃ちだ。

鉄砲隊を前後三列に並べ、まずは片膝をついた最前列が撃つ。続いて直立した二列目が撃ち、前列はさっと最後尾に回り込んで弾を込める。その間に三列目が撃つ。これを繰り返せば連射が可能だ。

三段撃ちはなかった、という説もある。しかし普通の脳ミソがあればだれでも思い付く方法で、中世の人間をバカにした意見だ。

そもそもこの兵法はヨーロッパですでに編みだされており、オランダが早くからとり入れているとか、イギリス軍が早かったとか言われてる。

原野では秒速15メートルで突進する騎馬隊が有利だ。そこで土塁《どるい》、塹壕《ざんごう》、柵…障害物を造って鉄砲隊を守り、迎え撃ったのだが、スペイン軍が考案したというこの戦法の採用は信長✞が日本ではじめてであるという意味はもっともだと思う。というのも、信長✞、イエズスの軍事アドバイザーの存在である。

●——長篠合戦図屏風は語る

怪しい絵がある。

財団法人犬山城白帝文庫《いぬやましろはくていぶんこ》所蔵の長篠合戦図屏風だ。巻頭カラーページ、上の絵を見てもらいたい。おおむね合戦の100年後に描かれたものだから口伝に味付けしたもので、作者は不明だ。オーダーした人物は徳川家康の家臣の家臣、つまり陪陪臣《ばいばいしん》、成瀬《なるせ》家だということが分かっている。長篠の合戦で、先祖の活躍をアピールしておきたいと考えるのは自然なことで、自慢気に自分の陣を少々盛っている。

中央左に「五」という旗がある。この「五」は徳川家康の伝令旗だから、目の前の馬上の武者が家康本人だ。注目は左下の二人の武士だ。背をこちらに向けているのだが、家紋は日本のものではない。ダビデの星だ。現代のイスラエルの国旗と同じもので、イエズスの推奨《すいしょう》によりイスラエルが採用したもので、つまり源流はイエズスだ。いや、これは陰陽《おんみょう》道のマークだという人がいるがまったくの勘違いだ。陰陽道は晴明紋、五芒《ごぼう》星だ。合理的な信長✝の軍勢とは無縁だ。陰陽道などあるわけがない。

中央にダビデの星を配したイスラエルの国旗「六芒星旗」

左上の信長✝を見ていただきたい。前を歩く男は完全なポルトガルのヘルメットを持っているではないか。

そしてもう一つ、三人の男が信長✝の方を向いている。こちらの背の紋も見慣れない。

さらに驚くのは、下の絵、別の「長篠の合戦屏風」の存在だ。

こちらは大阪城天守閣が保管している。

実は他にも8枚ほどあって、それらはすべて成瀬家蔵の模写だということが分っているのだが、この「ダビデ男」は成瀬家蔵と大阪城蔵の二枚にしか登場しない。

これも不思議だが、もっと奇妙なのはダビデ男の位置だ。

成瀬家の方は家康と対面しているが、大阪城蔵の方はなぜか移動し、家康の同じ構図で、なんと信長✝との対面、しかもダビデ男は三人に増えている。

なぜこんなおかしな絵になったのか？　たんなる模写なら、「✡」が登場したり、しなかったり、増えたり減ったり、移動させたりしないはずである。つまりこういうことである。

イエズスの「✡」軍事顧問団は有名な話として後世語り継がれており、１００年後の成瀬家の作者が印象的に描き残した。見事な屏風絵の噂を聞いた徳川家は模写を命じた。いざ完成品を眺めてみると見慣れない紋があった。なんと現在進行形で弾圧しているキリシタンの親分、イエズス紋であることが判明。こんなことはお家の恥、あってはならないことである。しかしイエズス軍事顧問団の噂はあまりにも広がっていて、いまさら消せない。そこでなに食わぬ顔で家康様からお館様の元に押し付けた。その後の6枚の模写屏風は、イエズスなどヤバすぎるのでカット、こうして絵が塗り変えられていったのではないかと考えている。

イエズス軍事顧問は鉄砲の三段撃ちをはじめ、それまでは半農半兵、刈り入れ時期には闘えない軍隊だったのを信長✝に改めさせて、日本最初の「常備軍」を創設させたと考えている。常備軍は神聖ローマ帝国で出現したシビレるほどのプロの軍団である。

また信長✝が造らせたという長さ20～30m、幅約10mの鉄甲船も彼らのアドバイスから生まれたのではないだろうか？

●――アマデウス信長✝

フロイスはこう述べている。

〈信長は短期間に日本王国の主《あるじ》になることを成就し、すでに34か国を入手、残る諸国も征服の途上にあり、行く所敵なく、デウスが彼の命の糸を断つことがなければ、早晩主になることであろう。彼は万人に恐れられた。地方の多くの敵は、敵でありながら好感を得るために、名誉ある妥協を計ろうとしても、自信と能力にあふれた信長は、家臣としての身分以外は、これを受け付けようとはしなかった〉『日本史』

有無を言わせぬスピード感、神がかった圧倒的な強さだ。これを可能にしたのがデウスを信じれば永遠の命がさずかる、イエスを通してほんとうの関係を築いたイエズス大名たちである。身も心も捧げるイエスへの信仰が、信長✝革命を支えた部分は無視できない。

〈今まで信長は、神や仏に一片の信仰すら持ち合わせていないばかりか、仏僧らの苛酷な敵であり、迫害者をもって任じ、その治世中、多数の主だった寺院を破壊し、大勢の仏僧を殺戮《さつりく》し、なお毎日多くのむごい仕打ちを加えた。彼らに接することを欲せずに迫害を続けるので、そのすべての宗派の者たちは意気消沈の中にあった。ある意味で、デウスはその聖なる教えの道を開くために、彼（信長）をそれと気づくことなく選んだようであった〉『日本史』

革命的創造は破壊からはじまる。

〈信長が（仏教に対して）このような憎悪を抱くにいたった動機は、一部の仏僧らが彼の支配の拡大に対して、抵抗を試みたことに基づいている。一部の宗派にはきわめて富裕で強大な仏僧たちがおり、大いなる城の豊かな土地の領主であって、信長は彼らから長期間にわたる抗戦を受けており、時には窮地に追い込まれることもあった。

ここから仏僧に対する一般的な憎悪が植え付けられ、それは結果から知られるように、彼らのいっさいを根絶せずにはおれぬほどの決意であったように思われる。信長は日本で仏僧たちが有していた主要な大学（比叡山）を蹂躙《じゅうりん》し、無数の寺院を焼き払い、彼らの食禄を没収し、それを兵士たちに分け与えた。それらの行為は仏僧の上に下されたデウスの正義の鞭のようであった）『日本史』

信長✞の怒りは、デウスの正義の鞭だというのだ。まるで救世主だ。アモーレ（愛する）・デウス（神）＝アマデウス。アマデウス信長✞。神に愛されし者である。

〈信長はあまりにも強大で恐れられていたので、彼の進む道には万人が後に続き、キリシタンに対して彼が示す好意により、仏僧たちの権威と信仰は、著しく減退した〉

『日本史』

カビ臭い組織にはなびかない。どんな困難にも立ち向い、信念で主義を優先させる信長✝。崖っぷちに追い込まれる仏教界。

〈仏僧の大敵であるこの残忍な君主が、神、仏、その他日本のすべての宗派に対して、我らが反対の教えを説いていることを承知しているとはいえ、キリシタンに対してこれほど過度に親切に振舞ってくれるのははなはだ注目に値する〉『日本史』

破壊は住吉神社にまでもおよんでいる。

だからと言って、キリスト教の信者だとは記しておらず、フロイスは信長✝の本心に到達していない。

得体の知れない点では、なにやら冥界で死者を裁くオシリスみたいな感じだが、もう少し深掘りしてみよう。

聖地、安土

信長✞は一つ所にじっとしていない。勝幡《しょばた》城で産湯《うぶゆ》をつかった後、那古野《なごや》城、清州城、小牧山城と移動。この時、心の歯車がイエズスと噛みあって化学反応が起き、今までの自分ではない、別人となる。まるであらゆることに問題意識を持つ新人類にでもなったかのように日本の形を変えはじめる。さっそく授かりものがあった。井の口（稲葉山）である。天からの贈りもの、ギフト、またはゼス（イエス）、からギフと命名、十字架を二つあしらった「岐阜」の漢字を使用した。

イエズスを受け入れ、証として「布教」と「武力」の「天下布武」をぶち上げる。この印章は日本には見られない特長がある。それまでの武将はみな角印だ。しかしこちらは楕円。南欧印の形状である。

イエスは永遠の宝。「永楽通宝」旗をひるがえしての上洛《じょうらく》戦。義昭✞と共に入京し、ただちにキリスト教の布教許可を出す。キリスト教を受容し、寺院を徹底的にぶっ壊しつつイエズスのアドバイスでヨーロッパ式重商主義を取り入れた信長✞はあっというまに堺を抑え、経済を牛耳り、通行税を撤廃して「自由市場」、「楽市楽座」を全国に推奨した。これは通行税で潤《うるお》っていた仏教勢力に打撃を与えるためでもあった。信長✝とイエスが一体になった焼物「信楽焼」で遊び、茶の湯に浸る。

これでも信長✝がキリシタン・シンパでなく、イエズスとの共闘はなかったと言う人がいるだろうか？

入京後、復権を夢に描く将軍義昭✝を持て余す。

副将軍など過去の遺物、頭にあるのはヨーロッパだ。最初から同床異夢の二人。朝起きたら信長✝のレベルアップは予想のつかない域にあって、従うならよし、そうでなければ追放する。

一矢も報えず、将軍が沈没。かんたんすぎるほどかんたんだった。元号を「天正」に改め、残る旧体制は一つ、内裏と仏教勢力だ。

二つを同時に敵に回すのはつまらない。内裏はひとまずあやしておいて、先に料理すべきは危険レベルに達している仏教勢力だ。まず広角打法で怖気《おじけ》つけさせ、様子見大名の取り込みと、巻き込まれたくない大名の無力化を根回しする。あるていど区切りがついたとところで、取り掛かったのが安土城である。場所は岐阜と京都の中間点だ。

なぜ京都にしなかったのか？

信長✝のターゲットは京都である。内裏がいるだけではなく、仏教宗派の本部が集中しているからだ。で、京都を手に入れた者が天下人だ、というのが全国大名の共通概念である。

ところが京都には要塞城がなかった。城を建てるにも地形がまっ平すぎて、はたして難攻不落の構えが造れるか、信長✝好みではない。

越後には野心的な上杉謙信がいる。北陸の浅倉義景も腹が読めない。北の外れには、えらく危ない勢力ものさばっていた。泣く子も黙る「本願寺門徒独裁国家」だ。連中が手を結んで京都になだれ込み、地元の仏教勢力と組まれたらたまったものではない。そこで一計を案じ、北方勢力と京都との間に軍事拠点として、琵琶湖に面した安土城をこしらえたのである。

馴染みある取り巻きがいてカネの流れが大きい尾張と美濃の中京圏。京都、大坂、堺の近畿経済圏。このリッチな二ヶ所を中間でつなぐ、物流中継基地という側面もあった。

それにしてもなぜ、なにもない田舎を一から切り開き、大きな城と街を作ったのか？

という疑問が湧く。城ならこれまでやってきたように、ロケーションのよい既存の城を没収するだけですむはずで、こっちの方が安上りだ。六角氏の支城があったいうが、掘っ建て小屋に過ぎない。どう考えても雰囲気がおかしく、なにやら都市建設にとり憑かれているような気もする。

そのヒントは「安土」の二文字にあった。

これも信長✞の造語だ。アヅチ。これまた日本語としてはヘンテコだ。安をアンではなく、アと呼ばせている。「ア」なら「阿」や「亜」を使用すればよい。

なぜ「安」を使ったのか？　ふつうの読み方ならアンだ。歴史を知らない日本人なら、たいがい安土《アンド》と読む。

アンドとは何か？　すぐに思いつくのがポルトガル語のアンジョである。

アンジョ……そう「天使」のことである。

フロイスの言うとおり、信長✞が、天から舞い降りた「大天使」なら、「信長の街」は「天使の街」となる。

アンジョを「安土」と書き、そしてアヅチと読ませた。もしそのままアンドと読ませた場合、天使の街がバレる可能性があって信長✞の支持率が下がる。だからアヅチと呼ばせた。
「天使の街」はカソリック教徒が好んでよく付ける都市名、そう、ロス・アンジェルスだ。
信長✝はエルサレムのような聖地を作ったのではないだろうか？

安土城のおおざっぱな完成は1577年だ。内装の終了までは、さらに1～2年を要している。

山の頂上にそびえ立つ地下1階、地上6階（5階説あり）の「天主閣」がそびえている。

歴史ファンなら「天主」の文字が違うことに気付くはずだ。ほかの城は、例外なく「天守閣」と書く。天を「守」るだ。「天主」と記しているのは唯一、安土城だけである。

もうお分かりだろう。天主とはデウスだ。それ以外にない。大浦天主堂、黒島天主堂……これらみな教会であり、シナでもデウスは「天主」と書かれている。

「天使（安土）の街」の「天使（安土）城」のペントハウスに「天主」、つまりデウスを配したのである。

アイドルの熱狂的ファンがグッズをそろえるのとはわけが違う。信長✝の一本筋を貫《つらぬ》いた強い意思表示だ。無神論者がこんなことをするだろうか？ ひょっとすると、密かに洗礼を受けていたのではないかと疑うほどである。

『日本史』に書かれていないのは、フロイスが信長✝の洗礼を知らなかっただけで、上級の司祭の手によって極秘に行われていた可能性は充分考えられる。

クーデターの実行者は、内部の人間にすべてを知らせることはない。極度の警戒心から、仲間であっても資質のない人間は外し、特別な人物だけを選んで情報を共有する。ヴィレラ、トーレス、オルガンティーノ、そしてヴァリニャーノ。イエズス上層部、それもごく限られた人間だけが秘密クーデター計画の共有者だ。しかし下々の生まれで、学校を出ていないフロイスは外されていた。

たしかにこれは、現象面を著しく単純化した説明かもしれないが、ここは大目に見てほしい。このようにパターン化して考えると日本人離れした信長✝のあらゆる行動が、すっきり呑み込めるからである。

フロイスは聖地、安土開発の模様をこう記している。


〈信長に近づきたいために各地から主だった有名武将たちが参集し、彼らは城裾の山間に、争って豪華な邸宅を建てている〉『日本史』

〈オルガンティーノは、自分たちも、信長と政庁を構成する名だたる武将の間に、住居を設けることができるならば、信用と威信を高められると考えた〉『日本史』

イエズスの拠点造りだ。高級邸宅地はすでに建築中の大名館で占められており、問題はスペースの狭さだった。で、オルガンティーノは信長✝にかけ合う。

即断即決。半月ほどで湖が埋められ、広い敷地が出現した。しかもそこは武将たちもうらやむ信長✝の館の前だったと書かれている。

安土を訪ねればわかることだが、セミナリヨなどイエズス施設跡は山間ではなく、山裾から広がる平地だ。しかしその目の前が信長邸だったという記録は日本側にはない。一般的には天主閣の下、もしくは脇にあったとい

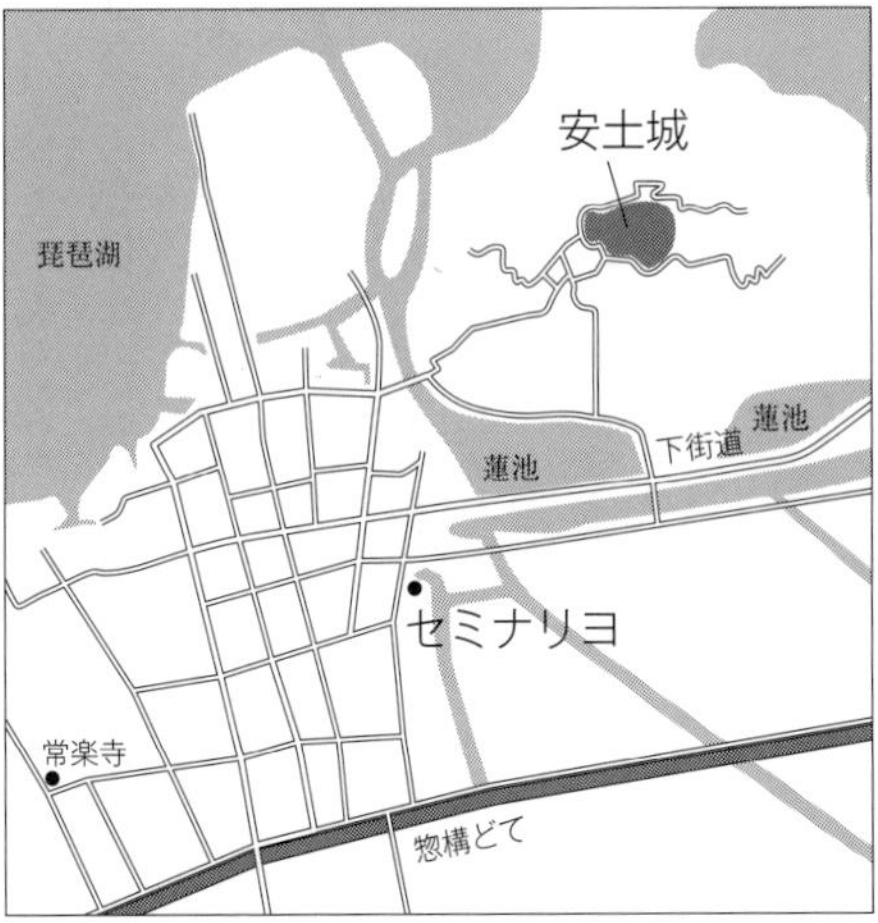

信長館の前にセミナリヨがあったと書かれている

う認識だ。むろん当時の図面は現存しないから、憶測の域を出ないが、それにしても不思議な話である。しかし、フロイスに嘘を書く動機はない。となると可能性は二つ。平地のセミナリヨとは別に、山間にあった信長館の前に本部を建てたのか、それとも、下にも信長邸があったかのどちらかだ。

いずれにしても、ほんとうに真向いならば、両者は心身共に一体である。

イエズス本部の建築にはあらゆる階層、あらゆる業種のキリシタンが銀、材木、米、人手を提供している。武将は武将で、自分たちの館を建てている最中なのに途中でほっぽり投げ、人夫を割いてまわす気の使いようだ。

信長✝の手前そうしているのだろうが、イエズスとの交流や奉仕がファッションのようになっているようでもある。イエズスを普段使いしているうちに価値観やライフスタイルそのものも変化をもたらし、この街は独特の雰囲気になってゆく。

信長✝はイエズス館の棟上げ式を満足そうに見学し、よほど楽しみにしているのか頻繁に現場に足を運んだ。企画したオルガンティーノを褒め、とつぜん地所が狭いといって隣接している武将の新館を4、5軒潰させて、周囲を驚かせる。された方はたまったものじゃないが、大変な惚れ込みようだ。

有無を言わせない。もっと大きく、立派なものを建てさせる。なにか特別なことが閃《ひらめ》いたようである。

一等地を与える気遣い、敷地の拡張、いったいこれはなんだ？　たんなる気まぐれではないようである。私は資料をあさった。するとまもなく、なるほどとつい手を打ってしまうほどの合理的な答えに突き当たった。ある人物に披露するためだが、それについてはもう少し後で述べることにする。

信長✞は教会の建設費の一部として200クルザードを寄付している。1クルザードが金3・5グラムだから700グラムだ。今の金額にしてざっと3500万円。もっと見栄えの良いものを建てなさいというリクエストなのだが、とにかく配慮はハンパではない。

さらにもっと腰を抜かす記述があった。


〈信長が、安土城と同じ瓦の使用を修道院に許可した〉『日本史』

金箔瓦だ。これは城とイエズスの施設を同列視せよというメッセージで、ナンバーワン、オンリーワンでなければならない君主としては前代未聞の命令だ。周囲の目にはどう映るのか？　ピンとこない読者はこういうシーンを思い浮かべてみていただきたい。私が皇居の前に菊紋瓦の立派な家を建て、そこに天皇が幾度も訪れる。どうだろう、おそらく私を皇族、それも特別な人間だと読み解くはずだ。

安土城とイエズス本部の金箔オソロ瓦。そろそろカミングアウトしてもいいのではないか、などと考えたのだろうか？　大胆にして計算しつくした宣言だ。

それ以外にも特別扱いがある。他の武将は二階止りなのにイエズスだけに三階建てを許可したことだ。

こうしてわずかな期間に〈信長の館に次ぐ、もっとも気品ある邸の一つとして修道院が完成した〉『日本史』。

他の武将の館を4、5軒解体したというからには、どう見積もっても敷地2000坪はあったのではないだろうか、安土城の次に立派なイエズス本部である。

〈階下には、外部の人を宿泊させるために、はなはだ高価で見事に造られた茶の湯の場所を備え、きわめて便利で、清潔な良質の木材を使用した座敷が……〉『日本史』

イエズス本部の三階部分がセミナリヨだ。長くて広い教室を備えており、外界から隔離された寄宿舎には、25名の少年が寝泊まりしたとある。

宗教はウィルスのように器官から侵入して、脳を占領する。脳は身体を支配し、社会を創り、国を形作ってゆく。イエズスにとって教育は生命線だ。力を入れるのはあたりまえの話で、7歳から教え込めば、10年ほどで国の強力な担い手となる。

街頭の金箔瓦と３階建ての安土のセミナリヨ

思考と実証主義を学校というマシーンで種をまいたからこそ現在、ローマ・カソリック（ヴァチカン）は世界に12億の信者を抱え、１８０ヶ国と外交関係を有し、１０６ヶ国に大使を常駐させて「存在感」「外交力」を発揮しているのである。

ちょくちょく顔を出す信長✝。また神父たちも二週間に一度ほど、果物や菓子をもって信長✝を訪問したと記されている。

〈訪れるたびに、二、三度デウスのことについて語り、教義を要求した。きわめて注意深く聞き、周囲の人々に数々質問を投げかけ、結論として仏僧たちの言うことはみな偽りで、来世に関しては、伴天連たちのいうことだけが事実と思われると常に話していた〉『日本史』

フロイス証言の矛盾は、ここの文にある。

一方で信長✝は「来世はないと言った」と書き、ここでは「来世については神父のいうことが事実だと常に話していた」と述べている。

どちらがほんとうなのか？

信長✝が変節したのか、フロイスの気持ちが揺れたのか、それとも信長✝の気まぐれ的軽口を、重く受けとめたのであろうか、『日本史』の「揺れ」については、もう少し先にたっぷり書くとして、今は先に進む。

信長✝がちょくちょく顔を出すことで、イエズスの信用と評判が高まる。

特にイタリア人のオルガンティーノをたいへん気に入っており、個人的に自分を訪ねることを命じている。オルガンティーノはイエズスの京都、堺地区の責任者だ。信長✞が鷹狩りで捕獲した鳥を贈った様子が書かれているが、中世における君主のこの風習は、最高級のもてなしだ。

オルガンティーノは、安土のセミナリヨの院長となるのだが、大の日本びいきである。書簡の中で「われわれ（ヨーロッパ人）はたいがい賢明に見えるが、彼ら（日本人）と較べると、ずいぶん野蛮だと思う。（中略）私には世界中でこれほど天賦の才能を持つ国民はないと思う」とベタほめだ。

大航海時代のカソリックは、我々がイメージする宗教団体ではない。１５００年の歴史を誇《ほこ》るゆるぎない組織で、現代の多国籍企業に近いのではないだろうか。世界中の情報を持ち、最新のビジネスモデルと技術、富の使い方、人の使い方を知っており、その中でもイエズスは別格だった。

総長をトップにすえ、ローマ教皇をはじめとする上筋には絶対的な従順性を求め、精鋭部隊としてプロテスタントの拡大をくい止め、一時、衰退させたほどである。

きびしい目はカソリック内部にも向け、汚職、不正を追及して、高位の聖職者と対立する自浄力も宿していた。

ロバート・デニーロ主演映画「ミッション」は1740年代、南米で起こった事件がモデルだが、イエズスは先住民を守ってポルトガル・スペイン連合軍と3年間にわたって武器を持って交戦、イエズス側が全滅した。これほどストイックな組織である。

健全な力は、私有財産を持たないことが源だと語り、家族もカネもなく、失うものがない人間ほど強い力を発揮するという信念にブレはない。

全国の名だたる諸侯が館をかまえた聖地「安土」は、キー局がギュッと詰め込まれた全国ネットの発信基地である。たびたび訪問する信長✞。ひときわ異彩を放つイエズスの名は彼らを通じて、否応《いやおう》でも全国に拡散した。

仏教からの改宗は絶えなかった。1581年、武将京極高吉《たかよし》✝（1504〜81）と妻マリア✝、娘マグダレナ✝が信者になるなど、『日本史』には、近畿地方だけでも、一年間で、4000名あまりが増えたと記されている。

少しずつの進歩と時々の飛躍、そして限定的な後退。エリアと規模が広がってゆく。イエズスにとって今日は、昨日より確実によくなっていた。

障害は、ただ一つ。「姦淫《かんいん》するなかれ」という掟だった。日本の風習とまっこうからぶつかっており、これを武士たちが守るのは困難で、もっと寛大ならばただちにキリシタンになるという声は多かった。

信長✞の長男、信忠（1555?〜82）もその一人だ。

これさえ除外をすれば入信者は倍増すると思うので、検討したらどうかと語っている。

姦淫とはキリスト教的モラルに背いた肉体交渉ということだが、信忠は日常の遊戯《ゆうぎ》としてとらえているだけであって、ぜんぜん悪びれてないところがおもしろい。

しかし、司祭の答えはハンで押したように同じである。

「姦淫するなかれ、というのは、人が定めたものではない。デウスの掟。したがって人間である私が変えることは不可能です」

次男（三男の説あり）の信孝✞（1558〜83）は、週に一、二度修道院に顔を出している。洗礼を熱望するも、諸般の事情で延期。一番恐れていたのが父信長✞の顔色だったと記されている。ポルトガル商人を自由に往来させ、天主、修道院、セミナリヨ、教会……これほどあからさまにイエズス色を打ち出しているのに、息子にも自分の信仰をつまびらかにせず、腹が読めなかったのである。

しかし信孝✞は公然とロザリオ（十字架）を腰につけ、自分の代わりに家臣を集めて洗礼を受けさせており、事実上のキリシタンだったとフロイスは語っている。

私もそう思う。信孝✞の印章である「弌剣平天下《いっけんへいてん》」の形状は、父同様南欧スタイルの馬蹄形だ。「剣」というのは十字架の隠語で、私は「十字架一つで天下を平定する」というほどの意味だったと解釈している。

ちなみに信忠の二人の息子、秀信†と秀則†は1595年に入信している。

信長✞の13歳離れた弟、長益《ながます》†（1547～1621）も秘密裏に洗礼を受けていたと目《もく》されている。霊名ジョアンだ。ジョアンは7人のイエズス大名が名乗る代表的な洗礼名で。イエズス大名ジョアン結城†と同じだ。ちなみに東京の有楽町にはかつて長益館があり、彼の改名、有楽斉からきており、私流に言えば有楽は「楽《イエス》」と共に「有《あ》」るだ。

有楽斉は茶の湯の巨匠千利休の弟子で、数寄屋橋は有楽斉の茶室がそこにあったことからで、茶室の別名数寄屋が地名になっている。

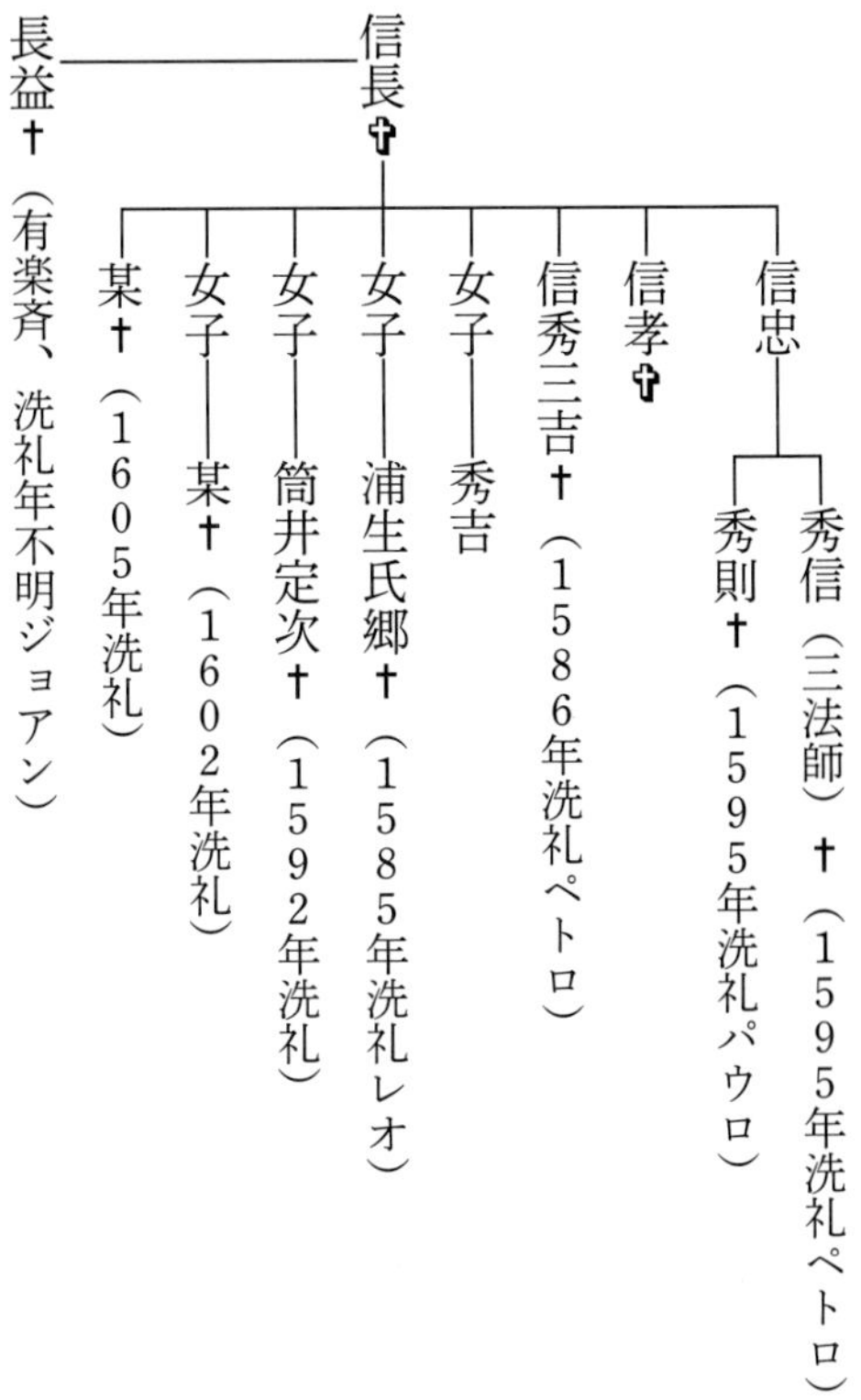

●朝廷突き放し

京都御所に衝撃が走った。原因は信長✝の辞表である。

就任わずか2年で、引き受けていた右大臣と右近衛大将を辞めてしまったのだ。右大臣は大臣の中でも最高機関だ。もう一つの右近衛大将は朝廷軍司令長官である。

将軍を追放し、仏教勢力と戦い、そして残るは「威光財」朝廷の切り離しである。安土城建設が落ちついた１５７８年、すっかり自信がついたのか、これ以上面倒はみない、あとは好きにやってくれ、と突き放したのだ。

大革命の仕上げに入る信長✝。

なぜこんな大胆な決断ができたのか？　現代風に言えば国民調査で自信がついたのである。

●驚くべきキリシタン人口

三好長慶✝と織田信長✝。二人の庇護の下、イエズス30年にわたる血のにじむ布教の結果は数字に現れていた。

あるキリスト教関係機関の統計によれば、１６１７年の時点で次のとおりだ。

イエズス聖職者、１５０名
イエズス大名、55名

キリシタン公卿2家
信徒65万人

別の資料には信徒75万人ともある。

日本の人口が1500万人（1400万人〜1800万人）ほどの時代だから、約4％だ。現在のクリスチャンの比率が約1％なので、4倍も多い。

もっと驚くのはイエズス大名の数だ。

55名。江戸幕府の初期、大名の数は183で、この数字がほんとうなら1／3にのぼる。しかも右の統計時は、徳川家康が天下をおさめてから15年後、すなわち強烈なキリシタン弾圧後の数字なのである。

1587　秀吉、キリシタン禁止令
1597　26人のキリシタン、長崎で磔
1600　徳川の時代に入る
1601　キリシタン宣教師国外追放

1612 幕府直轄領 キリスト教禁教令
1614 イエズス大名ジュスト高山†マニラ追放
1616 キリスト教禁教令

キリシタン人口の統計(大名55名、65万人)

1618 キリスト教禁止令
1619 京都のキリシタン60名火炙り処刑
1622 キリシタンを長崎で25名火炙り処刑、60名斬首
1624 秋田藩、キリシタン33名処刑
1628 長崎奉行、キリシタン340名処刑
米沢藩、キリシタン藩士31名処刑

秀吉、家康による矢継ぎ早の火炙り、斬首、残酷なキリシタン狩り。弱虫はさっさと改宗し、壊滅的打撃を受けたはずだが、その時点での65万人だ。

3万7000人といわれるキリシタン勢が蜂起した有名な「島原の乱」は、統計の20年後である。

宗教学者、姉崎正治東大教授の見積もりは、もっとすごい。室町後期で、なんと300万人。

手がかりを地名に求めている。全国に残るキリスト教と縁《ゆかり》ある地名をくまなく調べつくし、弾き出したというがこれはいくらなんでも多過ぎだと思う。

たとえば、ゼウスの日本語読み「だいうす」の地名だ。

「だいうす町」「だいうす村」「大臼」「大有珠」「台薄」……それらの地にまつわる口伝、遺跡、今に残る祭りなどの行事からキリシタンの街であったかどうかを割り出して推測した。

だいうす町＝キリシタンの街。このくくりがどれほどあてになるのか、最初は私も疑った。しかし意外や意外、あなどれないものがある。

たとえば、かつて京都には、四条堀川、西ノ京、上京天主堂跡界隈と松原などに「だいうす街」が5か所確認されている。

●――ロサンゼルスは500年前、京都にあった

一番古いのではないかと思われるのが、京都市下京区若宮だ。そこには、「だいうす街」に関する古い資料を展示している記念館「フランシスコの家」があった。（数年前に閉館）

今からおよそ500年前のことだが、ここはイエズスではなく、フランシスコ会の街だった。スペイン人神父、バプチスタが教会、修道会、病院を設置、周辺には200名あまりの信者が暮らしていたという。ご近所さんは「だいうす」町と呼んでいたが、信徒たちは別名を口にしていた。

「ロサンゼルス」だ。

「天使の街」と訳されているが、正確にはスペイン語で「天使たちの女王」らしい。女王とは聖母マリアのことである。

いじめの対象だった被差別者、ハンセン病患者を二つの病院に収容し、たむろする乞食にも食料を施す、まさに聖母マリアの名にふさわしく分けへだてのない万人の受容を目指している。

ご存じのように、同じ地名がアメリカの西海岸にある。あちらは命名は京都の200年

後だから、京都の方がだんぜん古い。

1597年、秀吉は苛酷なキリシタン弾圧を行った。人呼んで「日本二十六聖人の殉教」事件。キリスト教信者だというだけで、みせしめに26人全員の鼻と耳を削《そ》いだのである。品性の欠片《かけら》もないむごい仕打だ。その後長崎に輸送、公開磔処刑にしたのだが、うち17人が、京都「だいうす」町の信者だったことが分かっている。

〈京都の信者数、4000人〉

1614年のイエズスの年次報告だ。数字にはスペイン系のフランシスコ会は含まれていない。この統計もまたキリシタン弾圧渦中のものだ。

ならばピーク期、京都には推定2～5万人の信者がいた、というのはホラ話とは思えないのだがどうだろう。

このころの京都の人口は20万人ほどだから10～20％である。

ここでみなさんの頭には、一つの疑問がぐるぐると渦巻いているかもしれない。

古《いにしえ》より天皇を敬う仏儒神国だったはずである。それがわずか20年たらずでなぜ大量に鞍《くら》替《が》えしたのか？　いかにして、出し抜かれたのか？　裏を返せば、人々にとって内裏や仏教などそのていどの存在だったということだが、それにしても急激だ。

むろん日本人が宗教と科学を融合させない、という思考の苦手な民族だということもある。伝統だ、しきたりだと言うわりにはこだわらない性格で、フラダンスだ、フラメンコだ、オペラだとめずらしいもの、新しいものに飛びつきやすいのだが、脳構造以外にも浸透した合理的な理由があった。

●――キリシタン拡大の理由

世界を席巻したキリスト教。拡大した原因を科学的に分析した本がある。

それを読むと飯《めし》、服、寝床の提供と慈善活動。これが大きい。中でも効果的なのが、食事の配給だ。

今でこそ、賞味期限切れの食品がゴミの山を築いているが、世界が飢餓から解放されて、まだ50年もたっておらず、何万年もの間、餓死こそ人類最大の恐怖だった。『応仁記』には、慢性的凶荒《きょうこう》で百姓は田畑を捨てて乞食《こじき》になり、家族は離散し、子女は売買、棄児《きじ》、間引きが公然と行われていると記されている。川を見ると無数の死体が流れ、引っかかって山を造り、たえられない腐臭を放っている。

民は常に空腹を抱え、生きるか死ぬかの瘦せこけた栄養失調状態だ。たいはんの暮しが、食料確保に費やされている。朝起きて少々の食い物をあさり、クソをしてまた寝る。毎日がそれだけだ。栄養と衛生状態の悪化から、ちょっとした感染でバタバタと死亡する。

私は若い時、コレラが蔓延しているペルーに入ったことがある。リマでは、たしか一万人近くがコレラで死んでいる時期だった。もれなく私もかかった。発熱と下痢、立派なコレラである。それでも医者は、「君は平気だ。死ぬのは栄養状態の悪いホームレスだ。君は三、四日で治る」、と注射一本でホテルに帰された。事実、3日後には荷物を持って旅に出ていたが、あの時ほど栄養の偉大さを感じたことはなかった。

栄養失調の日本。教会は、社会に見捨てられた下々に食事を確保し、無料で分け与えたのである。画期的な発想だ。下々の目線を代弁すれば「主の栄光は天地に満ち」ており、充分にデウスや救世主を感じさせるものである。

病院

無料診療所である。デウスの前の平等を具体化した施設で、貴賤上下《きせんじょうげ》の区別なく受けつけることを目指した。

それだけでも絶対的な身分制度の中、異次元の世界である。

伝染病治療は死との背中合わせだ。とうぜん医療従事者も感染して倒れる、まさに修羅場。しかし、なぜ縁もゆかりもない病人に、ひるむことなく命を懸けられるのか？　息もたえだえの患者は、そこに真実の愛を見る。

悲惨な感染を乗り越えると、免疫力がつく。信仰が生み出した力である。免疫力のついたイエズスの医師たちは、果敢に病人と交わった。悪魔と戦う大天使ミカエル。圧倒されない方がおかしい。

女性解放

三つ目は、女性の保護である。

妻子を売り飛ばそうが、煮て食おうが、どうしようがかまわない完全な家父長制、男尊女卑の社会。売春、乱交、妾があたりまえの時代、イエズスは一夫一婦制を唱えた。夫は妻子を愛し、共に敬いながら暮らさなければならない。この革命的な教えに女性は釘付けになる。

加えて、堕胎を禁止した。自分が食べるだけでやっとだから、子育ての余裕はない。また12、13歳のモノ心がつく前の女児妊娠も珍しくはなく、そうなると周りの大人たちはたいがい堕胎を命じる。

方法がひどかった。重労働、はては下腹部を蹴る、高い所から飛び降りるという荒事から劇薬まで、命を落とす女性も結構な数にのぼっている。今のモラルではとうてい考えられないが、意にそぐわない赤ん坊殺しは「間引き」といって、ふつうに行われていたクレイジーな時代なのである。

苦痛、重圧、死の恐怖と罪悪感。不安と焦燥《しょうそう》。そこに飛び込んだイエズスは女、子供に対するイジメはデウスの意志に反する愛なき悪の行為だと説き回る。衝撃だ。

神の前の平等はこんなにも過ごしやすいものなのか？　無理を強いられず、楽に暮らせるものなのか。イエズスは女たちを守り、女たちはイエズスを頼った。

母親のハートを鷲掴みにすれば、その子も受け継ぐ。三つ子の魂百までも、15年もすれば子供たちは筋金入りのキリシタンに成長する。

学校

最後に忘れてならないのが学校だ。

戦国時代、学校はなかった。寺子屋すらもない。上級武士は、読み書きのできる家来を教師として我が子にあてがっただけである。

安土セミナリヨの日課が残っている。

起床は朝の4時半。5時ミサ、6時から7時半まではラテン語学習だ。7時半から9時は教師に宿題をみせ、上級生が下級生を指導する時間になっている。

9時からようやく朝食。11時から14時は日本語の学習と作文、14時から15時まで声楽と楽器練習である。15時からラテン語をみっちりやり、16時半から17時は自由時間。17時から19時までが夕食である。

19時から20時まで再びラテン語。20時に祈りを捧げ、ようやく就寝のフルコース。

食事は一日2回。風呂は意外に少なく、夏、一週間に1度、冬は二週間に1度という決まりだ。

楽器はオルガン、フルート、ヴィオラ、クラヴォ（鍵盤楽器）があった。

アリストテレス、スコラ哲学などの世界観にもとづく宇宙と自然の秩序を教え、デウスが宇宙を創ったことを論証する。その宇宙はどうなっているのか？　地球は？　なぜ雨が降るのか……なぜ？　なぜ？……と、子供たちを思考する学問に誘《いざな》っている。一番大切なこととして、自分自身がいったいなにものなのかを問わせている。

フロイスは〈ヨーロッパの少年が3年の間に学ぶところを彼らは容易に3、4ヶ月で修得する〉と記しているが、先述したパウロ弥次郎†といい、ひかえ目に見ても、記憶力が良く、計算が早い。

イエズスの教育重視は世界的だ。

アメリカ大陸ではインディアンの権利を主張し、彼らのための学校を建て、奴隷制に抗議している。これが最初の奴隷解放運動ではないかと目されているが、先住民をヨーロッパの奴隷商人や戦闘的な他部族の襲撃から守るための「保護統治地」(拠点村落)をブラジル、パラグアイ、ボリビアに作っている。

教育は「知」の工場で、生産された「知」に実るのは、安定と富であるはずである。

1556年までにヨーロッパ、アジア、アメリカ三大陸に74の大学を運営。戦国時代、日本国内に開設したセミナリヨやコレジオも、その方針に基づくものだ。

日本に大学を創りたい、というザビエルの願いは1913年(大正二年)、教皇ピウス10世によって送られたイエズスの手で、上智大学として実現した。

お手軽

お手軽ということも大きかった。

1000日修行だとか、お百度参りだとかの苦行がなく、厳しい掟、難しい試験や上納金もない。

「戸を叩け、さらば開かれん」

イエスの言葉どおり教会の扉を叩くだけで、自動ドアがオープンする。かといって道徳的に己を律するという歯ごたえもあり、難しすぎず、やさしすぎず、匙加減がちょうどよかった。

十字架を切ってイエスとマリアの名を呼べば、食い扶持《ぶち》、病気、教育、セラピーまでぜんぶフォローしてくれ、おまけに平等思想、非暴力、反奴隷、博愛、一夫一婦制、堕胎の禁止、姦淫の禁止、賭博の禁止、保育園、学校、教養……がついてくる。どれ一つとってもみな、今の万人が願っていることではあるまいか。

民主主義はキリスト教が創ったというのは、ほんとうのことである。

私は読んだことがないのだが、イエズスが日本人奴隷をヨーロッパに売り飛ばした、と書かれている本があるらしい。話によると売られた奴隷数が30〜50万人。おかしいと思って調べてみたのだが、この暗黒史のネタ本は、徳富蘇峰《とくとみそほう》の作らしいことが分かった。そんな証拠はどこにもない。

考えていただきたい。自分の一切の私有財産を否定し、反奴隷、反差別、女、子供の地位向上で世の中を良くしたいと頑張っているイエズスが奴隷売買に手を染めるなど、どうしたら想像できるのだろう。またポルトガル商人のだれかがやったとしても、定期船は一月に一、二度といったあんばいで、30〜50万人の輸送など物理的に不可能だ。

この話の〆《しめ》は「秀吉のキリシタン弾圧は、宣教師による奴隷売買を止めるためだった」である。前編が作り話なら、後編の〆話も成り立たない。

イエズスを悪党にして信用を傷付け、弾圧という問題の本質を見失わせ、正当化をはかったペテンである。

1590年、天正少年遣欧使節団が活版印刷機と共に帰国した。

翌年、日本で印刷されたのが『どちりいな・キリシタン』だ。「どちりいな」はラテン語で「教義」。キリスト教の教義本である。

『現代語訳　ドチリイナ・キリシタン』（宮脇白夜著訳、聖母文庫）から戦国の世のイエズスの「掟と戒律」を引用する。

1　唯一の神を敬うこと
2　神の名において、むやみに誓ってはいけない
3　安息日を守ること
4　父母を孝養すること
5　人を殺さぬこと
6　邪淫を犯さぬこと
7　盗みを犯さぬこと
8　うそをついて、人をおとしめないこと
9　他人の妻に恋せぬこと
10　他人の財産を欲しがらぬこと

師と弟子の会話で、弟子の5の質問に師が答えている。

「人に復讐をなさず、人を害さず、傷つけず、これら悪事を他人になすことを望まず、喜ばないことだ。なぜなら隣人は、みな神の似姿《にすがた》に作られているからだ」

約450年前のイエズスの掟と戒律である。このどこに奴隷商人になる要素があるのだろう?

続いて7つの大罪について記されている。

1 傲慢の罪
2 強欲の罪
3 色欲の罪
4 憤怒の罪
5 暴食の罪
6 嫉妬の罪
7 怠惰の罪

『どちりいな』は、信者の教理で締めくくられている。

1　飢えている者に食べ物を与えること
2　乾いている者に水を呑ませること
3　肌を隠すことのできない者に、衣類を与えること
4　病人をいたわり、見舞うこと
5　旅人に宿を貸すこと
6　囚人の身柄を引き受けること
7　遺骸を埋葬すること

宣教師にとって聖書とそれにもとづく戒律が絶対だ。その二つに従えば、行きつく先は平等思想、博愛精神で、人身売買の禁止しかない。奴隷貿易をやってのけるなど理屈に合わないし、合理性もないし、資料も証拠もない。

ヨーロッパ人の目線を代弁すれば、むしろ日本の方が奴隷社会である。絶対服従を強いられ、丁稚、奉公人でなくとも上の者に逆えば折檻《せっかん》という暴力が振るわれる。なんと抗弁

しようが、世界的基準で見れば下の者はみな奴隷である。

「滅私奉公《めっしぼうこう》」という言葉を知っているだろうか？　年輩者は覚えていると思うが、私の中学生ころまではよく耳にしていた文言だ。

自分を消滅させ、どんなに過酷であっても主人の命令を聞き、スズメの涙ほどの駄賃《だちん》で働き続ける。

日本は、ついこの間までそんな社会だった。奴隷制の延長で成り立っていたのである。人買い、人さらいはどこにでもいた。幼いころ、母はよく私に「言うことをきかないと人《ひと》買《か》いに売るよ」と脅したものである。いや、世界全体が多かれ少なかれそうだったのだと思う。むしろ食えるだけ奴隷の方がマシだという考えもあった。黒人が奴隷として目立ったのは、体力的に抜きんでており、ブランド化していて商品として公《おおやけ》の場でオークションに出され、高値を呼んだからで、白人奴隷の売り買いはふつうにあった。

日本は奴隷という言葉がなかっただけで、いなかったという解釈は勘弁してほしい。

むろん当時のポルトガル商人がまったくしなかったというのではない。悪い奴は、どこにでもいつの時代にもいる。しかしそれはごく少数だったはずで、しかも彼らが買ったとしても、みな日本人奴隷商人から買っており、外国人にだけ汚名を着せるのはフェアではない。

●——武士のキリシタン・ブレイク

「武士道とは、死ぬことと見つけたり」

江戸中期の佐賀藩士作、「葉隠《はがくれ》」の一行だ。戦国の世とは違って、比較にならないほど平和な時代の文言だ。が、それでも武士の頭には、常に死が居座っている。

まして常在戦場、朝から晩まで臨戦態勢の戦国。サムライの拠り所はただ一つ、安楽死だ。

死んだらどうなるのか？

その不安の火消しとして、たしなんだのは「禅」と「能」だった。「禅」をとり入れた「能」のテーマのほとんどが死である。先に待っているのは、苦しみのない「無」という死生観だ。

これさえあれば死ねば終わり、痛くも痒くもない。だから心置きなく君主のために戦って死ね！

支配者にとってこんな便利な思想はない。イスラム過激派は聖戦で死ねば天国で72人の処女があてがわれる、という洗脳で戦場に送り出すらしいが、武士のごほうびは、苦しみのない無だ。

ただし、怨念《おんねん》を残すと霊魂はこの世に留まって彷徨《さまよ》う。言っていることはなんとなく分かる。しかしどうもすっきりしない。曖昧《あいまい》だ。そこで人生は川だ、疑問を持たず流れにまかせろ、なにごとにも逆らわなければ万事は悟《さと》りの境地にたっするので、考えてはいかん、無の境地になれ、と思考を奪ったのである。昔も今も、体制に疑問をいだく問題意識こそ支配者の敵だ。

思考後の無念無想なら分かるが、最初から考えなければたんなるバカ人間。仏教も、当時は死ねば終わりの思想だった。

フロイスの『日本史』に登場する仏僧たちの多くが、神父に向かって、死んだらどうなるのか？　と幾度も問うており、死後の世界が怯《おび》えの対象だったことが分かる。

「天国」はどうなっているのか？「地獄」はどうなっているのか？　との質問を繰り返す僧侶。この時代、仏儒神に「天国」と「地獄」の概念はなく、唯一、キリスト教だけの宗教観だったということが判明する。

「極楽浄土」という言葉があるくらいだから、天国思想はあったはずだと思っている人が多い。私も長い間そう思っていた。しかしそれはキリスト教の影響を受け、造られたもので、それ以前の「浄土」は天国でなく、「安楽死」と「無」のことだったという学者もいる。絶体絶命の死に直面した時、目をつむっての無念無想、自己催眠状態での切腹が、武士として最高の死に方だ。

でもやっぱり痛いし、自分の完全消滅に恐怖する。

その点、キリスト教は具体的だ。

ずばり、戦争以外の殺人は禁止。デウスの創造物である自分を殺す切腹はもっとダメだ。いくら美化しようが、自殺はだれだっていやなはずである。本音は生きたいのであって、ここが、武士のもっとも共感する部分だった。

もし戦場で死んでも、全能のデウスを崇拝、ザンゲ、告白してさえいれば、これまでの罪が消えて行き先はユートピア。このユートピアも分かりやすい。花が咲き乱れ、心地よい風が吹き、亡き両親や家族、生前の友人たちがあたたかい笑顔で迎えてくれる満ち足りた世界だ。

単純明快、小難しい「悟り」など必要がない。現生が苦しければ苦しいほど、武士の目にはイエスの説く死後が安楽に思えてならなかった。

死なないキリシタン武士

追い打ちをかけるように、噂が武士の間に広がりはじめる。

「キリシタンは、死なない！」

嘘のような話だ。

噂が噂を呼び、キリシタンでない者もスーパーの特売セールのように、十字架を手に入れようと教会に群がった。

死者が少なかったのは事実で、タネ明かしをすると、こういうことである。

風にひらめく十字の旗。鎧の胴にも真っ赤な十字架が描かれている。対峙する敵の中にも十字架があった。

キリシタン同士の殺し合いは避ける。暗黙の了解だ。互いに鉄砲の標的から外し、斬り合いをやめたのである。夜になると敵、味方のキリシタンが密かに交わり、祈りを捧げた光景が目に浮かぶ。

そんなことがほんとうにあったのだろうか？

『日本史』によれば、１５６６年、戦闘中の敵対する武士約70名が同じ教会にやってきて、愛と礼節をもって、仲良くクリスマスを祝ったとある。神父の話を聞き、共に讃美歌を唄っている。

フリーメーソンと同じだ。アメリカ南北戦争。北軍、南軍、双方に少なくないフリーメーソンがいて、互いに旗、胸や帽子のマーク、サインと秘密の合言葉を重ね合わせて見分け、夜になると合同集会を開いている。接近戦では秘密の言葉で難を逃れた、という話はザラにある。

軍規の乱れだが、戦国の世の武士団の統率は完全ではない。

今の軍隊と比較にならないほど結束が弱く、戦争がはじまって時々、どこどこの軍団が、裏切った、離脱したという話が多く残っている。

原因は成り立ちだ。

最小単位は、地方の地侍《じざむらい》。こういえば聞こえはいいが早い話、地元の顔役が農民、ヤクザ、流れ者を束ねただけである。それをくっつけて中隊ができ、それをさらに集めて大隊になっただけで、あくまでも利害の異なる寄せ集めだ。

結束がヤワだから呑ませ、食わせ、盗ませ、ヤリ放題の享楽《きょうらく》で釣るのだが、宗教絡みで締めつければ不服従のリスクが高くなるのは自明の理。狂信的な信者なら、命がけで上筋に歯向かってくるだろうし、そんなつまらないことで後から斬られたくはない。こうした理由で、いちいち武士の信仰宗派まで縛ることはなく、かなりユルいものとなっている。キリシタン侍が、放置された大きな原因だ。

信長✝のイエズス大接待

日本にイエズスの大物がやってきた。

脂の乗り切った御年《おんとし》40歳、ヴァリニャーノである。島原半島の南端、口之津港に上陸したのが1579年7月。管轄は東アフリカからインド、シナ、日本までと広大で、本部と直続の巡察師である。

ポルトガル人でもスペイン人でもなく、イタリア人だ。イエズスの中では少数派である。なぜイタリア人のヴァリニャーノが巡察師に選ばれたのか？　宣教師の間でポルトガル人とスペイン人の微妙な対立があり、それを避けたと言われているが、それだけではない。ポルトガル経済が沈没したことと関係がある。

次にスペインが台頭するのだが、1557年に破産。代わりに出てきたのは、オランダのアントワープだ。金市場でヨーロッパの「中心都市」になるものの、早くも1560

ヨーロッパ最大の金市場はジェノヴァにあった

年には衰退した。めまぐるしい動きだが、次にノシてきたのがイタリアの貿易港ジェノヴァだ。1600年まではヨーロッパ最大の金市場はジェノヴァにあって、こちらが「中心都市」となっていた。

ジェノヴァの名門貴族にして大金持ちがヴァリニャーノなのである。ガリレオ・ガリレイなどが教鞭をとっていた名門校パドヴァ大学を卒業し、ローマ教皇との太いパイプもあった。

人柄もよかった。彼の寛大さと広い視野が、極東、とりわけ無秩序で大荒れだが有望株の日本には必要だと判断されたのである。

見るからに上流階級だ。常に数人の従者を従えた佇《たたず》まいは、王侯貴族。

それもそのはずで、イタリア（ヨーロッパ）貴族というのは日本の大名みたいなもので、広大な領地領民に加え、軍まで持っている。部屋数が数えられるのは館とは言わず、覗いたことのない部屋がいくつもあるほどの大邸宅に住んでいる。

ヴァリニャーノは現地適応主義を採用した。日本人に対して差別的だとして、9年前から赴任していた日本のトップ、カブラルを批判、日本から追い出してしまうほどの実力者だ。

島原から有馬領、大村領というイエズスの支配地をゆっくりと巡察。

黒人の服装はみな立派で奴隷扱いではない

威厳はたいしたもので、上陸から10ヶ月後、三城城《さんじょうじょう》（長崎大村）の城主、バルトロメウ大村†（1533〜87）が、長崎のみならず茂木の土地を、ポンとイエズスに譲渡した。長崎を開港したバルトロメウ大村†は、死ぬまで妻以外とは関係を持たなかったという日本最初（入信1563年）にして筋金入りのイエズス大名である。ちなみに甥が同じくイエズス大名、有馬・ドン・プロタジオ・晴信✝（1567〜1612）だ。

一行はフランシスコ大友✝の豊後に入る。

ミサを行い、臼杵にできたばかりの修道院開校式での講演など数々の日程をこなしながら1581年3月、近畿のイエズス本部、堺に腰をおろした。

順調に近畿巡察をこなすヴァリニャーノ。すでにイエズスが地均《じなら》した広大なエリアばかりで、特別な露払いもすんでいるから、どこに行ってもキリシタン王国の風景である。盛大な出迎えと歓迎パーティ、おそらく、日本への考え方が変わったのではないだろうか？

高槻のイースター（復活祭）に参加している最中の3月26日、信長✝から連絡が入った。

3月29日、信長✝の京都別邸、本能寺を訪れる。『兼見卿記』

しょっぱなから数々の質問をし、ヴァリニャーノを引き留める信長✝。よほど聞きたいことが溜まっていたのだ。むろん内容は隠され『日本史』には書かれていないが、重大なことであることは察《さっ》しがつく。

伴っている黒人に興味を示す。

アフリカのモザンビークから連れてきた召使いで、身長182センチだから、今の感覚では2メートルくらいであろうか、筋骨隆々である。きっと炭を塗っているに違いないと思った信長✝が、何度も身体を洗わせたというエピソードが残っている。

日本の文献の多くは黒人奴隷と記してある。この表記には西洋人は差別主義者であるというネガティブキャンペーン的意図を感じるが、絵を見れば分かるとおり、黒人は他のポルトガル人と同等の煌びやかな洋服を着ており、日本の上流階級より身なりはいい。警護をかねた召使いで、奴隷のような扱いではない。

『信長公記』には、〈十人力の剛力〉、〈牛のように黒き身体〉と描写され、いたく気に入った信長✝は、その場でリクルート。黒人は弥助《やすけ》という信長✝のＳＰとなり、どこに行くにも連れて歩き、見せびらかしたという。

●信長✝大接待、その一、西洋式騎馬隊パレード

１５８１年４月の「騎馬隊パレード」には信長✝のあらゆる意志が詰《つ》まっていた。日本の文献ではたいがい地味に「馬揃《うまぞろ》え」でスルーだが、「天下布武」の成果をイエズスの大物にアピールする大歓迎フェスティバルだ。信長✝、一世一代の大イベントである。

４月１日の早朝、信長✝はそわそわと花嫁を迎える新郎の心境だったに違いない。場所は京都御所東門。築地塀に沿っての観覧席設営は、７日前に完了していた。

主賓は誰か？　多くの歴史本では「内裏」の正親町《おおぎまち》となっている。『信長公記』にそう書いてあるから皇国史観の学者がそれに飛びつき、歴史を誤読するのだ。事実は違う。どういう角度から見てもメイン・ゲストはイエズスの大物ヴァリニャーノだ。信長✝の内裏に対する仕打ち、行動、そしてフロイスの『日本史』から拾える信長✝のスケジュールを追えば歴然である。

気配りの男だ。西洋における最高の歓迎式典は何か？　とオルガンティーノに聞けば、騎士団パレードの謁見《えっけん》だと答えるはずである。

「馬揃え」はヨーロッパの騎馬隊パレードである

スタンバイと同時にヴァリニャーノを京都に呼び寄せる信長✝。記録があるだけでも27日、29日と二度、長時間談じ込んでいる。これまでの共闘の成果、今後の方針を話し合ったことは想像をまたないが、完璧主義者信長✝のことである。本番直前にパレードのやり方をそれとなく聞き出していた、という憶測が成り立つ。

というのも、この「馬揃え」は日本のものではない。まったくの未経験、前例のない西洋式騎士団パレードだ。現代でもヨーロッパ発祥の国賓をもてなす最高の儀礼である。

桜満開の京都、フロイスは見物人でごった返した様子を描いている。その数20万人。いくらなんでも多すぎる。当時の京都人口は推定15万～25万人だから20万は物理的にムチャな数字ではないだろうか。

それもそのはず、フロイスは文中「噂によると」、と断って20万人記していることから生中継ではなかった。どうやら現場に行っていないふうである。

沿道を埋めつくす人、また人。金ぴかの豪華な装いで、ぞくぞくと観覧桟敷席に腰をおろす身分の高い招待客。

イエズスの巡察師、司祭、修道士には、ひときわ立派な席が用意されていたのだが、フロイスは外されていたのか、病欠なのか、姿が見えない。

したがって、だれかほかの参加者からのインタビュー記事だ。このあたりからフロイスの信長✝に対する見方が変化したのではないだろうか。皮肉っぽい視線が感じられるのだ。

自分より4歳下なのに、まったく頭が上がらないヴァリニャーノに嫉妬したのか、自分を下っぱの通訳士扱いした信長✝にムカついたのか、お呼びじゃない状況らしく、信長✝

批判が芽生えたふうなのだ。

高名な僧侶集団はもちろん、正親町も姿を見せている。

むろん尊崇《そんすう》の念から正親町を招待したわけではない。安土城が完成してすぐ、右大臣と右近衛大将を辞退、この侮辱《ぶじょく》的な行為を思い出していただきたい。コケにし、見下しの対象でしかない相手が主賓であるわけはなく、目的は逆だ。イエズスと自分の密な関係を誇示したいがために、チケットを用意したのである。

貴賓席に陣取るヴァリニャーノ。

彼を囲むイエズスの面々も、シャネルもびっくりのツバ広帽子ファッションが、ひときわ目立っている。

本能寺を出る。いささか興奮気味の馬をなだめながら進む信長✝。日本の衣装ではない。マントが風にひるがえっている。旧い伝統を脱ぎ捨てた、ハデなヨーロッパファッションだ。この日のための正装である。金糸、銀糸の絢爛《けんらん》豪華な織物を身につけた信長一門の武将たちを先頭に、700頭にもおよぶ大騎馬軍団。厳かにして贅沢、ゆっくりとした足並の堂々たる行進だ。湧き上がる沿道の大歓声、20万はオーバーだが5万はいた。

丹羽長秀、明智光秀、オーギュスチン前田✝、柴田勝家、松井友閑✞……歴史ファンならたまらない顔ぶれだ。

豊臣秀吉は鳥取城の攻略で忙しく、徳川家康は武田軍との緊張感がとけず不参加である。目を細めるヴァリニャーノ、ひしひしと胸にこみあげてくるのは信仰の偉大さだった。

極東の非文明国、イエズスは実績のない信長✞を選んだ。「天下布武」日本統一セミナーを開催すると、現実と向き合った稀有なヒーローはたちまち実行に移し、「七つの大罪」にまみれた旧体制をかき分け、なりふり構わず突進した。

精神は不屈だった。将軍を排し、仏教をほぼ粉砕し、二人目の国王、内裏を黙殺、「威光財」をことごとく剝奪した。腹の立つほどの活躍である。日本に一人、いや世界にもこんな男はいないはずだ。ザビエルを送って30年、イエズスはついに50万の兵を持つという東洋の最強国、日本を抱き込んだのである。

黄金の国、ジパング。この騎馬隊パレードを見よ！　感極まったヴァリニャーノは、潤む目を通してローマ教皇にでもなったかのようにパレードを脳裏に焼きつける。

パレードの極めつけは、ヴァリニャーノが贈ったゴージャスな王侯の椅子だった。

金の装飾を施した深紅のビロード張り。ローマ教皇とイエズス最高幹部だけがそれに

南蛮屏風左の黒人に担がれている王侯の椅子

座って巡行できるのだが、4人で担ぐ神輿スタイル、この椅子こそキリスト教の権威のシンボルである。

スタンディング・オベーションの喝采渦巻く中、パレードのハイライトがやってきた。

4人の男が担ぐ西洋の椅子神輿。その後に続く馬にまたがった信長✝。まるで、ローマ教皇の後に信長✝が従っているようである。

パレードが中央に差し掛かると歩みが止まった。南欧なら、激しいマーチング・バンドのシーンだ。椅子が地面に置かれる。あたりがピタリと静かになる。やおら信長✝が馬から降り、なにをしたかというと、教皇の椅子に座ったのだ。

〈彼の身分を誇り、偉大さを示すために座って見せ、他よりも異なる特別な人間であることを示した〉『日本史』

尾張の田舎大将が、不可能なことをやってのけた瞬間だった。

皇帝のマントと、教皇の椅子。キリシタン王国の王だという明確な意思表示だ。

右大臣、右近衛大将を足蹴にした男だ。それ以外にも朝廷に対する非礼は諸々ある。ただでさえ正親町はむかっ腹が立っていた。そこにもってきて、この仕打ちである。朝廷を踏みつけ、イエズスから寄贈された教皇の椅子に、これ見よがしに座ったのである。

偉大な人間は、偉大なものに囲まれるものだ。ショボクレた時代遅れに未来はない。

「おまえらに価値はない。余はこっちの椅子だ。余こそ、この国の皇帝なのだ」

信長✞の方は改革まっしぐらだ。既得権者を破壊するのが革命家の仕事である。

赤っ恥どころではない。頭から冷水をぶちまけられ、面子は丸潰れだ。「敬《うやま》われる」ことがなくなれば朝廷は終わりだ。なにがキリスト教だ、何がイエズスだ。

改革など一ミリも望まない。古《いにしえ》のままでなければ「威光財」は保てず、変化があってはならないのだ。

正親町の怒りは制御しがたいものだったはずで、バテレンかぶれの、しつけの悪い無頼漢、伝統の敵だ。自分を見失うほど憎しみがこみ上げたにちがいない。

芽生えていたのは、そう、完全なる抹殺である。

「朝敵、信長✝の息の根を止める」

●――大接待その二、シナ侵略の承諾

信長✝のヴァリニャーノ・ラブは、西洋式騎馬パレードの後も止まらない。

4月13日、安土に戻って準備にはやる信長✝。追うようにしてやってきたヴァリニャーノを自ら、「天使の町」、「天使の城」の隅から隅までをくまなく案内。この時のためにおそらく天主閣内部には、十字架を設置していたのではなかろうか。

ついにイエズス安土本部の修道院、教会のお披露目である。

そう、信長✝が急きょ4、5軒の館を壊して豪華な3階建てに仕上げさせた理由のすべては、この日のためだった。最高のロケーション、広い敷地、そして唯一の三階建てにして金箔瓦。ローマへの大アピールだ。十字架をそなえた屋根の瓦は、唯一、城と同じ金色である。

「余は、これだけ大切にしているのだ」

上げ膳据え膳、下にも置かぬ扱いで、よほどうれしいのだろうヴァリニャーノを安土に引きとめる。

腰を安土に落ち着け、周辺のキリシタン国を巡察しながら3ヶ月以上が経過。その間、信長✞は安土桃山美術もかくやという煌《きら》びやかな屛風絵の制作を命じ、ヴァリニャーノに進呈した。

狩野永徳作と目される絵には、安土城と城下街全体がすっぽりとおさまり、地形、湖、街路、橋までもが描かれた精巧なものである。この絵はいったん、朝廷に飾られ、内裏が欲しがったにもかかわらず、冷たく取り上げるという完全に汚辱《おじょ》くったやり方でヴァリニャーノに贈ったのだが、ローマ教皇グレゴリウス13世に届けられ、ヴァチカンに飾られたことが分かっている。

信長✞は戦国の男だ。分かっているだけで50回以上、戦っている。つまり城も城下も軍事基地で、その精巧な地図が相手に渡れば、どうなるのかくらい重々承知のうえだ。この無防備さはなんだろう?

軍事基地図の譲渡。信頼の証である。受け取る側もそう思うはずで、信頼は絆を深める。

信長✞はヴァリニャーノの背後、ローマ教皇の意図を了解し、命を預けた証として屛風絵を渡した。小道具の使い方を知っているというより、そうすることがうれしく、結果信頼を得てしまうという、生まれながらにして人の心をつかむ才能を持っている。

ローマの意図とはなにか？　言わずと知れた世界制覇だ。まず手始めにシナ、「明」侵攻作戦である。

〈(信長は) 毛利を平定し、日本66か所の絶対君主になった暁《あかつき》には、一大艦隊を編成してシナを武力で征服し、その諸国を自分の息子たちに分け与える考えであった〉『日本史』

現在の安土城天守閣址

日本側の資料がないからこの記述はフロイスの妄想だ、とする研究者がいる。

私はそうは思わない。フロイスの観察はリアルだ。キリスト教の美化や誇張はあるものの、嘘は書かない。その証拠が秀吉の朝鮮出兵である。信長✝のシナ侵攻計画を真似たものなのだが、これについての詳しくはまた次の機会にゆずることとする。

アジアをテリトリーに持つヴァリニャーノの構想は大きく、日本入りの前から、シナを探っていた。ゴアから本部に手紙を出し、イエズス・メンバーが一人も定住していないシナ本土の現状を訴え、手付かずの広大な土地にイエズス修道院院長、フェラリスの派遣を要求している。

「明」は国として体《てい》を成しておらず、大小、無数ともいえる盗賊団、軍閥が跋扈《ばっこ》する法と秩序の壊れたエリアだ。それだけに可能性は無限である。記録によればイエズスのフィリピン総督も、シナ征服を選択肢の一つに入れているし、上層部での関心は高かった。

シナ宣教は、今は亡きザビエルの夢だ。果てしないユーラシア大陸をイエズスがおさえる。実現すべくザビエルは日本を離れたあと、シナの上川島に上陸したが、チャレンジもそこまでだった。病にかかり、46年間の生涯を閉じることになる。

夢を引き継いだのがヴァリニャーノだ。シナには弟子のイタリア人、マテオ・リッチ（1552〜1610）を送った。マテオは教えどおり現地に適応し、儒教服を身につけて布教。とうとう14代皇帝万暦帝《ばんれきてい》の宮廷に迎えられることになる。

ヴァリニャーノがつかんでいたシナ情報が信長✝に伝わった。イエズスとの共同上陸作戦である。

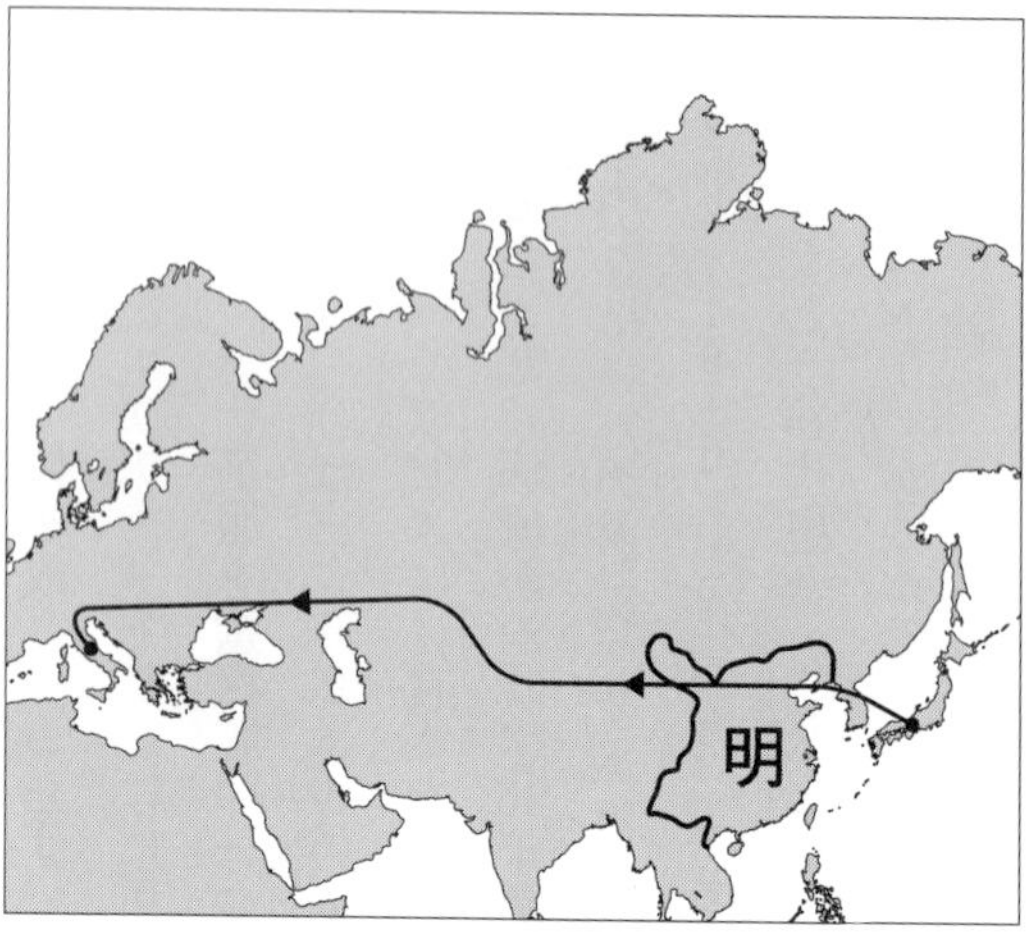

イエスズのコラボでシナ征服を企画。ローマまで行こうとしていたのか？

日本はとてつもなく強いという噂はヨーロッパにも流れていた。というのも、ヨーロッパを圧迫し、長年苦しめてきた強国、モンゴル帝国の侵略を、九州という端っこ、それも20、30キロも突破させず撃退しているのだ。まして有象無象の寄せ集めの明など、いまや、鉄砲20万丁を保持する信長✞軍にかかれば造作もない。

ローマ本体は細部に固執しない。全体を見渡しているオーケストラの指揮者だ。正しく演奏せよ！　ただそれだけである。音を外せば、交代させるだけだ。

海の向こう、日本の20倍の面積を持つシナ大陸は盗《と》った者に与える。そのかわり、宗教はローマが仕切る。

一度、物事に変化が起きると、たちまち構図が変わることを身を持って体験している信長✝は、三回呼吸するうちにそれを呑んだ。こういうきっかけでもなければ、信長✝の心にシナ侵攻などという突飛な計画が芽生えるはずはない。

翌年、「本能寺の変」で夢はついえるが、私の目線は、どうしてもイエズスのアドバイスを受けた信長✝が、シナ征服を心に誓った、というシナリオになるのだが、間違ってはいないと思う。

大接待その三、大イルミネーション

ヴァリニャーノが安土城出発の希望を告げると、まだ見せたい建物があるとか、話があるとか、なんだかんだと理由をつけて足止めする信長✝。

来たる特別な日を待っていた。それが本書「はじめに」で述べた8月14日、盆イベントだ。

日本では夜、家の前でかがり火を燃やすのが風習だが、信長✝はそれを禁止したと書いてある。仏教の習慣を廃止したのだろうか？　そうではない。本心は違うところにあった。

松明《たいまつ》イルミネーション効果を上げるための演出で、ヴァリニャーノへの壮大な、おもてなしだ。

信長✝のセンスと行動力がいかんなく発揮された安土という街のフロイスの描写は、のびやかで自由だ。

セミナリヨから安土城へと続く広い街路。どことなくヨーロッパと見まごう風景に夕暮れが訪れる。人々が増えはじめ、彼らは道の両脇に隙間なく並んだ。両手に持っていたのは葦《あし》の松明《たいまつ》。次々と点火。幻想的な光の川が闇夜に浮かぶ。揺れ動く地上の天の川、街の火を一切禁じたのはこのまばゆい効果を桁違いに上げるためである。

おそらくこの演出は、ホームタウン長良川の鵜飼《うかい》の美しい篝火《かがりび》から着想したのだ。

火が燃え尽きると、人々は松明で地面を叩いた。パチパチとこまかく飛び散る火花。その中を若者たちが松明の火花を散らしながら次々と走り去ってゆく。先を追うと漆黒の山、夜空……そこには色とりどりの提灯に飾り立てられた天主閣がそびえ立っている……。

日本とヨーロッパ、異なる旋律が微妙なバランスで広がり、時間が同時に進行する。なんという演出だろう。美しいシーンに目を奪われるヴァリニャーノ。

ここは天国なのか？　それとも約束の地、エルサレムであろうか？　いやまさに安土《アンジョ》（天使）の町だ。

自分のためにこれほどのことをしてくれた王など、世界広しといえども信長✝だけである。この革命家は想像を超えている。

しばらくすると信長✝が歩いてやってきた。ヴァリニャーノに微笑みかけ、「祭りを見たか」などとトボケ顔で聞き、「堪能したか」と子供のようにたずねたあと、しばらく談笑したと記されている。

翌日もヴァリニャーノを城に招き、豪華な建物を案内して、きわめて愛情のこもった送別の挨拶を伝えて、見送ったとある。

騎馬隊パレード、安土城の案内、安土風景金屏風、シナ進攻セミナー、天主閣イルミネーション……他にも書かなかった接待と密談があったはずである。気を配り、目を配り、カネを配った信長✝。闇雲に行ったわけではない。ポンコツでみっともない「威光財」などに屈しない王。この様子は、ヴァリニャーノを通じて、イエズス第4代総長メルキュリアン、強いてはローマ教皇に伝わることを見通しているのだ。またヴァリニャーノも、それを約束したはずである。

これが私流の信長✝像だ。最初にこうした結論に到達するなど、思いもよらぬことだった。しかし資料を読み込み、合理的に思考を重ねてゆくと、どうしても信長✝がイエズスを普段使いにしている風景になってしまうのである。むろん反論する研究者がいるはずである。

その論拠の一つが、安土城内に存在する寺だ。惣見寺《そうけんじ》。

膝下《ひざもと》に「寺」。つまり城内に寺があるのは仏教を信じていた証しだ、という主張が成り立つのだ。たしかにそうで、私も不思議に思った。

だが、奇妙に思っただけで、私の説はくつがえらない。破壊した寺院は1000や2000を超えており、一対数千、いや万かもしれず、信仰心を寺の数で推し量るならば、問題外である。

されど惣見寺。私も、以前から奇異に思っていた寺だ。資料によっては総見寺・摠見寺とも書く。

●――惣見寺の謎

無数の寺を焼き、仏僧を虫ケラのように殺戮した人物が、なぜ「寺」を城内に建てたのか？

殺した仏教徒への供養なのか？　とも考えた。が、その思いは現地に足をのばして、あとかたもなく吹き飛んだ。安土城へ登れば、だれでも分かる。

山裾から天主閣に向かう長い階段。その石になんと破砕した石仏を使用しているのだ。仏の顔が、そのまま上を向いている石段が現在でも数ヶ所残っている。当時はもっと多かったと思われる。

考えていただきたい。安土城に向かう人々は、必然的に仏を踏みつけることになるのだ。

今に残る石仏の階段。信長への面会は仏様を踏んで上ってゆかなければならない。□内が石仏だ

全国の武将を城に呼びつける。仏を足で踏める人間でなければ、安土城に来れない仕掛けだ。仏教徒にしてみればまさに「踏み絵」、つらい仕打ちである。私は徳川家康が1629年に導入したキリシタン狩りに使った小道具、「踏み絵」は、1582年6月、家康本人がここを訪れて、自分で石仏階

段を昇ってヒントを得たのではないかと思っている。それほど石仏踏み石段は強烈だ。供養どころか、やはり侮蔑の対象である。

余談だが、安土城に行けば、だれでもこの「石仏踏み絵階段」に気付く。しかし私が読み洩らしているのか、それを記した歴史書に、今までお目にかかったことがない。

地元の博物館でさえこの重大な事実を展示してなかったと思う。まことにおかしな現象で、伝える価値があるのに伝えていないのだ。想像力を働かせれば、現在の仏教界に気遣って、自主規制したとしか思えないほどで、嘘だからではなく、真実だから伝えたくないのではあるまいか。

くどくど話すことじゃないが、日本の英雄、人気ナンバー・ワンの信長✝がアンチ仏教であったなどと大々的に書けば、仏教界、ひいては現在の体制にヒビが入るとでも思っているのだろうか、深入りしたくない気持ちがこの沈黙に現れている。しかし歴史とはそういうところにはなく、忖度《そんたく》を持ち込んだらもはや学問ではない。

しかし城内には惣見寺がある。

信長✝と寺。おかしい。キリシタン弾圧のチャンピオン徳川家康が、江戸城に教会を建てるくらい、奇妙奇天烈な光景だ。

調べてようやく判明した。信長✝が建てたという証拠は見当たらなかったのである。あるのは、塔はずいぶん前に移築したとか、門だけはあったのではないか、という憶測と伝承だけで、裏付ける科学がない。

住職にしても不思議だ。開山は住職正中剛可《しょうちゅうごうか》だが、秀吉の時である。もうこの時点でアウトだ。この人物の姓が織田となっているものの信長✝とは無縁だし、いつから姓が付いたのかもさっぱり分からず、1611年、家康の時代に辞めたとだけ書かれている。資料そのものもうさん臭い。

で、それ以後、30年くらいはだれかがいたらしいのだが、よくわからない。

むろん今の建物は信長✝時代のものではない。秀吉や家康時代でもない。明治に入ってからのものだと書かれている。檀家もおらず、訪れる人もいない廃墟の山の上で、どうやって建物を維持し、暮らしていたのか？　惣見寺全体が謎なのである。

しかし、『日本史』にちゃんと書かれているのだ。その前文から読んでいただきたい。

フロイスは、感動のヴァリニャーノ大接待を描き、そのあと信長✝の改革について触れている。

〈険しい山々を切り開き、安土から京都まで、鏡のような平坦な道を開いた。両側に樹木が植えられた並木通だ。信長は無類の清潔好きだったので、間隔ごとに箒《ほうき》が掛けられている。技術の粋を集めて巨大な橋梁をかけ、同じような道路や橋で征服した諸国を整えている〉『日本史』

日本の海や山は美しい。しかし、そこにいたる道と街がみずぼらしい。これが九州からはじまって畿内中を知り尽くしたイエズスの実感だ。

「すべての道はローマに通ず」

新世界へのスタートはまずは道路網の整備からだ。安土から京都、九州を抜け、バイパスをシルクロードにつなげれば、ローマに到達する。そう助言したのであろうヨーロッパ的重商主義に基づき、道路に力を入れる信長✞。

間違っても、迷わない男だ。髭が風に揺れ、食物連鎖の一番上にいる者だけが持つ自信に満ちた瞳が、遠く地平線のかなたを見据え、インフラを急がせている。

〈信長は、生まれながらにしてたいへん武技に秀《ひい》で、その賢明さと才知《さいち》によって、万事において平和と安静を回復するように努めた〉『日本史』

フロイスのベタ褒めは続く。それまであった通行税を撤廃し、自由往来を許可したので、庶民の心を鷲掴みにしたとある。旧勢力の資金源を絶ち、断固として立ち向う信長✞。

〈彼はかつてこの国に、ほとんどみられなかった特別な一つの事をした。日本の偶像である神と仏の祭式と信心をいっさい無視したことだ。かくしてデウスは、それら寺院と偶像を破壊するために、彼を仏僧に対する鞭として用いた。彼には天下の著名な礼拝所である壮大な寺院、学問所（比叡山）、屋敷などを破壊し、蹂躙し、仏僧と戦い、彼らを殺戮し、破滅する風格、ないし影響力が備わっていたと思われる〉『日本史』

古い因習と血統による「威光財」に水没していた日本。秀吉はこの不透明で濁った水の中を何年でも平気で泳ぎ回った男だが、信長✞は泳ぐことはせず、底の栓を抜いた。

で、新しい水を注いだのである。

朱印状はこうなっている。

> 御朱印　すなわち信長の允許《いんきょ》状《じょう》
> 伴天連が都に居住するについては、彼に自由を与え、他の当国人が義務として行うべきいっさいのことを免除す。我が領する諸国においては、その欲するところに滞在することを許可し、これにつき妨害を受くることなからしむべし。もし不法に彼を苦しめる者あらば、これに対し断固処罰すべし。
> 永禄十二年四月八日（1569年4月24日）、これをたしなむ。
> 真の教えの道と称する礼拝堂にいるキリシタン宗門の伴天連宛

ところがだ。たちまちフロイスの論調がおかしくなる。

〈我々の説教を聞き、彼（信長）の心に迫るものがあって内心、説教の真実性を疑わなかったが、彼の支配していた傲慢さと尊大さは非常なもので、そのため、不幸にして哀れな人物（信長）は、途方もない狂気と盲目に陥り、我らにまさる宇宙の主なる創造物は存在しないと述べ、彼の家臣が述べるように、地上で礼拝されることを望み、彼、すなわち信長以外に礼拝にあたいするものは誰もいないと言うにいたった〉

『日本史』

急転直下だ。

〈かくて信長はもはや、自分を日本の絶対君主と自称し、諸国でそのように処遇されるだけでは満足せず、全身に燃え上がった悪魔的傲慢さから、突如としてナブコドノゾール（バビロニアの王）の無謀さと不遜に出ることを決め、自分が単に地上の死すべき人間としてではなく、あたかも精神生命を有し、不滅の主であるかのように万人から礼拝されることを望んだ〉『日本史』

信長✞をユダヤ人を捕まえバビロニアに連行した伝説の暴君、ナブコドノゾールだと侮辱しているのだ。

フロイスの個人的な悪感情であろうか？　それともイエズスの意見なのか？　罪深くて、妖気的でさえある。

私はフロイス個人の感情だと思っている。理由は後で述べるが、フロイスが信長✝の変貌を糾弾《きゅうだん》し、自分が神になった証拠として槍玉に挙げたのが惣見寺なのである。

●――ステマ寺

安土城に隣接する惣見寺。この寺の存在が、信長✝の本心のすべてだ、とフロイスは次のように断罪した。

惣見寺に掲げられた功徳《くどく》は、次の三つだ。

1、裕福、子宝、長寿、繁栄
2、長寿、疾病予防と健康、平和
3、信長の誕生日の聖日制定と礼拝義務

『日本史』によれば、参拝人数の多い人気仏像を諸国から持参するように命じた、とある。それらを惣見寺に設置して仏教界の総本山を意図したというのだ。まるでカソリックの総本部、ヴァチカンだ。さらに3は、驚き以外のなにものでもない。

信長✝の誕生日を聖なる日と定め、礼拝を義務付けたとある。クリスマスではあるまいに、いやはやここまでくれば、新興宗教、信長教である。

フロイスの嘲《あざけ》りは尋常ではない。「大天使ミカエル」の大絶賛から「狂気と盲目の悪魔」への急転直下。さらに「本能寺の変」は、あたかもデウスが暴君に下した鉄槌であると筆を走らせている。

フロイスになにが起こったのか？　イエズスと組み、キリシタンに恩寵《おんちょう》を与え続けて15年、この大恩人に対してあまりと言えば、あまりの言葉ではないか？　きっかけはなにか？

やはりヴァリニャーノだと睨んでいる。

イエズスの種を撒いたザビエル。続いてフロイスが上陸し、種に水をまく。苦節20年、日本のルールに従って信長✝と肩を並べて、敵を迎え撃ち、時代に逆行する「威光財」をことごとく忘却の彼方に追いやったという自負があった。

ことは予想外の早さで進み、キリシタン王国完成は目前である。

その寸前でヴァリニャーノが現れたのだ。従者を引き連れた数ランク上のセレブ。とてもじゃないが太刀打ちできない。

教養溢れる紳士は、たちまち信長✞の心を捕らえた。これまで積み重ねてきた功績をそっくり横取りされたのだ。

トンビに油揚げをさらわれ、キャリアがだいなしである。たんなる日本語通訳、通信者に貶《おとし》めたのはヴァリニャーノだ。あげくのはてにイエズスの成果を華々しく飾ったクライマックス、騎馬隊パレードまでも外されたのである。

屈折するフロイス。あれもこれも精神修行だと考え、自分を見つめなおすチャンスと見られず、屈辱と捉えるタイプの男だ。

1583年、信長✞が死んだ一年後、イエズス総長から、フロイスに命が下った。

——第一線から身を引き、日本イエズス教布教史を編纂せよ——

『日本史』を書け！　50歳にして戦力外通告だ。背後にヴァリニャーノの影がちらついている。フロイスは泣く泣く現場から引っ込んだ。

嫉妬と愛憎のカオス。

今は亡き信長✞はたしかに救世主、大天使ミカエルだった。だが、自分をないがしろにした尊大な髭面が頭から離れない。トラウマを引きずったまま着手。心はバランスを取ろうとして信長✝のネガティブな一面だけを間断なく送ってくる。

編纂を命じたヴァリニャーノは仮にも直属の上司だ。悪く書けない。感情を殺した。淡々と無機質。それがせいいっぱいで、けっして褒めることはない。

　フロイスは１５９２年、日本を出てマニラに滞在、そこでも執筆を続けている。『日本史』完成は１５９４年だ。さっそく検閲するヴァリニャーノ。読み終えた顔は、怒りもあらわにイエズスの趣旨に反する内容だとして突き返した。書き直しを命じたのである。

　どこが気に食わなかったのか？

　あたりまえだ。信長✝はイエズスと共に暗黒の日本を切り開いた英雄である。ゼロから出発し、信者数をポルトガルの全人口に迫るほどの勢いで増やしたのも信長✝がいたからこそであって、稀代の英雄に違いない。信長✝への悪魔呼ばわりは、論外だ。しかも檜舞台、主賓である自分の有様はなんだ。敬意もなく、賞賛もなく、まるで空気のように存在感がない。ヴァリニャーノにしてみればズタズタに破りたかったに違いない。

　だがフロイスは応じなかった。徹底抗戦である。ヴァリニャーノの頭越しに、このままローマに送りたいと総長宛に請願書を直訴。しかしローマは却下。フロイスが没したのは

マカオのセント・ポール天主堂

その3年後だ。

原稿は、日の目を見ず、アジア最大のイエズス建造物セント・ポール天主堂（マカオ司教座聖堂）に塩漬けとなる。後にポルトガル学士院が発見して写本を作成、本国に送付したのが50年後。原本の方は1835年のセント・ポール天主堂の火災で失われ、送った写本も各地に散逸した。

現在あるものは、再度かき集められて、まとめたもので、行方不明の項目には「日本66国誌」と「日本総論」がある。

話は再び惣見寺に戻る。

信長✝の時代に本当に存在していたのだろうか？　私はフロイス以外の文献を探った。

『信長公記』にあった。

1581年　8月14日　安土城天主閣と惣見寺に提灯をつる
1582年　1月24日　諸将安土出仕、百々《どど》橋より惣見寺へ登る
　　　　　　　　　諸人、惣見寺毘沙門堂舞台見物
　　　　6月9日　惣見寺で幸若舞を見る

これしかない。『信長公記』は、あてになるのだろうか？　著作者は太田牛一（1527〜1613）、信長✝の家臣だ。

1542年ころの若き日の信長✝からはじまり、1582年の本能寺の変で終わっている。原本の完成時期ははっきりしないが1610年ころだと言われている。

キリスト教はほとんど無視。京都西洋式騎馬団パレードも、ひとえに正親町のために開催したことになっている。この部分だけやたら念入りで長いので、逆に正親町のためではなかったからこそ、長々と盛り付けた舞台裏が見えるようだ。修道院、教会、セミナリヨ、ヴァリニャーノ……ただの一つもない。太田が安土にいれば、3階建てのイエズス本部は嫌でも目に入るはずだが黙殺である。

特長は、朝廷を持ち上げていることだ。『信長公記』は秀吉と朝廷の広告塔のような書

物で、今でいうとステマ本とみていい。ステマというのはステルス（隠密）・マーケティングのことで、表面上中立客観を装い、だれにも宣伝だとは気付かせない宣伝のことだ。これをやられると、読者の脳は身構えることなく、日本人による日本人だけの戦国が刻まれる。

ステマ本『信長公記』の惣見寺の場面は次の三つ。

①提灯イルミネーション
②舞台見物
③舞台見物

お気付きだろうか？　どこにも参拝はない。提灯がぶら下がったり、能や舞台見物で惣見寺に行っているだけだ。ほんとうに「寺」だろうか？　どうやら様子が違う。劇場施設ではなかろうか？

「寺」が付くとまんまと仏教寺院を連想してしまうが、実はそうとは限らないのだ。「南蛮寺」と言っても教会だし、「本能寺」といっても信長✝のホテルだ。もともと「寺」は「じっとしている」という意味の漢字だ。「侍《さむらい》」は「人」が用を言いつけられるまでひかえている様を描いた漢字で、「対峙《たいじ》」の「峙」は「山」のようにじっと動かないで対立することだし、「詩《し》」は、言葉が心にじっと重くかかるということだ。

昔の文献をあさっていると、民家以外の大きな施設に「寺」を使っている例がたくさんある。今でいう建造物というほどの意味だ。

考えてみれば惣見寺は、どの宗派にも属しておらず、本山も末寺もなく、系列もない。そんな仏教寺などあるだろうか？　仏を踏みつけた絶対君主が、仏を敬うこと自体がおかしなことで、実体は劇場だった。これが私の結論だ。

だからこそ『信長公記』でも惣見寺で「舞台見物」したとか「舞を観た」とか、「登った」、と表現しているのであって、一度たりともお参りしたと書いていないのだ。

『惣見寺』

読んで字のごとしである。惣＝摠＝総、つまり総《すべ》てを見る寺＝劇場だ。

いや惣見寺は臨済宗妙心寺の末寺だったという研究者がいる。それは調査不足だ。臨済宗妙心寺とつながったのは１６６８年、信長✞が死んで80年以上たった後の話である。

キリシタンを弾圧した秀吉、家康が劇場を寺院に擬態《ぎたい》させ、信長✞はイエスではなく、仏陀を敬っていたと思わせるステマ寺だ。それ以外ぴったりハマる説は、今のところ見いだせなかった。

フロイスは、惣見寺を目撃していない。

しがたって、門前に掲げられていたという奇想天外な立て札についても、耳寄りな話として、だれかにふき込まれたヨタ話だ。


〈信長は諸国に触れを出し、諸国のすべての町村、集落のあらゆる身分の男女、貴人、武士、庶民、賤民が、毎年5月の信長の誕生日に惣見寺と、そこに安置されている神体を礼拝するように命じた。諸国、遠方から集まった人々は甚大で、とうてい信じられぬばかりだった〉『日本史』

〈集まった人々は甚大……〉

君は突撃取材で見てきたのか！　と突っ込みたくなるような台詞だ。

私はめったに断言しないが、これはできる。真っ赤な嘘だ。

想像していただきたい。もし、フロイスの言うようにメッカとまごう空前絶後の信長✝安土巡礼が行われたならば、国中がひっくりかえるほどの騒ぎになるはずだ。大名行列、巡礼で街道が埋まり、人口6000〜7000の小さな安土から人が溢れかえる。

ところが『信長公記』はじめ、『多聞院日記』『晴豊記』『家忠日記』『蒲生氏郷記』、むろん秀吉のスポークスマン、大村由己《ゆうこ》が書いた『惟任《これとう》退治記』にも、国民総出の惣見寺巡礼騒動は発見できない。

しかも信長✞の生年月日でさえ、いまだに不明なのである。彼ほどの天下人が、自分の誕生日を聖日に制定したなら、最低でも二、三の書簡に誕生祝日としての一致日があるはずだが、いまだに6月23日、5月28日などてんでバラバラなのである。

●――恐るべき偽造

フロイスは、完全な絵空事を既存の事実として扱っている。

惣見寺巡礼のネタ元はだれか？

ヒントは『日本史』にある。

〈彼の家臣が述べるように、地上で礼拝されることを望み……〉

ネタ元は信長✞の家臣である。家臣とはだれか？

インタビュアーは超大物から聞いた場合は裏を取らない。ならば一人しかいない。次の天下人、秀吉以外ない。この図太い男をおいて他には、お館様は自分を神としたとか、新興宗教の教祖になった、など怖くて口が裂けても言えないはずである。

偽造は手が込んでいて建物にも及んだ。秀吉は1592年、惣見寺を再建。それを引き継いだのは家康だ。

イエスを敬愛した天下人など、あってはならない。キリシタンを締め出した徳川の断固たる方針である。

人のいない山の中に次々と書院、庫裏《くり》を建て、死後100年以上たって、あたかも信長時代から寺院群が存在していたがごとく装い、未来に残したのである。

1582年　信長✝死亡
1592年　秀吉、惣見寺に寺領百石寄付の朱印を与える
94年　フロイス『日本史』3部を完成
1604年　豊臣秀頼、惣見寺三重塔を修理、書院、庫裏を寄付
17年　徳川秀忠、惣見寺寺領を227石に加増、安土山の支配権を与える

82年　信長✝の100回忌が行われる
87年　「近江国蒲生郡安土古城図」作成
1791年　「惣見寺境内絵図」作成

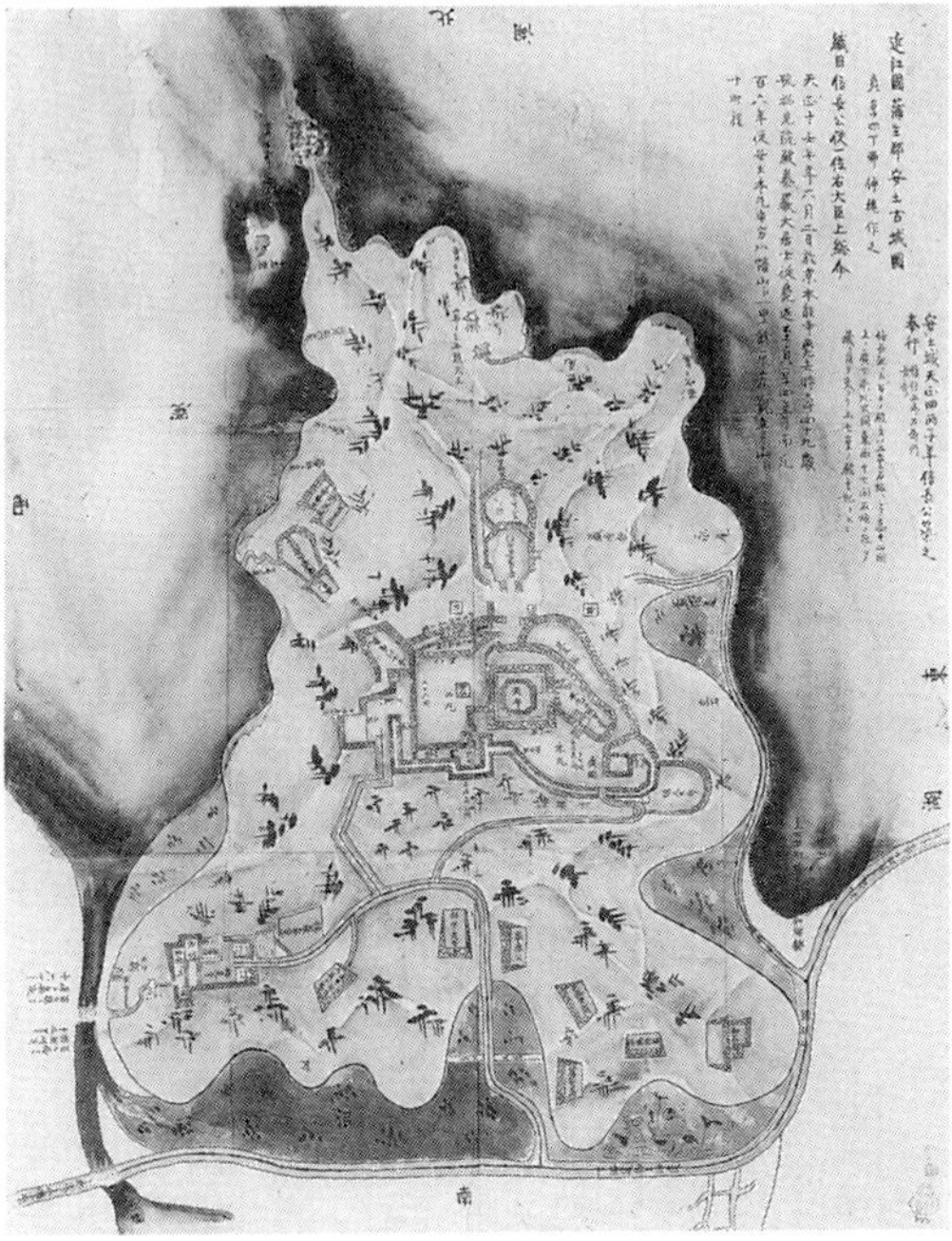
わざわざ本能寺の変から106年後に作られた「近江国蒲生郡安土古城図」。目的は惣見寺を入れ込むことだった

「近江国蒲生郡安土古城図」がある。信長✝没後一〇〇年以上たってからの作だ。治世は第5代将軍徳川綱吉、なぜそんなものが唐突に制作され、保存されたのか？　地図を眺めれば分かる。

天主閣を、天守閣に書き換えているのだ。次に安土城内一等地に秀吉と

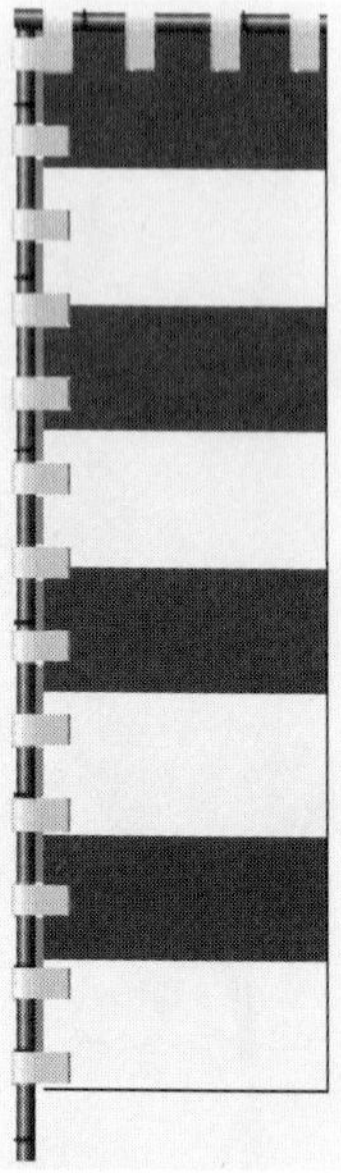

ジュスト高山の旗

並んで徳川家康の館を描いている。いかに徳川家が、英雄信長✝に目をかけられた正統なる後継者であるのか、という証拠をビジュアルでガッチリ残したつもりであろうが、しかし残念ながら見え透いている。信長✝の家臣でもなかった家康に館が与えられたなど、あつかましいイカサマで、研究者ならだれも採用しない。ついでにしっかりと惣見寺も入れ込み、キリスト教色をぜんぶ消し去ったフェイク地図である。

フェイクは日本のお家芸だ。たとえば『日本史』にはジュスト高山✝の十字架旗指物が悠然と翻《ひるが》えっている様子が書かれているが、戦国武将の旗指物図鑑には、ジュスト高山✝の旗は十字架ではない。またあらゆる合戦屏風絵にもキリシタン旗はない。私が見落としているとは考えられないから最初から除外したか、あとで修整したのか、どちらかであろう。歴史に偽造の壁を作る。材料は日記、手紙、公的な書簡、小説……いやいや、書物だけではない。記念碑、像、絵、芝居、テレビ、映画、歌、建物、ミュージアム……歴史のフェイク壁が誤読へと誘う。

恐ろしいのは、人々がそれに気付かないことだ。

信長✞は朝廷をギリギリに追いつめていた。右大臣、右近衛大将の辞任、パレードでの蔑《さげす》み、汚辱《おじょく》り安土城屏風事件など内裏へのいやがらせはたくさんあるが、総仕上げにとりかかる。

年頭早々、超ド級の一撃が、朝廷を揺るがしたのである。

「和暦」の廃止だ。

第5章

キリシタン王国の崩壊

朝廷・光秀・秀吉による本能寺クーデター

●和暦廃止で、朝廷の心臓が止まる

和暦廃止こそ、本能寺の変の引き金だった。この主張は戦国史の研究家、立花京子（1932〜2011）が述べたものだが、まったく同感である。

信長革命は、旧体制のみな殺しだ。朝廷にも手をのばし、勤務制限、公家寺からの上納金切り替え徴収など、やりたい放題なのだが、そんなことはまだ序の口だった。なんとこれまでの和暦をやめ、世界基準の西暦（現代のグレゴリオ暦）に変えることを要求したのである。

暦ごときが、なぜそんなに重大なのか、疑問に思うかもしれない。しかし、これは朝廷の根幹を木《こ》っ端《ぱ》微塵《みじん》に吹き飛ばす核弾頭にひとしい。

これまでも暦にはこだわっている。敵対した将軍義昭✝を京都から追放した直後、1573年8月25日、信長✝はそれまでの「元亀」を捨てさせ、「天正」に改元した。これで室町時代を葬り去ったのだが、しかし今回はそんな甘いものではなかった。「和暦」そのものである。朝廷からみれば、空が落ちるほどの驚愕の事案だった。

私とほぼ同意見なので、立花京子の本『信長権力と朝廷』を参考に話を進めることにする。ご了承願いたい。

ここに一人の位の高い公家がいる。勧修寺晴豊《かじゅうじはるとよ》（1544〜1603）だ。あとの本能寺の変で暗躍する男だ。ぜひ覚えていて欲しいのだが、信長✝による石山本願寺掃討作戦では、間に立って和解に持ち込んだ仏教勢力にとっては大功労者である。妹は誠仁親王の妻、つまり後陽成の伯父《おじ》という朝廷の中心人物だ。

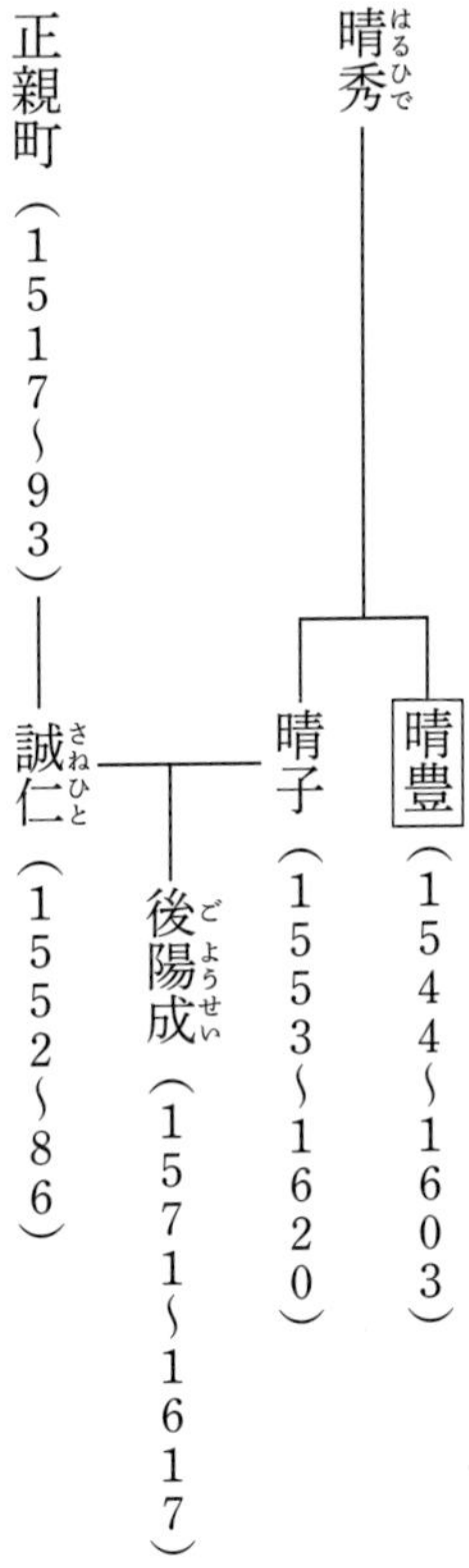

『晴豊記』という日記を残しており、信ぴょう性が高く、歴史界でも高評価の重要資料だ。むろん危険な箇所は主語抜き、ボカシ、全面カットなどもあるが、本能寺の変があった年の「正月29日」、つまり事件の半年ほど前に、目を引くことを記している。

〈今年の末は「閏《うるう》」があるというので、検討する〉

という記述だ。

●――暦の力

あたりまえだが古代は暦はなかった。太陽が昇って沈む。朝が来て、昼となり、また夜がくる。これで一日。だれでも認識できる。しかし、ただそれだけだ。カレンダーがなければ一ヶ月という単位も一年という区切りもない。したがって人間の年齢は数えられない。シナに素朴な暦ができたのは紀元前後らしい。600年が過ぎて唐の時代になり、飛躍的に発展。このシナの太陰太陽暦を日本がそっくり採用したのは690年ころとされている。

ここをよく考えていただきたい。それまではカレンダーがないのだ。つまり、歳は計算できない。しかし日本史ではどうだろう。それ以前、つまり天智以前の39人の生年月日、没年月日、在位期間までが発表されているのである。いやはやいったいどうやって計算したのか？　勘弁してもらいたい。

それはそれとして、それまで朝、昼、夜の1日のくりかえしだったのに突然、カレンダーによって1日が前に進むようになる。日々が前進し、月の単位が現れ、一年が登場した。

ここではじめて年齢がリアルになる。

「私は43歳、君は何歳？」

私の幼い時でさえ、新聞も届かない、戸籍届けもままならない辺境《へんきょう》の地で生れ育った自分の歳を知らないお年寄たちがいたし、事実、明治生まれの祖父の歳は怪しく、父ははっきりと戸籍漏れを指摘していたくらいいいかげんだった。

862年に取り入れたのが、シナの宣明暦《せんみょうれき》だ。江戸時代の1685年まで使用しているのだが、ことほどさように我国は外来文化をどっさりいただいて、日本風にアレンジしており、和暦も、この「シナ暦」が基本である。

宇宙の運動は歪《いびつ》だから少しずつ暦にズレが生じる。それをいじくって辻褄を合わせるのだが暦の編纂は朝廷の専管事項だ。占い、天文、暦までを担当する御所陰陽寮《おんようりょう》以外は触れてはいけない秘技である。

なぜ専管事項だったのか？　神秘のヴェールに包んでおきたかったからだ。

内裏の祖は天照大御神《あまてらすおおみかみ》だ。太陽の超大なパワーにぶら下がった便乗型《びんじょう》ビジネスモデルであるからして、暦は便乗している太陽と月、天地のあり方をもっともらしくマンボー・ジャンボー的に使って決めており、畏《おそ》れ多くも畏《かしこ》くもということで下々には隠しておく。

そうすれば神秘力が増すからだ。万物に君臨する内裏が絶対に握っておかなければならない得体の知れない天体の神秘こそ、「威光財」の核心である。

で、しわ寄せが大きくなる年を「閏」と呼び、だいたい４年に一度ほど手を加えていた。毎回やってきたことで、さほど厄介なものではない。にもかかわらず、１５８２年だけは、数人の学者たちが朝廷に集まったり、信長✝が送った暦の学者が安土からやってくるなど、なぜかてんやわんやなのである。

つまり「閏」といっているのは、よく読めば閏年のことではない。なにかというと「尾張の暦、いいいい、くわんれきにしろ！」などと書かれている。

そのために安土からやって来たのは曲直瀬《まなせ》・ベルショール・道三《どうさん》✝（１５０７〜９４）だ。本業は医者。陰陽道と天文学に造詣《ぞうけい》も深く、１５８４年にオルガンティーノの手によって入信している。

「和暦を削除し、グレゴリオ暦を起動させる」。こうはっきり言ってしまえばローマの軍門に下るのか、と国中に動揺が広がる恐れがあり、口がさけても言えなかったのだろう、したがって尾張の「くわんれき」なるものをデッチ上げたのではないだろうか。「くわんれき」はおそらく「久遠《くおん》暦」のことで、永遠の暦の意味ではないだろうか?

立花京子は、このベルショール曲直瀬✝こそ、信長✞の代理としてローマと同じグレゴリオ教皇の暦を抱えて朝廷に乗り込んだ張本人だと分析している。

だから大騒ぎになった。

朝廷の仕事は儀式だ。数えきれないほどの儀式で成り立っている。占星術、陰陽道、太陽、月、日付が、がんじがらめにまとわりついている。数日間行われる大嘗祭でも、本祭の儀式は11月の卯《う》の日が3回あれば中日で行うなど、和暦とは密着している。はがすことはムリだ。

「権威」は神聖なる儀式で生まれ、「威光財」は儀式の継続で保たれる。その土台が和暦であって、捨てることは朝廷の死を意味する。絶対に呑めない。

ご存じの通り、ビッグ・バンで時間と空間は同時に出現している。空間ができたから時間ができたのであって「時空」はセットだ。ならば、時間を征服した者が、空間の勝者だ。その後の世界のルールを見ても分かるはずだ。だれがなにを言おうと世界中の時間とカレンダーはキリスト教のルールで刻まれ、国連もキリスト教団の主導である。

天下人信長✝の要請に、朝廷は暦問題特別委員会を設置した。もはや要請ではなく、命令である。

内裏は天の皇帝だ。天空の不思議なパワーで世界を動かしているのであって、そのすべてを放棄し、グレゴリオ教皇の暦になれば、庶民に被支配者感が薄れる。

「なんだ、バテレンの下っ端かよ」と取り返しのつかないことになる。

一方のイエズスにしてみれば、本国とのやり取りに和暦は不便だ。またローマカソリックの支配感を強めるうえにも熱望した。

この暦騒動の１５８２年こそ、「本能寺の変」の年なのだ。

ヨーロッパでも大変革の年だった。実はこの年をもって、それまで使用していたローマ皇帝ユリウス・シーザーの「ユリウス暦」から、現在我々が使用しているローマ教皇グレゴリウス13世の、「グレゴリオ暦」に切り替え、カソリックが世界の時間を支配する記念すべき年だったのである。

信長✞が天正遣欧少年使節をローマへ向け、長崎から出航させたのも、この年の正月だ。大イベントである。ヴァリニャーノは、グレゴリオ暦の世界統一元年のはなむけとして、ぜひとも少年使節団によるローマ教皇敬意訪問をはなばなしく成功させたかったのである。なぜこうもこだわったのか？　実は、グレゴリオ暦を制定したのは、ローマ大学教授イエズスのクラヴィウスであり、ヴァリニャーノはクラヴィウスの門下だったのだ。恩師の科学的精神を日本で発揮したい、祝福したい一心である。で、記念行事として少年使節団を送り、グレゴリオ暦起動をトライした。

一方の朝廷は崖っぷちだ。

グレゴリオ暦になると、アマテラスが消え、儀式が混乱し、権威喪失、ぜんぶ骨抜きになって朝廷は解体する。

『晴豊記』3月（和暦2月）、勅使の観修寺晴豊が「閏（暦）はいじれない」と信長✞を突っぱねている。

手をこまねいては早晩《そうばん》信長✞に呑み込まれる。朝廷が練った対策は「菊の一撃」だ。これしかない。しかし公家は無力だ。野獣のような武将がいなければ、内裏が命令文を出したところで紙クズだ。そこで百戦錬磨の殺人兵器にくらいつく。餌は最高官位。関白、右大臣……なんでもいい。

こうして「本能寺の変」は1582年の梅雨《つゆ》の季節、6月21日に起こるべくして起こったのである。

朝廷がリクルートしたのは明智光秀である。信長✞が、もっとも信頼していた男だ。結論から言うと、黒幕は朝廷だ。そして巷間《こうかん》言われているとおり、秀吉の血の裏切りによりまんまと明智ハメ、首を斬り落としたのである。

●——本能寺の変のカラクリ

ドジョウすくいのセガレだとか、被差別者山窩《さんか》の出だとか、どこの馬の骨か分からない下賤《げせん》、秀吉を18歳の時からずっと引き立ててきたのが信長✞だ。よもや大恩人の息の根を止めるクーデター側にいたなどとはだれも夢にも思わなかったであろうが、状況を立体的に推理すれば、間違いなく明智と秀吉との共謀になる。

本能寺の変を聞いた秀吉が、あっというまに広島に近い岡山から京都まで戻ってきたという有名な「中国大返し」からして噴飯もので、なぜそんな話がまじめな顔で語られ、多くの人が信じてきたのか不思議でならない。

心理学的、人間行動学的、物理学的見地に立っても不可能だ。

それを話す前に、秀吉は本能寺の変をどうやって知ったのか？　順を追って説明するが一つ一つがあきれる話だ。

報告は、次の二つのスタイルのどちらかしかない。

① 襲われた信長が、秀吉にS・O・Sを発信した
② 秀吉のスパイが本能寺を見張っていた

①は可能だろうか？　ムリだ。本能寺の中にいた信長✞側は、ぐるりととり巻く明智軍の包囲網を突破できない。
本能寺の敷地は東西約140メートル、南北270メートルで意外と広い。ならば逃げる隙間が、どこかにあったのではないかと思うのは素人だ。1万3千の包囲網はぶ厚い。

そのうえ、幅2〜4メートル、深さ1メートルの堀がぐるりと寺を囲んでおり、出入り口

は数ヶ所。そこをぜんぶ固められており、脱出は不可能である。

②はどうか？　信長✞の茶の湯の師匠でもあった家臣、長谷川宗仁《そうにん》（1539〜1606）が、毛利を攻めていたシメオン黒田†に飛脚を飛ばしたという話がある。茶の湯の師匠は、武将たちと広く関わっている関係上、対外工作要員、内部工作要員としてはうってつけだ。宗仁は信長✞から秀吉の側近にスライドした男だから、この話は充分ありえる。仮に秀吉のスパイだったと仮定してみよう。どこに泊まっていたのかは知らないが、なぜ朝の4時や5時に本能寺をバッチリ見張っていられたのか、いたって不自然な話だがまあ、それはよしとしよう。

もし宗仁が事前になにも知らなければ、本能寺を1万3千の大軍が包囲したからといって、それだけではなにが起こったのかは分からない。

いろんな軍旗がはためいている。明智軍旗を目撃したとしても、毛利攻めの秀吉への援軍、つまり信長✞軍としか思わないはずだ。なぜなら信長✞自らが、明智に軍の増援を手配させているからだ。ならば味方の軍勢だ。予定通り、あいさつに寄ったのだと理解するはずである。だからまだ早馬は飛ばさない。

そのうちドンパチが始まる。ここでパニックに陥る。

——なに？　どうなっている？　中にいるのは、お館様と茶会の女子供だけなはずだが……。さては、お館様はとっくの昔に外に逃げて、逆に袋のネズミ、賊を追いつめているのか？——

さっぱりわけが分からない。しばらくたっても、偽装の旗なのか？　という疑問も湧き、思いはちりぢりだ。どうなってるの？　と直接聞こうにも、おっかなくて近づけない。

不明なまま、それでも一大事が起こっていることは確かで、なかば混乱状態で、やおら早馬の尻を叩く。

第一報を受け取る秀吉。こちらもなにも知らなければ、必死で馬を飛ばしてきた宗仁をてんで信用しない。

「明智だ？　本能寺だ？　たわけたことを申すな」と、怒鳴り返されるのがオチだ。

続いて第二報が入る。本能寺は炎に包まれ、お館様は死んだと思われるという、これも未確認情報だ。第三、第四、連続的にもたらされるかもしれない。

人間、身内の死を目の前で見たって一晩は信じられないのに、遠くのピンピンしていたおっかない親分の死など、いくら聞かされても嘘にしか思えないのが心理である。

——不死身のお館様が死んだ？　そんなアホな。検死したのか？　死んでない。死んだ。

死んでない……——

と堂々巡りで、一昼夜は要する。

明智の襲撃、全焼、その後の二条城襲撃による長男信忠の死が、各方面から重層的にもたらされ、じょじょにとんでもない現実がじわりと迫ってくる。ここでようやく自分の身の処し方を考えはじめる。

が、まだ半信半疑だ。

すでに翌22日の夕刻を過ぎている。

とにかく大変なことが起こったらしい。しかし今さらどうすればいいのだ？　こっちだってバケーションで岡山まで来ているわけではない。戦争の最中だ。

それよりもなによりもの疑問は、下手人が味方の明智だというのである。ほんとうだとしたら大ショックなどというものではない。ここでもマサカの自問自答が繰り返される。間違いだろ？　ほんとうなのか？　嘘だ。だれかの陰謀だ。ほんとうはだれなのだ？いったい、どうなってる？

これまた動けないはずである。事実、他の信長✝の家臣は動いてない。

秀吉の中国大返しがあるなら、柴田勝家の「北陸大返し」があったっていいはずだし、滝川一益の「群馬大返し」や河尻秀隆の「山梨大返し」があったっていい。しかし、彼らはお館様が襲われるなど夢にも思わないまま4、5日を過ごしている。ようするにだれも信長✝を見張っていないのだ。家臣がそんなことをすれば、謀反を疑われるからあたりまえの話だ。

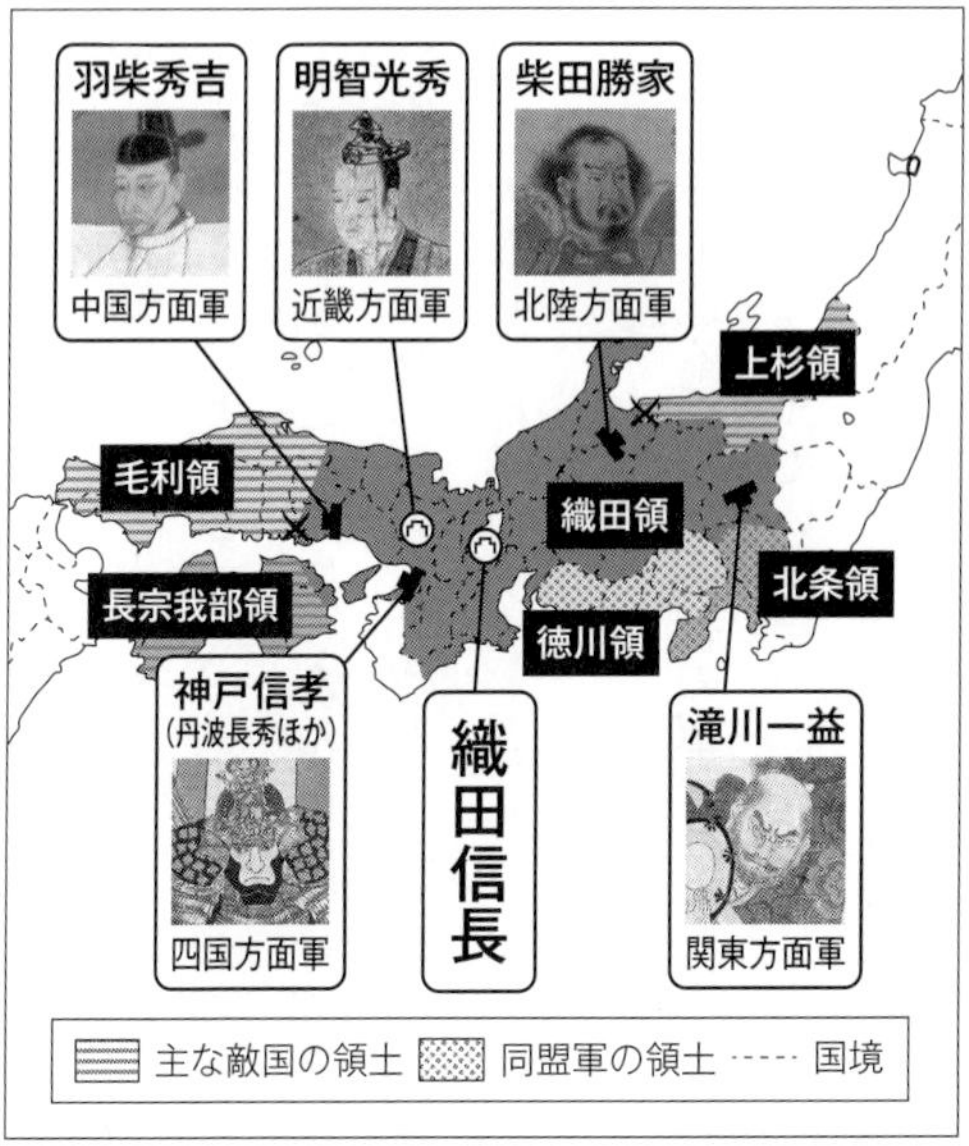

本能寺の変直前の信長軍の配置状況

で、情報を得るが、そんなことは信じられないから、まったく動かなかった。

奈良をまかされていた筒井順慶にしても情報が錯綜し、数日は金縛りだ。で、ようやく一族を集めて、いったい敵はだれなのか？　どのくらいの同調者がいるのかを見極めているところに、光秀から加勢要請が届いたという。一大事どころではない。しかしニセ情報かもしれないので軽々に動けない。ましてクーデターの参加などおっかなくて一人で決められないから、洞《ほら》ヶ峠《とうげ》で傍観した。これがふつうの心理で、ソッコー・リターンとは絶対ならない。

これで「中国大返し」が、いかにバカ気た茶番であったか推測できるはずである。

ではこうしたことをいったん傍に除け、秀吉は明智の共謀者ではなかった、なにも知らなかったというペテンにノッたふりをして、推理を続けてみることにするが、それでも絶対に「大返し」は不可能だ。

ふと我に返る秀吉。明智の軍勢は自分が信長✞に要請した援軍だから、こっちに来て合流する手筈になっていた。

――もし、信長✞の首をとったのがほんとうならば、そのままの勢いでこっちに押し寄せてくる……あっヤバい！――

と気付く。クーデターの定石だ。政権の中枢を倒した次のターゲットは、ナンバー・ツーとなる。

――次はワシじゃ！　ワシ。明智軍が3～4日で飛び込んでくる――

あっ、とここでまた閃く。

――まてよ、明智のことだ。そうなれば、あらかじめ毛利と通じてることは充分に考えられる。そうなれば、ワシは挟み撃ちになる――

「しまった！」

前門の虎、後門の狼。前に毛利、後から明智が迫る。大将ならだれでも危機に陥ったことを悟る。

お分かりだろうか？

ピンとこないかもしれないので、クーデターというものを少々解説する。

●――クーデターの基礎知識

準備や共謀なくして、突然クーデターは起こらない。首謀者は「内部の者」だ。おおむね君主の側近というのが定番である。

スタートは、君主と軍隊の分離。すべてはここからはじまる。分離できなければ地獄を見るのはあきらかで、どの軍をどこに移動させておくべきか？　クーデター・グループは慎重の上にも慎重に分断工作を展開する。だれが何を行い、だれを巻き込むか？　計画に綻《ほころ》びは許されない。成功したあかつきには各自、何を得るのか、その役割分担と報酬の取

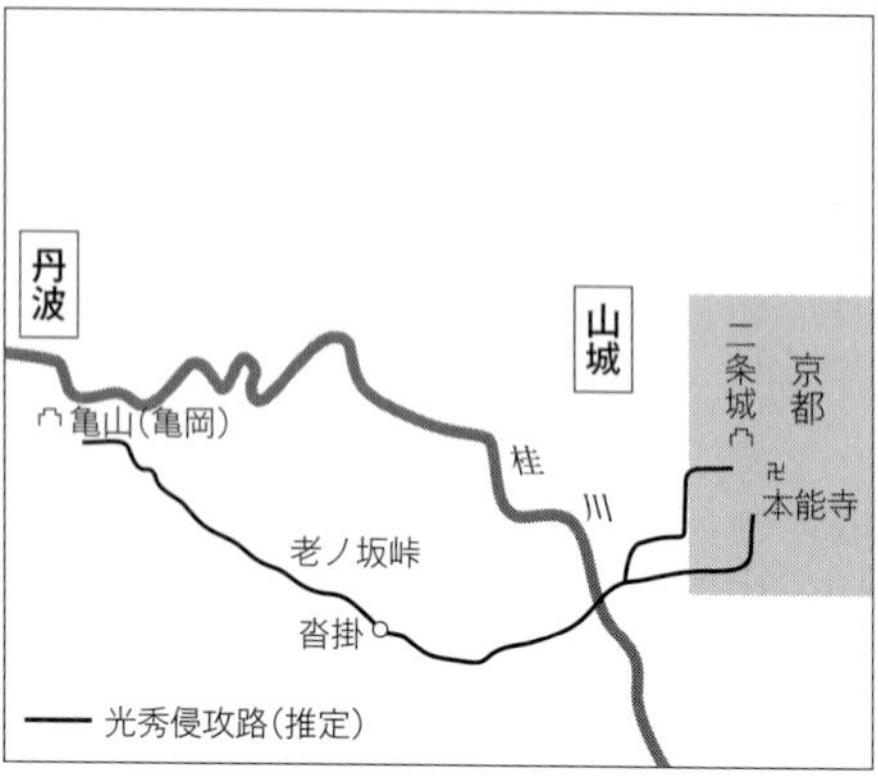

光秀が本能寺まで攻め込んだルート

り分は前もって綿密に決めておく。ここまでがプランAだ。

明智単独犯の場合のプランAをみてみる。

信長✝を討てば、秀吉が強力なライバルとなる。抱き込めなければとうぜん歯向かってくる。したがって、次の攻撃目標は秀吉となる。どう料理するのか？　それがプランBになる。すなわちクーデターには、次の段階、プランBが不可欠なのだ。

通常、明智のプランBは、次のようなものになる。

ターゲット秀吉は、岡山で毛利と抗戦中だ。ならば敵の敵は味方だから、前もって毛利と結託する。押され気味の毛利にとってもこの話は渡りに船、ぜったいにノッてくる。水攻めの長期戦で毛利勢は疲弊しているものの、背後からの挟み撃ちなら、秀吉などモノの数ではない。

だが、実際の明智はどうだったのか？

毛利との裏取り引きはなく、秀吉を背後から襲う計画もない。まるで秀吉軍など眼中にないかのように岡山ではなく、逆方面、北東の安土に向かっている。秀吉対策ゼロ。

いくらなんでもそんなことがあるだろうか？　しかも古典的なクーデターには欠かせない内裏を自分で囲いもしないで、京都をまんぜんと放置し、のんきに安土城まで出かけ財宝を物色しているのである。

秀吉対策のプランBがなかった。

で、天王山の山崎でジュスト高山✝軍に破れるのが、本能寺の変から11日が経過した7月2日だ。


秀吉の動きも、おかしい。京都で天地をひっくり返すクーデターが勃発した。

ナンバー・ツーの自分のところへ押し寄せてくる確率は100%に近い。そうなれば対峙している毛利にかまっている暇はない。頭にあるのは一日も早く、この膠着状態から抜け出すことだ。撤収と防備の強化が先決となる。すべきは信長✝家臣団と連絡を取ることであって、とにかく情報を集める。だれが敵についたのか？　だれが優柔不断か？　情報をつなぎ合わせ、より多くの味方を引き寄せて、身の安全確保につとめるのが急務だ。

だがそれをぜんぶうっちゃって、毛利と和議に臨んだというのである。

明智軍が攻めてくるかもしれないのに、和議などやっている暇があるのだろうか？　もし和議がもつれ、時間が長引いたらどうなるのか？　毛利勢が明智軍と呼応し、攻勢に出たらどうなるのか？　百戦錬磨の毛利の士気はハネ上がるだろうし、様子見だった周辺の武将もなだれを打って毛利方に味方するから敵の頭数は増える。秀吉としてはぜったいに避けたい事態だ。

だが、和睦だという。

百歩譲って秀吉がバカで、仮に和議を選択したとしよう。

容易なことではない。持ち出した方が不利なのだ。有利な戦況であっても相手は素人ではない。秀吉は、急がなければならない状況下だし、さりとて焦れば、泥沼にハマったことに勘付かれる。

考えていただきたい。目の前の敵が突如、停戦和睦に出てきたら、だれだって、なにかを疑《うたぐ》るはずだ。ガードは弱いと見る。しかも敵が優勢な状況ならなおさらだ。

なんでだ？　なにかヤバいことが起こったのか？　と裏取り調査の時間稼ぎで2日、3日と延ばすはずだ。結果、明智寝返りクーデターが分かれば、和議の席を蹴る。弱みに付け込み、条件闘争に入る。領土、ケジメの刑罰……ケータイもパソコンもないからお互いの名代が面会し、細部を詰めるというめんどうくさいアナログ時代。相手の提案をいちいち持ち帰って大将と相談するので、最低でも3、4日はかかる。

焦れば焦るほど相手は、のらりくらりと好条件を引き出す持久戦に持ち込むはずだからさらに延び、一週間や十日はすぐ過ぎる。

ところが実際はどうか？

一日でさっと終わったというのである。しかも、秀吉の方がまんまと好条件を引き出している。

備中《びっちゅう》、美作《みまさか》、伯耆《ほうき》。つまり岡山、鳥取のほとんどを手中に収め、高松城主、清水宗治（1537〜82）の処刑という全面勝利に近い。これをたった一日の交渉でまとめあげたという。

これが本当だとしたら毛利はマヌケだ。さまざまな角度からみても、ありえることではない。

以上、大きな矛盾点を並べたが、これで、明智単独犯という嘘はかんたんに見抜けるはずである。

それでもまだモヤモヤしている人のために、伝説の「中国大返し」が、いかにばかばかしい作り話かをくわしく説明する。

「中国大返し」は秀吉のスポークスマン二名、大村由己と太田牛一が書いたステマ本、『惟任退治記』と『信長公記』に書かれている。

備中高松から姫路城までの移動がアニメだ。

和睦に一日かかっているからじっさいの移動は2～4日という設定である。たとえ4日でも100キロ以上の行軍。1日、約33キロ。武器と鎧のフル装備、重量はきつい。

いやいや、秀吉の兵站力《へいたんりょく》は凄まじく、武具の類は有能な物資輸送部隊、小荷駄《こにだ》隊が活躍したという研究者がいる。想像力の欠如だ。

最終日は暴風雨だ。一日足止めを食らっているので移動は3日間に縮まる。2日説もあるが、3日間にしよう。暴風雨の翌日はドロドロのぬかるみだ。草鞋でぐちゃぐちゃと行進するのだが、それにも増して小荷駄隊はどうなるのか？

1万5千人の大刀、槍、甲冑、爆薬、旗、食料、鉄砲、大砲……一台の大八車にはせいぜい30人分が精いっぱいで、計算上少なくとも400台の大八車となる。大八車だけで3キロ以上の長さになる。

車輪が軟弱な泥にハマる。捕まる。止まる。脱出させる。壊れるのも10台や20台できかない。いくらスタミナがあるといっても1時間で、1キロ進むのがやっとだ。疲れ切った兵士は飯を食い、クソをし、仮に不眠不休であっても2〜3日ではムリだ。さらに先がある。姫路についてから、なんと3日でまた100キロを激走して京都入りしたのだというのである。6日連続で200キロ走破。

勘弁してほしい。

クーデターで信長✞一門のタガが外れ、各地の軍閥がバラけている。明智に加担し、公然と秀吉軍に襲いかかる武将だって出てくる可能性があり、その中を丸腰だったというのは、いくら想像力を働かせてもイメージが湧かない。これらすべての疑問をぶっ飛ばして強引に描くTV番組を昔観たような気がするが、気色の悪さでは、宇宙人番組よりひどいものだった。

明智単独作戦での大きな疑問は7つ。

1　明智がプランB、秀吉対策を講じていなかった

2　明智が毛利と通じていなかった

3　秀吉が明智襲撃を警戒していなかった
4　秀吉の神業《かみわざ》的一日和睦
5　秀吉軍の超高速リターン
6　明智が大坂、京都をガラ空きにし、安土に行った
7　明智が内裏を囲わなかった

むろんこればかりではない。山崎で討たれるまで、明智単独作戦ならば、まったく合点のいかない行動の連続である。

もう一度、クーデターを整理する。

プランA＝信長✝暗殺
↓
プランB＝移行段階（信長✝一門への攻撃と中立化）
↓
プランC＝収束（新政府樹立）

クーデターにはこの三つの段階が必要だ。明智の場合、プランAはあった。しかし、一番肝心な信長✝家臣団への攻撃と中立化工作という移行段階、プランBがどこにもない。自衛隊で言えば東京の第1師団が首相を暗殺したのに、名古屋の第10師団や兵庫の第3師団への対策もなく、皇居も放置、放送局の占拠もしないまま、なにを間違えたのか暗殺した首相の選挙区に行ってしまったようなものだ。まったくバカげている。

明智はバカではない。プランBの「移行段階」とプランCの「収束」は、秀吉との共同作業だった。しかし秀吉の裏切りにより、BとCが消滅したので、ヴィジョンもなにもないバカに見えただけである。

● 明智、秀吉のプランA

プランAについて書いた箇所がフロイス『日本史』にある。

〈信長は、かねて交戦中の毛利との戦争にも早く決着をつけ、その領土を征服しようと望み、身分も低く、血統も賤しいが、悪賢く、戦争に熟達した羽柴筑前（秀吉）を派遣していた。彼はすでに毛利の数か所を占拠していたが、窮地に立たされていた毛利は、最後の一兵まで繰り出して全力で抗戦する気構えであった。そしてそのために彼は領民たちを招集した〉『日本史』

毛利、徹底抗戦の構えだ。

〈そこで、羽柴（秀吉）は、信長に書を送って援軍を願い出た〉『日本史』

秀吉による援軍要請だ。注目すべきは次だ。

〈とりわけ信長自身が出陣する必要はなく、別に二万ないし、三万の兵があれば、13か国のすべてを平定し、毛利の首を献上できると述べた。事実行われたように、信長は都におもむくことを決め……〉『日本史』

秀吉は信長✞に援軍要請を依頼。分かっているだけで1582年6月5日、7日の二度。

必死だ。信長✝は疑いもせず、明智に追加援軍を命じた。で、信長✝本人には来る必要なし、とクギを刺し、本能寺に滞在させて千載一遇のクーデター状況を作りあげたのである。

秀吉と明智の見事な連携プレーだ。

〈入京した信長は、家臣の羽柴（秀吉）が、毛利との戦争を終結に導くための援軍の派遣をあまりにも急ぐので、時を移さず、軍勢を引率した多数の武将を差しつかわした〉『日本史』

なに一つ見えなかった信長✝は、ずっぽりと罠《わな》にハマった。なんと自分で自分を襲うクーデター部隊編成を、明智に命じてしまったのである。

では、援軍が必要な戦況だっただろうか？

否だ。

梅雨の季節。降りしきる雨。土木工事による水攻めが効果的に機能し、敵の高松城は湖にポツンと浮かんだ兵糧《ひょうろう》攻め、別名「干し殺し」状態である。毛利の正規軍は友軍の大ピンチを遠くから眺めるだけで、なすすべもない。あとは時間の問題で、援軍など要請しようもんなら、かえって手柄を明智に横取りされるだけである。

その証拠に、援軍なしで無条件降伏に近い形で勝利をものにしているではないか？

しかし秀吉は、援軍を求めた。分かっているだけで2度。

クーデター計画プランA、軍の要請は秀吉の役割だった。明智が軍を整える。それしかない。

連携プレイである。

二人は足軽だった。共に下々の出。信長✝に抜擢され、家臣団の1、2を競う出世組となる。明智は丹波、丹後、志賀の西近畿を、秀吉は東の中国を主に任された。

現然たる階級社会だ。秀吉は幼いころから非人、水飲み百姓、草履取り、足軽、猿……蔑《さげす》みの中にいた。育つのは、たくましさだけではない。劣等感も育つ。

出の賤《いや》しい人間が、しゃにむに出世して欲しがるものはなにか？　身分である。身分は由緒ある血脈と官位で決まる。

秀吉は異常なほど両方にこだわっている。誕生日をめでたい「一月一日」にデッチあげ、幼名を「日吉丸」とかっこよく詐称。姓は欲張ってリッチな「豊」、位の高い「臣」を合体させて「豊臣」とした。哀しすぎるチンケな見栄《みえ》である。

戦争で負けないというだけの人間なら盗賊の親分だ。生まれながらにして名門に囲まれたかっこいいお館様を超えられない。秀吉は神話をまとった内裏の「威光財」を渇望した。

自分は天皇のご落胤だという噂を流させたり、皇族の近衛の養子（猶子）となったり、親王の結婚相手を一度自分の養女に迎え入れてから嫁がせるなど、手の込んだダンドリを踏みながらついに朝廷ナンバー・ツー、関白の座をくすねた。

明智も朝廷に寄りそった。

いってみれば、どこの馬の骨か分からない下層階級が武将に成り上がって、本物のセレブになるには朝廷が不可欠だと判断したのだが、その「威光財」を完璧になくしにかかっていたのが桁違いの革命家信長✞である。

ここに朝廷、明智、秀吉、三者の利害は一致した。

なにも知らなかったクーデター軍

明智が徴集したといっても、目的は毛利攻撃援軍であるからして、軍団は君主信長✞のものだ。忠誠を誓っている。

どうやって言うことを聞かせたのか？　信長✝絶頂期。いくらなんでも、今から「信長を殺す！」などロがさけても言えないはずで、そんなことを言おうものなら、ヘタを打たなくたって身の破滅だ。あっというまに動揺は広がり、離反、逃亡、いや逆に明智の首を取って手柄をものにする家臣だって出てくる。

方法は一つ、最後までダマす。

『川角太閤記』によれば、クーデター前日、明智は「お館様から飛脚があり、中国出陣の馬、陣容を検分したいという命令が届いた」、と現場でフェイク・ニュースを流している。

信長✝の謁見《えっけん》。

これならば状況が状況なだけに、兵士たちは信じる。

夕方、亀山城一万三千名が逐次《ちくじ》出発。30キロほど離れた本能寺をめざした。二時間ほど進軍したところで軍を止め、幹部会議を開く。ここではじめて本能寺攻めを打ち明けたという。ただし、標的は信長✝ではない。ターゲットは家康だった。

「お館様の内命により、徳川家康の首を取る」と言ってきかせたというのだが、おそらく本当だと思う。てっきり家康討ちだと思っていた、という生き残った武士の話が複数伝えられているが、私が明智でも同じ言葉を口にする。それがベストだ。

なびく秀吉

一年前の二人きりの茶室。茶を点て、よもやま話をする明智と秀吉。誘ったのは秀吉ではないと思う。明智に違いない。なぜなら朝廷と近いからだが、それはこれから後を読めばおいおい分かるので先に進む。

腹を探りながら、核心へと水を向ける明智。

「朝廷、仏教の軽視。あれはちと、やりすぎではないか？　神や仏は日本の故郷だ」

しばらく茶器に視線を落とす明智。老いを感じさせない急な動きで茶を呑み干し、トンと器を畳に置いた。

秀吉は明智のワキの甘さを見破っていた。50歳後半か？　いや70歳近いという噂もある。出生も疑しい人の良い老人だ。だが、これはお館様のワナかもしれん。うっかりノればこっちの首が飛ぶ。かといって反対を示し、いたずらに刺激することもない。やらせてみても面白い。明智にやらせ、失敗したらシカトすればよい。成り行きによっては途中でお館様に通報し、明智を葬ることもできるのだ。

「やってみなければ、答えは出ないこともありますな、明智殿」

などという逃げ道を作った禅問答でお茶を濁す。二度、三度と、そんな茶会がもうけられ、ついに秀吉がなびいた。

「貴殿は身共《みども》、身共は貴殿。二人は同じ道を進む運命を背負って世に生まれたのかも知れませんな」と目を細め、明智に命を預ける、一緒に飛び込む、ここを乗りきれば自分は生涯、あなたを支えるので一花咲かせていただきたい、などと殊勝《しゅしょう》に手を握った。

明智は思考より、信じる方に快感を覚えるタイプだ。人を信じる心地よさ、これに酔う手合いはたまにいるが与《くみ》しやすい。知性とモラルを見下す秀吉にとって、しょせん明智は捨て駒《ごま》の道具。スタミナと押しの強さに自信のある秀吉は、そう心に決め込んだ。

毛利との和睦はあらかた終わっている。和睦最終段階で手はず通り、信長✞に援軍要請を発信した。一度、二度……催促は複数回。

それを受けた信長✞が側近の明智に相談する。これまでも明智と秀吉が組んで息の合った戦を見せている。スピード感あふれる信長✞は苦もなく、秀吉のリクエストに応えた。

最後の援軍要請をぶち込む。6月17日だ。その連絡を待って、明智は愛宕神社に入った。

●——舞台は内裏が造った

クーデターの初動、一番、肝心なことはなにか？

討ち入る時点で、信長✝がワナの中に納まっていることである。どこかに行ってしまってはアウトだ。京都中捜し回るマヌケはできない。本能寺に釘付けにする。プランAの最重要工作である。そこをどうするか？　気まぐれに外出してしまうかも知れない昼の襲撃は危険だ。いつがいいか？　ぐっすりと寝入っている早朝を襲う。それには前日深夜、1時、2時までドンチャン騒ぎで酒に酔わせるのがベストである。

ところが信長✝は酒を呑まない。下戸《げこ》の君主に呑ませるにはどうしたらいいのか？

いったいそんな妙手があるだろうか？

だれがどうやってドンチャン騒ぎに持ち込むのか？　吉報も吉報、大吉報をもたらして、有頂天にさせ、めでたき祝いに一口でもといって酒を注ぐ。お流れちょうだいといって、また呑ませる。こうしてヘベレケにできれば最高だ。

だが、どうやって？　そんな相手がいるだろうか？

いる。朝廷である。

日本史上、またとない劇的なクーデター決行日前夜、信長✝にとって身も心もとろけるドラマがくり広げられたのである。夜遅くまで本能寺でなにがあったのか？

大宴会である。ただの大宴会ではない。朝廷が信長✝、ひいてはローマにひれ伏したのだ。これならば、あの信長✝をもってしても酒を呑んでも不思議ではない。

調べればすぐに判ることだが、集ったのは晴豊、前久《さきひさ》、甘露寺などの公家40名。信長✝自慢の名茶器がわざわざ運び込まれ披露されたあと、晴豊は日記に酒宴となったと書いている。妙覚寺からは長男、信忠も参加、下戸の信長✝が一緒に酒を呑み交した、というのだからよほど愉快だったのだ。深夜になっても客は帰らず、信長✝は名人本因坊算砂《さんさ》の囲碁の対局をみてから寝たという。

この来客名を山科言経《やましなときつね》（1543〜1611）が記録（言経卿記）しており、チェックすれば、その顔ぶれがとんでもないことに気付く。

関白　　藤原内基
太政大臣　近衛前久
左大臣　藤原内基（兼）
右大臣　近衛信基

内大臣　近衛信基（兼）
前関白　九条兼孝
前内大臣　二条昭実
その他

摂政、関白という最高の役職につける五摂家、近藤、九条、二条、一条、鷹司《たかつかさ》を筆頭に、上級公卿の豪華絢爛《ごうかけんらん》、今をときめくオールスターだ。本能寺の変前夜、宮廷がそっくり移動したからには、たんなる茶会ではない。

あきらかに信長✝を有頂天にさせるための工作だ。こんなことは正親町の命令が下らないとできない大事である。

信長✝は官位を蹴ったり、朝廷の勤務にまで口を出し、行動を制限したのみならず、公家の息のかかった寺から上納金を奪い家臣へ割り振っており、財政的にも追いつめている朝敵だ。そして、とどめはグレゴリオ暦。

これまで信長✝の考えや意見を変えた者は一人もおらず、実行命令は最終段階にさしかかっていた。

明智襲撃の前日、信長✝滞在先の本能寺に公家たちが集まる。茶会だと書かれているが、朝廷が企画した手打ちである。信長✞は甲斐武田を破った手柄話をし、中国、四国攻めの出陣予定を語り、暦問題を口にしたとある。

『晴豊記』には信長✞は尾張の「くわんれき」で「年末に閏を設けたい」と念を押したと記されている。それに対して公家衆はムリだと答えた。これは嘘だ。

「閏」ならば、言われるまでもなく幾度も調整してきたことで、信長✞が念を入れることではないし、朝廷側も断る必要はない。「閏」など、信長✞の眼中にはない。仏教破壊、将軍追放……自分が信じるミッションならばどんな困難にも打ち勝ってやり遂げてきた男だ。

すなわちこの夜、内裏が「グレゴリオ暦」を呑んだのだ。それ以外にない。目的は信長✞を最高の気分にさせ、酒を呑ませることだ。それだけでいい。上機嫌のうちに酔い潰し、翌早朝、明智軍が討つ、という筋書きである。

信長✞が二度要請したというグレゴリオ暦。のらりくらりと引き延ばしていた内裏と晴豊。ついにこの日、晴豊は「くわんれき」、すなわちグレゴリオ暦の採用を伝えたのである。

信長✞が有頂天になるこれ以上のニュースは存在しない。この茶番でついに将軍、仏教界、朝廷という旧「威光財」をすべて屈服させ、ガッツポーズで酒をかっくらい、１００

%の確率で翌朝までぐっすりと寝込んでしまったのである。

ここに役割分担が見えてくる。秀吉が援軍を要請し、明智が援軍を装ったクーデター実行隊を編成。そして内裏が本能寺に釘付けにした。陰謀は周到に練られていた。

クーデターには65歳の内裏、正親町の名は直接出てこない。だがこの空前絶後の朝廷移動宴会だけで充分だろう。他の証拠は後ほど述べる。

本能寺の8日前、愛宕神社。待っていた明智に早馬が駆け込む。朝廷からの知らせだった。

〈本能寺茶会の手配は、とどこおりなく完了した……〉

●――クーデター最後の意思統一、愛宕百韻《あたごひゃくいん》連歌会

山城国愛宕山威徳院。集ったのは9人。明智親子をはじめ連歌師、里村紹巴《じょうは》（1525～1602）、それに場所を提供した威徳院の行祐《ゆきすけ》もいた。標高90メートルの高みから、こ

れから天地がひっくりかえるであろう下界を見おろす。しかし、生贄《いけにえ》になる明智には、なに一つ見えていなかった。

クーデター前夜に歌を楽しむアホはいない。連歌会で何をしようというのか？　情報のやりとりだ。集まった9人は、クーデター関係者とみて間違いない。

一番重要なのは、正親町からの勅命《ちょくめい》である。

「朝敵を討て！」

珠玉《しゅぎょく》の言葉を受け取った明智は筆をとって、決意のほどを歌にたくし、他のメンバーに知らせる。


〈ときは今、天《あめ》が下《した》しる五月かな〉（1582年6月14日）

この歌には、明智のアドレナリンがみなぎっている。


〈天が下しる〉は「天」、すなわち天皇の命が下って、すべては計画どおりだという意味だ。

手順は正親町から正式な信長✞討伐権《とうばつけん》をもらう→秀吉が「中国大返し」の準備を整える→公家グループがクーデター前日の大宴会をスケジューリングする。

この流れだが、三者の準備万端が整ったことを知らせ、互いの意志を確認し合ったのが、愛宕連歌会だ。

少しずつ言葉が違うが、詠まれた歌が多くの書に記されている。代表作を一つ声を出して読んでいただきたい。

『明智軍記』

トキハ今天ガ下知五月哉《かな》　光秀
水上マサル庭ノ夏山　行祐
花落ル池ノ流ヲ堰《せき》留《とめ》テ　紹巴

歌は謀議向きだ。壁に耳あり、障子に目あり、仮にスパイに聞かれても、歌にことよせての暗号になっているから当事者しか分からない。とくに連歌は、「発句《ほっく》」という主《あるじ》の最初の句に、関係者がどんどん後付けしてゆくジャズの即興演奏みたいに、刻々と変化するリアルタイムの参加者の決意表明なので情報共有には持ってこいだ。

最初の〈ときは今　天《あま》が下知る　五月かな〉（光秀）は、前述したように朝廷史でもっとも有意義な本能寺宴会大作戦はスタンバって、明智が正親町、信長✝討伐権を得たという知らせだ。

次の〈水上まさる　庭の夏山〉（行祐）はどうか？

行祐は細川藤孝✝の名代だ。なぜ分かるかというと、一年前の連歌会で藤孝✝が詠んだ句で一目瞭然、ピッタンコなのである。

一年前の歌。

〈夏山うつす水の見なかミ《（水上）》〉（藤孝）

愛宕の歌。

〈水上まさる庭の夏山〉（行祐）

二つを較べて欲しい。「夏山」と「水上」、そっくりである。

一年前の連歌会の主催者は藤孝✝。場所は丹後の天橋立《あまのはしだて》である。メンバーはほぼ同じで明智光秀、十五朗光慶《みつよし》親子と女婿の明智秀満《ひでみつ》。さらに細川藤孝✝、忠興✝親子。津田宗及✝（茶の湯の大家、武器商人、信長から秀吉側近にスライド）、里村紹巴（連歌師）、山上宗二（千利休の弟子）、平野道是《どうぜ》（堺の商人、茶人）。役者ぞろいだ。

私はこの顔ぶれから、一年前からそれぞれ句を通してクーデターの打ち合わせが始まっていたと推測している。

一年前も発句《ほっく》は明智光秀だ。

〈う《（植）》ふるてふ松ハ千年《ちとせ》のさなえ哉〉

植える早苗は、千年の松になるという意味だ。植える早苗をクーデターに置き換えると、〈クーデターで松（内裏）は千年栄える〉となる。

それに対して細川藤孝✝が協句をそえている。

注意しなければならないのは、最終的に近畿軍の司令長官のようになっていた明智だが、もとは藤孝✝の方が立場が上だ。フロイスの『日本史』や『多聞院日記』（寺の記録）によれば、明智は細川藤孝✝に仕えていた足軽だ。なぜ立場が逆転したかというと、藤孝✝と足利義昭✝の関係である。信長✝は義昭✝を毛利に追放したのだが、藤孝✝と義昭✝は腹違いの兄弟で、１５７２年ころから信長✝が藤孝✝も一緒に遠ざけ、明智を引き上げたために上下が入れ替わったのである。ここに藤孝✝の怪しさがある。

うがった見方をすれば、元君主の藤孝✝に、明智がノセられたということもありうる。明智のクーデターが空中分解したのは秀吉にハメられたこともさることながら、藤孝✝の裏切りも大きな要因である。明智は娘、ガラシャ✝を藤孝✝の息子忠興✝に嫁入りさせている関係で、よもや土壇場で頭を丸めて、隠居するとは思わなかったのである。

〈夏山うつす水の見なかミ《（水上）》〉（藤孝）

あくまでも私の解釈だが、夏山は明智光秀の隠語、水上は自分、藤孝✝のことで、自分は明智の心を映している。つまり一心同体だと表明している句だと思っているのだが、どうだろう。

そして紹巴が添える。

〈夕立のあとありげなき月見えて〉

紹巴は秀吉の名代に、ほぼ間違いない。すべては夕立のように激しい毛利攻めのあと、ありえない世がやってくるなどと述べ、1年前の句ではやるのか、やらないのか思わせぶりに手玉にとっている。

こうして、クーデターは、一年前の丹後天橋立で芽吹いていた。

で、愛宕連歌会となる。

〈ときは今　天《あま》が下知る　五月かな〉（光秀）

〈水上まさる庭の夏山〉（行祐）

この時、細川藤孝✞は欠席、代理は行祐だ。藤孝✞（水上）の気持ちは、明智（夏山）を見て、たかぶっている、と伝える行祐。

で、秀吉はもう一年前の秀吉ではない。名代、紹巴の句はリアルだ。

〈花落つる　池の流れを　せきとめて〉（紹巴）

まさに秀吉は池の流れをせき止め（川をせき止めて水攻めは完了した）、すでに毛利は降伏（花落つる）させたから、準備完了だという暗号だ。

クールに装っていても、最高に興奮する歌である。


朝廷討伐権を正式にもらった明智は、一たん亀山城に戻ってから出発。移動する1万3千の軍勢は、だれ一人として自分たちはお館様の命で集められた毛利攻めの援軍だ、というイツワリを疑わない。京都でお館様の謁見《えっけん》をすませた後、秀吉と合流するのだ。

途中、攻撃目標を本能寺の徳川家康に変更する明智。敵を欺く前に、味方を欺けだ。

本能寺に到着。その時はじめて、クーデターを知らせた。前代未聞、空前絶後。相手は戦国の世に出現した稀代の英雄だ。緊張で声が震える。

「内裏のご命令により、朝敵、織田信長✝を取る！」

おそらく、これも最前線の限られた精鋭部隊だけに告げて突っ込んだもので、他はほとんどが、わけもわからず包囲していただけだったはずである。


早朝4時か5時、寝込みを襲われた信長✝は、なにが起ったのか分からない。

破壊的な音が響き渡り、怒号が飛びかう。一瞬にして酔いがさめる。部屋に飛び込んできたの世話係の女、子供ばかりで、どうにもならない。心臓の鼓動《こどう》が内側から肋骨《ろっこつ》を打ちつける。

敵はフル装備だ。本能寺の図面をあらかじめ頭に叩き込んで、知りすぎるほど知っている敵はほんの数10秒で到達する。信長✝が薙刀《なぎなた》で奮戦したとか、隣の間に入って切腹したなどという話も伝わっているが、状況が状況なだけに、そんな時間はないはずだ。手柄をあせったヒットマンの突進を刀でかわしながら、火を放て！　と大声で命じるのが関の山だった。

陽気で向こうみず、勝つ方法は知っていたが、負けない方法は知らなかった。

新世界の力で、緻密に張り巡らされた巨大な旧体制と戦い続けた、再び現れることのない大革命家の人生は、日本の歴史に強烈なインパクトと爪痕《つめあと》を残し、道半《なか》ばで幕を閉じたのである。

フロイスの言うとおり、デウスの怒りであろうか？　時としてデウスは謎めいたことをする。

●――朝廷ミステリー

本能寺の異変。妙覚寺でいち早く耳にしたのは長男織田信忠だ。救援に向かうも、手遅れの知らせを受け、側近村井貞勝（京都所司代）など少ない手勢で急きょ行先を変え、二条新御所にむかった。おそらく一〇〇名にも満たない。

そこにいたのは、高みの見物を決め込んでいた誠仁《さねひと》親王、晴豊他公家の数10名。まさか来るとは思わなかったから大パニックである。

歴史書の多くは、信忠が誠仁を救出しに向かったように書いてある。これも歴史の誤読だ。明智の目的は信長✝ただ1人。この場面で信忠が誠仁も襲われるなどとトンチンカンな推理を働かせるわけはない。資料をちゃんと読めばわかるが、晴豊は飛び込んできた信忠と親王脱出で掛け合ったとある。それに対して信忠は難色を示している。

このことから、昨晩、ドンチャン騒ぎの現場に父と共にいた信忠は公家が雁首をそろえ、やたら低姿勢だったその出来すぎの行為と今朝の襲撃を結びつけ、突入したと考えるのが妥当だ。信忠は内裏、誠仁の身柄を狙って新御所に突入したという構図しかない。

晴豊の日記にはポロリと真実をもらす甘さがあるが、やはりかなりの悶着があり、ギリギリ説得、公家たちが脱出した、という光景が見えてくる。そうこうしているうちに、その直後に駆け付けた明智光秀軍の手によって信忠以下全員が討ちとられた。

5日後の6月26日、死臭漂う中、公家がぞくぞくと近衛邸に集まっている。信長✝の追悼であるわけはない。祝いの酒盛りだ。近衛前久《さきひさ》（1536〜1612）が酒樽をもって自分の息子信尹《のぶただ》のもとに押し掛け、そこに晴豊も加わっている。

御所と二条城では信長の死の報せを公家たちが待っていた。信忠は二条城の誠仁人質作戦にでるが失敗

その4日後、6月30日も再び大酒。メンバーは前権大納言、朝廷医師、中納言などで晴豊も一緒だ。信長✝襲撃祝賀パーティだ。

バックで内裏が糸を引いている。

これまで、いやというほど事実やら状況証拠を並べたが、一度固まったバイアス歴史はすぐには溶けないかもしれない。そこで朝廷と明智の一体化という一点に絞って、深掘りしてみる。随所にみられるのは親王誠仁側の怪しい動きだ。

二条新御所での信忠との小競り合いもさることながら、4日後の6月25日、早くも奇怪な動きをみせている。

晴豊、その他数人の公家たちが談合した後、勅使を送っているのだ。向かった先は明智光秀が陣取る安土城だ。資料には誠仁（29歳）の勅使だと書かれているが、そんなわけはない。

内裏は自分のリスクをぜんぶ息子の誠仁に負わせ、奥にひそんでのリモコン操作。

誠仁はかわいそうに汚れ役ばかりだ。34歳で亡くなるが内裏にはなれず、第107代は息子の後陽成であることから、目立った功績もなく、能力的に難があったと見る研究者もいる。

勅使は65歳の内裏、正親町の正式なものとみていい。

●安土に走った内裏の使い

その勅使とは朝廷御用学者、吉田兼見《かねみ》✝だ。

覚えているだろうか、神道からマンボー・ジャンボーの原始的な呪術要素を取り除き、仏教、儒教、キリスト教などあらゆる宗教を取り入れて、朝廷儀式の体裁を整えた吉田神道の大家だ。

この男は足利義昭✝、信長✝、明智、秀吉はむろんのこと、キリシタンの従兄弟、清原枝賢†と、実に多くの交際範囲を誇っている。キリシタン・シンパを装って信長✝とイエズスに密着、朝廷にもイエズスにも情報を流していたダブル・スパイ色の濃い男だったと私は見ている。

スパイといっても現代のイメージとは違う。この時代、上下関係がきついから、みなだれかの配下だ。上は下に絶対的服従をフルに強制する。したがって否応なく、だれでも間《かん》者《じゃ》といわれる情報提供者とならざるをえない、全員チクリ屋の時代なのである。

その兼見✝は明智をあと追いして翌日、安土城の門をくぐる。

なにをそんなに急いでいるのか？

大クーデター直後である。襲撃、略奪、落ち武者狩り、エリア一帯が興奮のルツボだ。統制のきかないおっかない連中が過ぎ去った直後、爪痕を辿りながらの旅は安全性ゼロ、公家にできる技ではない。明智側が護衛していた、と考えなければ合点のいかない話で、ならば事前に示し合っている。

事は急を要している。そこまでして、なぜあわてて勅使を出したのか？

歴史的には、「親王の祝賀を明智へ届けた」というウソでさらりと片付けているが、たとえウソであっても、これはとんでもない事実を露呈している話だ。ポイントはまだクーデターの目鼻もついていない段階だということだ。信長✝家臣団の動向が見えていないプロセスでの祝言とはどういうものなのか？　これはたんなる祝言ではないではなにか？　「プランB」の始動である。

この事実は見逃すことのできない歴史的証拠だ。持参したのは共謀者正親町による信長討伐権の正式なる後出し付与である。


この瞬間、どういうことが起きるかというと、朝廷の「威光財」が明智に移転し、官軍となったということだ。内裏の紙切れ一枚で、悪党が正義の人となる例のアレだ。本能寺の変に正当性が与えられ、信長✝は朝敵、賊軍となって討たれたのであって、明智にとってこれは大きい。

「錦《にしき》の御旗」を掲げれば、動揺している様子見の武将たちが合流する可能性がグンと高くなる。

明智はありがたく拝授し、懐深くしまい込む。

この勅書でプランBが起動した。これさえあればもはや官軍だから、歯向かおうとしていた信長✝家臣団が動揺する。こちらに付かなくとも判断能力を失って中立化を決める一門も少なくないはずである。

しかしつまずきはすぐに来た。連歌会で念を押した細川藤孝✝、忠興✝親子が寝返ったのである。

これは大きい。そもそもこのクーデターは藤孝✝に誘われた感があり、藤孝✝と秀吉の参加は絶対条件だった。

青ざめる明智。すぐにもう一人の共謀者、秀吉を疑いはじめるが時すでに遅く、足元は崩れていた。

当然イエズスも敵に回った。明智の配下だったジュスト高山✝はオルガンティーノの暗号文に従い、山崎の戦いでは先鋒を務め、君主明智軍を敗走させている。

敗因は細川✝親子の別心と、正常な倫理観を超えている秀吉の二枚舌を見破れなかったことだ。さらにライオンを倒せば、ジャングルは恐れをなして屈服する、と甘い判断で、「錦の御旗」を堂々と掲げなかったことも大きい。

旗のことまで頭が回らなかったか、あるいは内密にするよう内裏に釘を刺されていたのかは分からないが官軍をアピールできず、様子見軍団を味方につけられないばかりか、無力化すらできなかったのである。

時系列で並べる。

5月27日　信長✝、朝廷からの将軍、関白、太政大臣の要請を拒否
6月13日　明智、連歌師里村紹巴などと愛宕山連歌会
20日　朝廷上級職ほぼ全員が本能寺に結集、深夜まで大騒ぎ
21日　二日酔いの信長✝、本能寺の変で死亡
24日　明智、安土城入城、信長✝の財宝強奪
25日　誠仁親王（正親町）、勅使吉田兼見✝を安土に派遣
26日　兼見✝、安土で明智に対面（官軍となる）
公家祝賀パーティ、晴豊、近衛親子ほか
27日　明智、親王（正親町）に返礼文を兼見✝に託す

朝廷と明智の一体化はミエミエだ。で、正親町は明智から銀５００枚をもらっている。

28日　明智、兼見✞宅を訪れ、内裏へ銀５００枚を渡す
30日　公家祝賀パーティ、晴豊、大納言、中納言ほか

銀５００枚は兼見✞が御所に運び込んでいるし、晴豊がそのカネを正親町に披露。内裏がその返礼を託し、「なんてん寺」（南殿寺?）に陣を張っていた明智光秀に届けたのも兼見✞である。

安土城勅使訪問、大金の受領。ケータイもないのにスピーディで、正親町と明智の密着は明白だ。

兼見✞は個人的にも明智から銀50枚をもらっているのだが、二人の面会はクーデター前後から、公式、非公式を合わせると、記録に残っているだけで、実に4回。なんども言うが関与どころではなく、共謀者だ。

また兼見✞の日記は、この年だけが、別本として書き換えられているのも、疑惑をより一層深いものにしている。

秀吉は、明智のケツについて満足するタマじゃない。肉食系怪物だ。

――ワシが風下に立てだと？　ここまでやるからには、頭はワシじゃ――

そのために、自分だけの裏メニューを仕込んでいた。

天地を揺るがす大事件の勃発。みんなは疑心暗鬼の金縛りにあって大局が見えなかった。いったいなにが起こったのか？

失敗すれば明智は終わる。成功すれば明智は生贄《いけにえ》にする。どっちに転んでも死んでもらう。流言蜚語《ひご》の洪水に有力武将たちが身動きとれずに息をこらす中、勝負は勢力をいかに味方につけるか？　の一点だ。

明智は正親町の勅書を重視、古典的手法を選んだ。これさえあれば地滑《じすべ》り的に大勝する。しかし旗を上げるなどアピールできなければ紙クズで、案の定アピールしなかったのである。秀吉はクーデターの基本、放送局をおさえた。

明智を悪党に仕立て、図太く、大々的にフェイク・ニュースを流した。

「明智に謀反あり！　しかし、お館様も信忠様も難を逃れた。今からお館様が逆賊、明智を討つ！　逆らう者は明智同様、次の正月はない」

法律のない時代、善は、人の道から外れているかいないかだ。親殺し、ボス殺し……上の者に対する謀反は、大罪だという共通認識だけは万人が持ち合わせている。

罪人、明智光秀！

あらゆる人脈、組織を通じてフェイク・ニュースを広めたのである。明智が近畿司令長官というポジションだったにもかかわらず、近畿一帯の明智派は12万石の細川藤孝✝、忠興✝親子、ジュスト高山†、筒井順慶くらいなもので、あとは秀吉の息がかかった連中でしめられており、あっという間に拡散した。しかも細川藤孝✝は最初から秀吉と通じており、イエズスに密着していたジュスト高山†は、本能寺の変直後、オルガンティーノの指示により、反明智となっている。奈良にいた18万石の筒井順慶（大和の与力合計45万石）も一族、重臣を集めて会議を開き、結局、日和って傍観、洞《ほら》ヶ峠《とうげ》を決め込んだ。

信長✝死亡が広まっても、ぜんぜんブレない秀吉。揚げた看板を「仇討ち」から「弔《とむら》い合戦」に掛け替えたので手弁当で信長✝一門が、こぞって駆けつけたのである。便乗組の支持をかっさらう秀吉。〈時は今……〉などとロマンチックな甘ちゃんだから、手玉にとられ寝耳に水の寝首を掻かれたのである。

ダマされたのは明智だけではない。朝廷もやられた。

「本能寺の変」は朝廷、明智、秀吉の三者共謀だったはずだ。明智からは、万事まかせていただきたい、と秀吉もクーデターの一員であることをそれとなく知らされていたのだ。

しかしどうも様子がおかしい。信長✝暗殺でケリがつき、ドンチャン騒ぎのあとの二日酔いの耳に、秀吉全軍が明智の陣へ向かっているという最新情報が飛び込んできたのである。秀吉が明智を謀反人として討つべく、信長✝の家臣団を吸い寄せ、2万〜3万の兵にふくれあがっているというのだ。秀吉が明智を討つ？　いったいどうなっているのか？

大パニックだ。各地からの知らせが入る。仇討ちはみんな好きだ。ヒーローである。明智孤立無援！

――なんだこれは……。もうアカン、シャキッとしろシャキッと――

「威光財」を売る相手を間違えてはいかん。強くてリッチ、これが絶対条件だ。血眼《ちまなこ》になって情報をかき集め、分析する。

あわてて舵を切った正親町は勅使、晴豊と広橋兼勝《かねかつ》を飛ばした。

で、山崎の合戦で明智を討った翌日の7月3日、戦火をぬって秀吉を探し出し、太刀を手渡したのである。ギリギリセーフ。これで明智は朝敵になり、今度は正統性が秀吉に移ったのである。

ドンデン返しだ。明智の名誉のために言うと「三日天下」ではなく、「11日天下」である。

明智の茶会に頻繁に顔を出していた堺の茶人津田宗及✝はその後、秀吉の側近となって出世する。

津田✝は秀吉のスパイとみていい。

連歌師の里村紹巴も三好長慶✝、信長✝、明智、秀吉、細川藤孝✝、島津義久など名だたる武将と交流しており、高野山ともつながっていた。彼もまた秀吉のスパイだったと睨んでいる。

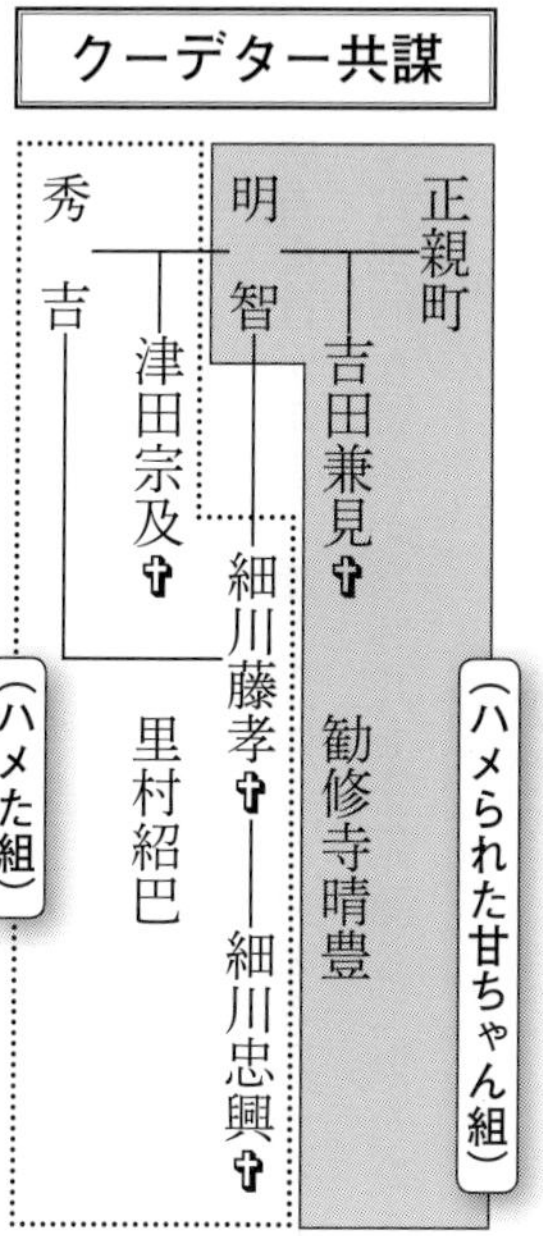

こうして日本史上もっともショッキングなクーデターは正親町、晴豊、吉田兼見✝、明智光秀、豊臣秀吉、細川藤孝✝、忠興✝、津田宗及✝、里村紹巴……という主要メンバーがつながって実行に移されたのである。これで全体の顔が見えたのではないだろうか？

私にとって読者だけがたよりだ。全体像が見えなかった人は、もう一度読み直していただき、私の説に合理的な疑いがないことを確認していただきたい。

●――イエズスの関与はあったのか？

そこでイエズス黒幕説である。

実績のないカントリーボーイ、信長✝を選び、新兵器を融通し、西洋の兵法を伝授。おまけにポルトガル貿易を集中させて、よいスタートを切らせたのはイエズスだ。文明国の政治、経済スキルを伝援すること30年、彼らにはここまで成功させたという自負があった。しかし順風満帆の成功体験が増長を生む。「第6天魔王」までは許せるが、ついに自分はデウスを超える存在だなどとほざき、離脱をはかったのだ。で、猪口才《ちょこざい》な目障り男になった信長✝は、デウスの逆鱗に触れ、イエズスの手によって、クーデターを仕込まれたというのである。

ビッグになったスターと、育て親である大手プロダクションとの間の独立騒動みたいな筋書きだが、その論拠となっているのが『日本史』に書かれている信長✞批判だ。決定的なのが次の一文である。

〈デウスは、信長の終了日を決定した〉『日本史』

デウスをイエズスに置き換えると、「イエズスが、信長✞の終了日を決定した」という台詞《せりふ》になる。フロイスのこの一言が原因で、疑惑の中心組織としてポンとセリ上ってくるのだ。

そしてもう一つ、「本能寺の変」で暗躍した顔ぶれだ。細川藤孝✞、忠興✞親子、吉田兼見✞、津田宗及✞はみなイエズスとつながっていたと目されている面々だ。

たしかに彼らは、近い。そういう意味では怪しいのだが行動を追うと、心はキリストにはない。違う方向を向いてる。

忠興✞はガラシャ✞という美貌のキリシタン妻を持ちながら、信長✞亡き後は秀吉、家康と共にキリシタンを取り締まる側に回っているし、兼見✞も津田宗及✞も信長✞がこの世を去ると、イエズスからは離れていっている。つまり周辺にいたのは算盤勘定であり、その実、心はイエスになかった。

結論から言えば、私は無関与説だ。

クーデターというものを理解すれば、容易に分かるはずである。

くどいようだが、クーデターは闇雲に起こらない。倒す相手は、死んでも決してクタばらない超人だ。虎の口に頭を突っこんで、喉の奥から心臓をえぐるような危険な作業である。いつ口が閉まってもいいように、あらかじめ牙を抜いておく必要があって、計画は慎重にも慎重を重ね、長い時をかけて綿密に練られている。

中枢を占拠し、一週間は支配し続けなければ成功はおぼつかない。肝心なのは敵軍主力部隊という牙だ。すぐに応戦できない遠隔地にあらかじめ封じておくことである。

では「本能寺の変」当時、信長✞の家臣たちは、どこにいたのか？

柴田勝家は2万（4万5千説あり）の兵で越中国《えっちゅうのくに》（富山）で戦闘中だ。滝川一益は2万6千を率いて関東上野国《こうずけのくに》（群馬）に出陣。家臣とまではいかないが、敵に回したらヤバい家康は軍団を三河に置いたままで本人は堺で接待を受けていた。

池田恒興《つねおき》の動きが不明だ。おそらく秀吉と通じていたのではないだろうか。

信孝✝は四国攻め直前、大阪住吉で忙しくしていたが、混乱する情報に翻弄され、気がつけば、寄せ集めだった兵は逃亡し、動いたのは本能寺の変の３日後、明智の娘婿、津田信澄を襲って殺害しただけで、あとはますます情報が乱れ、なすすべはなかった。

京都の細川藤孝✝親子は抱き込み済みだし、奈良の筒井順慶は最悪でも中立化という感触は得ていた。

標的の信長✝は取り巻き若干、長男信忠のわずか１００～２００人の手勢だけだ。みごとなほどガラ空き状態である。

偶然こうなったわけではない。信長✝軍参謀の明智と秀吉が意図的に空白をこしらえていたわけで、それには長い準備期間が必要である。

いつから取り掛かっていたのか？　前にも書いたが一年以上前だ。

例の細川藤孝✝主宰の天橋立《あまのはしだて》連歌会である。

出席者は明智光秀、光秀の女婿、秀満《ひでみつ》、子息、十五朗光慶《みつよし》、細川藤孝✝、忠興✝親子、津田宗及✝、里村紹巴、山上宗二、平野道是《どうぜ》。面子は一年後の愛宕連歌会メンバーとほぼダブっている。

一年前から回りはじめたクーデター計画。もし、イエズス黒幕説ならば、少なくともそれ以前から信長✝は、イエズスと対立していなければ辻褄が合わない。

しかしそんな兆候はまったく見られない。

それどころか蜜月《みつげつ》だ。ヴァリニャーノの歓迎式典、前代未聞の西洋式騎馬隊パレードを皮《かわ》切りに、安土招待と続く、大接待漬け。三階建てのイエズス本部はじめ安土城を隅々まで案内し、住民総出でお盆の提灯イルミネーション演出の後、土産は安土全体が描かれた豪華極まりない屛風だ。安土全体が描かれた軍事情報で内裏がおねだりしたにもかかわらず、それを取り上げ、ローマ教皇に捧げられている。

これらのどこからも、イエズスに対する高慢チキで、反抗的な姿勢は見いだせない。

問題の天橋立連歌会は西洋式騎馬隊パレードとお盆の間に開催されており、ハネムーンのまさに真っただ中だ。そんな状況でヴァリニャーノが頭に来て、信長✝暗殺クーデターに動くというのは想像できない。

それどころか、密着の度合いは増している。イエズスが熱望していたシナ進攻を引き受け、「本能寺の変」の4ヶ月前、2月20日に天正遣欧少年使節団を長崎から送り出しているのだ。

主席正使　伊東マンショ　大友・ドン・フランシスコ・宗麟†の名代
正使　千々石ミゲル　大村・ドン・バルトロメウ・純忠†の名代
副使　中浦ジュリアン（肥前国中浦城主、イエズス大名中浦純吉《すみよし》の息子）
副使　原マルティノ（大村領のイエズス名士の息子）
教育係　ジョルジェ・ロヨラ（日本人）
印刷技術習得要員　コンスタンチノ・ドラード（日本人）
印刷技術習得要員　アグスチーノ（日本人）
神父　ヴァリニャーノ（職務で、途中ゴアで下船滞在）
神父　ヌーノ・ロドリゲス（ヴァリニャーノの代打随行）
神父・通訳　ディオゴ・メスキータ
神父　ロレンソ・メシア
修道士　オリヴィエーロ

使節団一行は、約2年にある大航海をへてスペインに上陸。1584年11月25日、スペイン王フィリッペ二世の大歓待を受けている。4ヶ月後には、トスカーナ大公フランチェスコ1世・デ・メディチと面会（1585年3月2日）。

3月23日、ついに聖ペトロの丘に建つ教皇宮殿迎賓の間で、ローマ教皇グレゴリオ13世の前に4人の少年が立ったのである。

大聖堂の基本的な設計は、かのミケランジェロ（1475〜1564）だ。設計だけではない。システィーナ礼拝堂の巨大な天井画を描き、十字架から降ろされたイエスの亡骸を抱くマリアの「ピエタ像」など多くを手がけているが、それらを目にした日本の少年たちはなにを思っただろうか。

その後も舞踏会に呼ばれたり、戴冠式に招待されたりと西洋流儀の大変なもてなしを受けている。

天正遣欧少年使節団など、大幹部ヴァリニャーノ好みの男、「第6天魔王」信長✞が特権を与え、容認しなければ絶対に不可能だ。両者が同じ方向を見ている証拠だ。

さらに信長✞は決定的なことでローマに忠誠を示した。和暦にしがみつく朝廷をついに屈服させ、「本能寺の変」の直前、「くわんれき」と称されていたグレゴリオ暦を勝ち取ったと思われるのだ。

こうした行動から見えるのは信長✝が脇目もふらずイエズスと共に走る姿だ。

ではなぜ、「本能寺の変」の黒幕はイエズスだとささやかれるのか？　本能寺とイエズス京都支部の距離、わずか150〜200メートルというご近所感もさることながら、大阪でキリシタン王国を築いていた三箇城のイエズス大名サンチョ三箇†の存在だ。知らずに明智軍に従っているからである。それが原因で秀吉に潰されているのだが、考えていただきたい。イエズスの陰謀なら、逆に止めていたはずである。あわやジュスト高山†も同じ運命になるところだった。ヴァリニャーノの「明智に味方するな」という暗号文で救ったのは、本能寺の変の直後だ。もし信長✝暗殺の黒幕がイエズスなら、これほど貴重な逸材二人を危険にさらすことはない。

以上、イエズスと信長✝の蜜月の数々、サンチョ三箇†とジュスト高山†の件で「本能寺の変」への関与はなかった、というのが私の結論である。

信長✝には900年の歴史を持つ既得権構造を潰し、新世界を生みだす力が秘められていた。

原動力はキリスト教、イエズスであった。真のキリシタンとは言いがたかったかもしれないが、本人なりに調和していたようである。しかし、古い「威光」は凄惨な手法で葬ることに成功した。傘をなくしたキリシタンは、ずぶ濡れとなる。

必死で次の天下人、秀吉にすがるものの、微笑みと少しの便宜、次に凍結、突然の弾圧……。

イエズスは不確かな未来に直面した。いや、もはや、未来はなかった。フロイスの『日本史』からは、絶望感から生きている実感がなくなっているのが分かる。イエズスとイエズス大名は九州に追いつめられ、棄教、潜伏、国外追放、処刑の4つで終焉を迎えた。

こうして信長✝とイエズスの合作、キリシタン王国ジパング建設は、夢から悪夢へとまっさかさまに転がり落ちていったのである。

おわりに

「本能寺の変」がなく、信長✞が全国を統一していたら日本はどうなっていたのだろうか、と思う時がある。

第6天魔王は神仏を完全に抑え、キリシタン王国が出現。江戸時代もなく、鎖国はなかった。人々は髷を切り、洋服を着、靴を履き、明治の文明開化のシーンが３００年早く見られたのではないだろうか。

世界の法律、倫理、道徳の基盤となったのは、66巻からなる聖書だ。私はクリスチャンではないが、聖書は民主国家出現の源で、永遠の価値があると思う一人だ、日本人はそれを、日本的な味付けで応用し、生活空間は欧米とは若干異なっていたはずである。

ひょっとしてキリスト教国家日本へ対するA（アメリカ）B（ブリティッシュ）C（シナ）包囲網はなく、第二次世界大戦もなかったかもしれないなどと夢想するのである。

いやいや、その前に信長✞は約束を重んじる男。デウスの言葉、申命記第六章一節に従ったはずだ。

〈これはあなたの神、主があなたに教えよと命じられた戒《いまし》めと、定《さだ》めと、掟《おきて》であって、あなたは渡って行って得る土地で、これを行わなければならない〉

馬上の信長✝はヴァリニャーノとの約束を果たすべく、20万丁の鉄砲と20万の精鋭軍団を引き連れ、日本海を渡航、シナ侵攻作戦を決行する。シルクロードを逆走し、イスラムの国々を蹴散らして破竹の勢いでローマにその勇姿を現す。

第6天魔王信長✝！　伝説の英雄。

しかしローマは信長✝の桁外れの実行力とスケールに恐れおののき、ついにプロテスタントと共闘、キング信長✝と最終決戦に臨む。

とまあ、妄想はちりぢりだ。

歴史は、読者の一人ひとりが、思い思いの「俺の歴史」「俺の信長」を造るオートクチュールである。人生の大きな楽しみの一つに「自分の信長」を加えてくれれば物書きとして、これ以上の幸せはない。

永眠したが、少し気取り屋の英雄信長✝は、日本人の心に生き続けている。

キリシタンになった大名（聖母文庫）
結城 了悟：著　聖母の騎士社

現代語訳 信長公記（全）（ちくま学芸文庫）
太田 牛一：著，榊山 潤（訳）　筑摩書房

信長と安土セミナリヨ
三俣俊二：著　東呉竹堂

キリシタン将軍伊達政宗
大泉 光一：著　柏書房

古溪宗陳――千利休参禅の師、その生涯
竹貫 元勝：著　淡交社

ふしぎなキリスト教（講談社現代新書）
橋爪 大三郎：著，大澤 真幸：著　講談社

21世紀の歴史　未来の人類から見た世界
ジャック・アタリ：著，林 昌宏：訳　作品社

キリシタンと翻訳　異文化接触の十字路
米井 力也：著　平凡社

信長権力と朝廷 第二版
立花京子：著　岩田書院

ルトワックの“クーデター入門”
エドワード・ルトワック：著，奥山 真司：監訳　芙蓉書房出版

信長と十字架――「天下布武」の真実を追う（集英社新書）
立花 京子：著

古代ローマ軍 武器・防具・戦術大全（The Quest For History）
レッカ社：著，編　カンゼン

図解 大航海時代 大全（The Quest For History）
レッカ社：著，編　カンゼン

図解 十字軍 武器・防具・戦争大全（The Quest For History）
レッカ社：著，編　カンゼン

改定版 岐阜信長歴史読本（別冊歴史読本 10）
KADOKAWA

キリシタン黒田官兵衛 上巻
雑賀信行：著　雑賀編集工房

キリシタン黒田官兵衛 下巻
雑賀信行：著　雑賀編集工房

大航海時代叢書XI　日本王国記　日欧文化比較
アビラ・ヒロン：著，ルイス・フロイス：著　岩波書店

【参考文献】

完訳フロイス日本史1将軍義輝の最期および自由都市堺——織田信長篇Ⅰ(中公文庫)
ルイス フロイス:著, 松田 毅一:訳, 川崎 桃太:訳　中央公論新社

完訳フロイス日本史2信長とフロイス——織田信長篇Ⅱ (中公文庫)
ルイス フロイス:著, 松田 毅一:訳, 川崎 桃太:訳　中央公論新社

完訳フロイス日本史3安土城と本能寺の変——織田信長篇Ⅲ(中公文庫)
ルイス フロイス:著, 松田 毅一:訳, 川崎 桃太:訳　中央公論新社

完訳フロイス日本史4秀吉の天下統一と高山右近の追放——豊臣秀吉篇Ⅰ (中公文庫)
ルイス フロイス:著, 松田 毅一:訳, 川崎 桃太:訳　中央公論新社

完訳フロイス日本史5「暴君」秀吉の野望—豊臣秀吉篇Ⅱ (中公文庫)
ルイス フロイス:著, 松田 毅一:訳, 川崎 桃太:訳　中央公論新社

完訳フロイス日本史6ザビエル来日と初期の布教活動——大友宗麟篇Ⅰ (中公文庫)
ルイス フロイス:著, 松田 毅一:訳, 川崎 桃太:訳　中央公論新社

完訳フロイス日本史7宗麟の改宗と島津侵攻——大友宗麟篇Ⅱ(中公文庫)
ルイス フロイス:著, 松田 毅一:訳, 川崎 桃太:訳　中央公論新社

完訳フロイス日本史8宗麟の死と嫡子吉統の背教——大友宗麟篇Ⅲ(中公文庫)
ルイス フロイス:著, 松田 毅一:訳, 川崎 桃太 :訳　中央公論新社

完訳フロイス日本史9大村純忠・有馬晴信篇Ⅰ (中公文庫)
ルイス フロイス:著, 松田 毅一:訳, 川崎 桃太:訳　中央公論新社

完訳フロイス日本史10大村・竜造寺の戦いと有馬晴信の改宗——大村純忠・有馬晴信篇Ⅱ (中公文庫)
ルイス フロイス:著, 松田 毅一:訳, 川崎 桃太:訳　中央公論新社

完訳フロイス日本史11黒田官兵衛の改宗と少年使節の帰国——大村純忠・有馬晴信篇Ⅲ (中公文庫)
ルイス フロイス:著, 松田 毅一 :訳, 川崎 桃太:訳　中央公論新社

完訳フロイス日本史12キリシタン弾圧と信仰の決意——大村純忠・有馬晴信篇Ⅳ(中公文庫)
ルイス フロイス:著, 松田 毅一:訳, 川崎 桃太:訳　中央公論新社

キリシタン武将黒田官兵衛——秀吉と家康から怖れられた智将
林 洋海:著　現代書館

日本思想大系25　キリシタン書　排耶書
海老沢 有道:著, H. チースリク:著, 土井 忠生 :著, 大塚 光信:著　岩波書店

改訂　信長公記
桑田 忠親:校注　新人物往来社

伊達政宗と慶長遣欧使節 (聖母文庫)
高木 一雄:著　聖母の騎士社

本能寺の変 431年目の真実 (文芸社文庫)
明智 憲三郎:著　文芸社

「本能寺の変」は変だ! 435年目の再審請求 (文芸社文庫)
明智 憲三郎 :著　文芸社

ドチリイナ・キリシタン——キリシタンの教え一五九一年版現代語訳 (聖母文庫)
宮脇白夜:著　聖母の騎士社

著者プロフィール

加治将一　かじ・まさかず

米国でビジネスを手がけ、帰国後、執筆活動に入る。

『借りたカネは返すな！』はベストセラー。明治維新の裏面を描き、坂本龍馬暗殺犯を特定した『龍馬の黒幕』（祥伝社文庫）は、テレビで4度映像化された。

主な著書に『禁断の幕末維新史　封印された写真編』『龍馬を守った新撰組』（以上、小社刊）、望月先生歴史シリーズ『幕末　維新の暗号　上・下』『西郷の貌』『幕末　戦慄の絆』『舞い降りた天皇　上・下』『失われたミカドの秘紋』（以上、祥伝社文庫）、『カネはアンティーク・コインにぶちこめ！』（祥伝社）など多数。

大学、経済団体、企業などの講演は大好評。

また、世界有数のアンティーク・コインのコレクター。

２０１７年夏、初監督・脚本映画作品「龍馬裁判」を公開。

Twitter @kaji1948

禁断の安土桃山史

第6天魔王　信長

２０１８年10月10日　第1刷発行

著　者　加治将一
発行人　出口　汪
発行所　株式会社　水王舎
東京都新宿区西新宿6-15-1
ラ・トゥール新宿511　〒160-0023
電話03-5909-8920　http://www.suiohsha.jp
編集協力　土田修・織田千佳子（水王舎）
ブックデザイン　福田和雄（FUKUDA DESIGN）
編集統括　瀬戸起彦（水王舎）
本文印刷　信毎書籍印刷
カバー印刷　歩プロセス
製　本　ナショナル製本

©2018 Masakazu Kaji, Printed in Japan

ISBN978-4-86470-110-5

乱丁・落丁本はお取り替えいたします。